CABEÇA DE CANDIDATO

CABEÇA DE CANDIDATO

ALBERTO LAGE &
IRACEMA REZENDE

Labrador

Coordenação editorial Pamela J. Oliveira
Assistência editorial Vanessa Nagayoshi, Leticia Oliveira
Direção de arte e capa Amanda Chagas
Projeto gráfico Vinicius Torquato
Diagramação Nalu Rosa
Preparação de texto Maurício Katayama
Revisão Marília Courbassier Paris
Revisão técnica Giovana Rossi
Fotos Álvaro Neves - VURU
Ilustrações Laura Moretzsohn

Dados Internacionais de Catalogação na Publicação (CIP)
Jéssica de Oliveira Molinari - CRB-8/9852

Lage, Alberto

Cabeça de Candidato / Alberto Lage, Iracema Rezende ;
ilustrações de Laura Moretzsohn.
São Paulo : Labrador, 2025.
304 p. ; il.

ISBN 978-65-5625-964-2

1. Marketing político - Brasil 2. Campanhas eleitorais – Brasil
I. Título II. Rezende, Iracema III. Moretzsohn, Laura

25-3794 CDD 324.730981

Índice para catálogo sistemático:
1. Marketing político - Brasil

Labrador
Diretor-geral Daniel Pinsky
Rua Dr. José Elias, 520, sala 1
Alto da Lapa | 05083-030 | São Paulo | SP
contato@editoralabrador.com.br | (11) 3641-7446
editoralabrador.com.br

Para Vuru, Hugo,
Ana Fayga, Welma e Juan
I.R.

Para Maria Inês, Adalberto,
Arthur e Maria Margarida
A.L.

Sumário

Prefácio

A política é um cenário de correntes e marés imprevisíveis. Ao longo da história, muitos candidatos acreditaram que vencer uma eleição era apenas uma questão de discurso inflamado e carisma. Mas aqueles que de fato entenderam o que move o eleitorado souberam que a chave da vitória está na leitura precisa do momento político e da construção eficiente de uma estratégia eleitoral. Este livro, *Cabeça de Candidato*, de Iracema Rezende e Alberto Lage, oferece uma análise inovadora sobre o uso do marketing político e de que maneira a pesquisa se tornou um dos instrumentos mais poderosos para decifrar as correntes eleitorais. É a primeira vez que a visão cuidadosa da mente de um candidato vira alvo de uma análise profunda.

A história política brasileira está repleta de exemplos de lideranças que souberam ler e influenciar o espírito do tempo. Na década de 1930, Getúlio Vargas compreendeu que a população ansiava por um Estado forte e paternalista, que protegesse os trabalhadores. Criou, assim, uma retórica e uma imagem política que dialogavam diretamente com esse desejo latente da sociedade. Ele soube usar a comunicação de maneira estratégica, construindo uma relação simbólica com os eleitores, por meio de discursos radiofônicos e políticas públicas que se tornaram marcos de sua gestão. Mais do que um governante, Vargas foi um mestre na arte de interpretar e moldar o sentimento popular. Seu talento para capturar o desejo coletivo não se limitava apenas às promessas; ele estruturava políticas concretas que sustentavam sua retórica, consolidando-se como uma figura de contornos quase mitológicos na política nacional.

Outro caso emblemático é o de Juscelino Kubitschek, que, nos anos 1950, captou o espírito de uma nação desejosa de progresso e percebeu que o Brasil estava pronto para sonhar alto, com metas ousadas de modernização. Sua campanha de "50 anos em 5" foi um exemplo primoroso de narrativa política bem construída, alinhada ao otimismo nacional e às aspirações da população. JK não apenas se apresentou como o candidato do progresso, mas também soube transformar essa promessa em um movimento político irresistível. Ele entendeu que o eleitorado da época ansiava por desenvolvimento, rodovias, indústrias e pela consolidação do Brasil como uma potência emergente. Mais do que um slogan, "50 anos em 5" tornou-se uma diretriz de governo que conquistou corações e mentes.

Carlos Lacerda, outro nome fundamental na política brasileira, soube usar a comunicação de forma incisiva para moldar sua trajetória. Dono de uma retórica afiada e combativa, ele foi um dos primeiros políticos brasileiros a compreender o poder da mídia e do discurso direto. Sua habilidade em atacar adversários e se posicionar como um líder intelectual fez dele uma figura influente, capaz de mobilizar multidões e interferir de forma direta nos rumos políticos do país.

O livro que você tem em mãos explora precisamente essa capacidade de compreender o eleitor e de posicionar com planejamento um candidato. Iracema, com sua experiência consolidada em pesquisas qualitativas, e Alberto Lage, um dos nomes promissores do marketing político da nova geração, unem forças para oferecer uma análise perspicaz do processo eleitoral. Com exemplos e estudos de caso, eles demonstram que a intuição política sem um embasamento sólido em pesquisas pode ser um risco fatal para qualquer campanha.

A ciência política e o marketing eleitoral demonstram que o sucesso em uma eleição não se resume a bons discursos e promessas vazias. O eleitorado é um organismo dinâmico, que responde a eventos políticos, crises econômicas e transformações sociais. Campanhas bem-sucedidas são aquelas que capturam o espírito da época, adaptando-se às expectativas e necessidades do eleitor. Este é um dos pontos centrais do livro: a ideia de que não basta um candidato se comunicar bem; ele precisa comunicar a mensagem certa para o público certo, no momento certo. A história está repleta de exemplos de candidatos que ignoraram essa lição e pagaram o preço nas urnas.

O leitor encontrará um estudo detalhado de como os levantamentos eleitorais podem identificar mudanças sutis no humor do eleitorado e permitir ajustes rápidos na estratégia de campanha. Essa análise é essencial — eleições são decididas por detalhes, muitas vezes invisíveis para quem não está atento. O livro explica como pesquisas qualitativas ajudam a compreender os valores e percepções que orientam as escolhas do eleitor, enquanto pesquisas quantitativas fornecem métricas precisas sobre preferências e tendências. É nesse equilíbrio, entre percepção subjetiva e dados concretos, que reside o segredo de uma estratégia eleitoral vitoriosa.

Um elemento que merece destaque na obra é o esforço de tornar esse conhecimento acessível e aplicável a qualquer profissional envolvido em campanhas eleitorais. Os autores exploram distintas metodologias de pesquisa, desde grupos focais e entrevistas em profundidade até *tracking* diário de opinião pública, demonstrando como esses métodos podem ser usados para construir estratégias eficientes. Além disso, apresentam exemplos concretos de campanhas que souberam fazer uso dessas ferramentas para transformar um candidato em um vencedor. Um político bem preparado não apenas entende as tendências, mas as antecipa e as molda a seu favor. Como sócio-fundador da Quaest, tenho visto esse processo ganhar cada vez mais importância. E neste livro, encontro cases que ajudarão o especialista a navegar nesse mundo de dados e percepções fluidas.

A evolução da comunicação política, especialmente com o advento das redes sociais, trouxe novos desafios e oportunidades. Se no passado Vargas usou o rádio e Lacerda explorou os jornais, hoje os candidatos precisam lidar com um ecossistema digital fragmentado e instantâneo. A velocidade com que uma mensagem pode se espalhar — ou se distorcer — torna ainda mais fundamental o uso da pesquisa como um norteador estratégico. O livro ressalta como as redes sociais modificaram a relação entre candidatos e eleitores, tornando a comunicação mais direta, mas também mais volátil e suscetível a crises.

Em tempos de mudanças rápidas e eleitorados voláteis, compreender a mentalidade do eleitor é mais crucial do que nunca. Um candidato pode ter propostas robustas e uma mensagem bem estruturada, mas se não entender o que realmente ressoa com a população, sua mensagem se perde. O sucesso eleitoral é uma combinação de posicionamento estratégico, capacidade de comunicação e profundo entendimento da psique coletiva.

Recomendo a leitura de *Cabeça de Candidato* a todos aqueles que trabalham com campanhas eleitorais, comunicação política e estratégias eleitorais. Seja você um candidato, um assessor ou um estudioso do tema, este livro fornecerá um entendimento profundo sobre como os eleitores pensam e reagem. Mais do que isso, a obra funciona como um guia prático para aqueles que desejam transformar dados e insights em vitórias eleitorais.

A política é uma maré em constante movimento. Com as análises e ferramentas apresentadas pelos autores, o leitor estará mais preparado para navegar essas águas e desvendar o segredo por trás do sucesso nas urnas. Ao final da leitura, ficará claro que o marketing político não é apenas vender uma imagem ou uma ideia, mas sim conectar-se com a sociedade, interpretar seus sinais e oferecer respostas eficazes aos desafios do presente.

Este livro é um convite para olhar para a política com mais profundidade, estratégia e inteligência. Afinal, compreender o candidato é o primeiro passo para entender corretamente a relação com o eleitor.

Felipe Nunes
Ph.D. em Ciência Política e mestre em Estatística pela Universidade da Califórnia em Los Angeles (UCLA). Professor de Comunicação Política, Eleições e Metodologia na Universidade Federal de Minas Gerais (UFMG). Diretor do Centro de Estudos Legislativos (CEL) e do Centro Internacional de Gestão Pública e Desenvolvimento (CIGPD). Fundador da Quaest Pesquisa e Consultoria. Coautor do livro *Biografia do abismo.*

COMEÇANDO

Vastas são as publicações sobre pesquisas eleitorais — a história das famosas e famigeradas pesquisas! O universo das pesquisas fascina, desperta curiosidade, animosidade, desconfiança, credibilidade, e pode provocar a ascensão e a queda de alguns. Desde que ganharam força no processo de redemocratização, as pesquisas mantêm o status de estrelas no universo eleitoral. Claro, existem fases de maior ou menor brilho, afinal, os choques estelares existem — institutos de pesquisa que o digam!

As pesquisas mais conhecidas do público comum são as "quantis".[1] Dispensável aqui dizer como eleitores, mídias, candidatos e marqueteiros políticos, eleitos e não eleitos, consomem este produto e se tornam dependentes de seus resultados numéricos na década atual. Entre o fim de um ano par e o início de um ano ímpar, já estamos conjecturando sobre a eleição do ano seguinte. Palpites já foram lançados. Façam suas apostas!

Também muito já se escreveu e continuará sendo escrito sobre a pesquisa qualitativa, a "quali":[2] seus diferenciais, papel nas campanhas políticas, metodologias possíveis, lançamentos de moda e o que se pode depreender de cada uso que ela oferece ao longo de uma campanha e após eleito ou não um candidato. Se eleito, lá vêm mais pesquisa qualitativa, avaliações de administrações, campanhas

---

1 A pesquisa quantitativa é aquela que trabalha com dados numéricos, estruturados, coletados geralmente por meio de questionários fechados e aplicados a grandes amostras. Seu objetivo principal é medir fenômenos, buscar padrões estatísticos e validar hipóteses. Exemplo: pesquisas eleitorais com percentuais de intenção de voto.

2 A pesquisa qualitativa explora questões em profundidade, sem se preocupar com números representativos, utilizando entrevistas em profundidade, grupos focais, observações ou estudos de caso. O objetivo é compreender motivações, comportamentos, sentimentos e percepções de indivíduos ou pequenos grupos. Exemplo: grupos de discussão com eleitores para entender as razões subjetivas por trás de suas escolhas políticas.

governamentais e uma infinidade de utilidades. O termômetro continua e rapidamente as atenções se voltam para os ex-candidatos, já pensando na próxima disputa, em dois ou quatro anos, que vai depender do cardápio! A pesquisa qualitativa não para nunca. Nós também não.

A quali exerce um poder de ímã sobre os diversos *players* com os quais nos relacionamos. Com o passar dos anos, abandonei a quanti (claro, sempre tenho parceiros nas campanhas, mas já não mais ofereço esse produto a meus clientes). Aliás, esse tema renderia facilmente um capítulo próprio... A pesquisa qualitativa me inebria; eu mesma admito ser viciada no que faço. Se fico algum tempo sem conduzir um grupo de discussão, bate aquela saudade de ouvir e analisar o que se passa na cabeça das pessoas!

Vale notar que a pesquisa qualitativa é sempre envolta em segredo: é feita para consumo interno e raras vezes divulgada. Seus resultados são guardados a sete chaves — seu *mistério sempre há de pintar por aí*![3]

Se campanhas eleitorais e os eleitores são nosso foco, nosso forte e nosso vício profissional, é porque existem os candidatos! Sim, as majestades, os candidatos!

Já se publicou muito sobre as campanhas: sua evolução, os perfis demográficos do eleitor, as estratégias, os comportamentos e mídias que moldam o jogo, o que fazer aqui ou ali, como planejar, os *timings*, o que funciona, o que não funciona, o que se copia, o que se altera, o que se cria de inusitado e dá certo ou não!

Aproveitando nossas experiências de marketing político e pesquisas eleitorais, pensamos: "Por que não escrever sobre Suas Altezas, os candidatos?". Se não os temos, não trabalhamos — e esperamos continuar a tê-los mesmo com nossas pérolas!

A eles devemos todo o nosso respeito e crescimento profissional, mesmo quando nos dão trabalho em todos os sentidos! Uma "cabeça de candidato" muda não só entre cada um dos indivíduos, mas também conforme a cidade, o estado, o partido, a origem: nunca

3 GIL, Gilberto. *Esotérico. In*: GIL, Gilberto. *Expresso 2222*. Rio de Janeiro: Philips, 1972.

é igual, nunca é simples. Definitivamente, não se trata de pessoas comuns. Afinal, por que alguém quer disputar uma eleição? Desde o momento inicial desse "querer ser" até o final de uma campanha, nós nos tornamos quase parte da família do candidato.

O QUE LEVA ALGUÉM A SER CANDIDATO?

São muitos os motivos que levam uma pessoa a colocar seu nome à disposição da população em um processo eleitoral. A forma como uma campanha se desenrola varia fundamentalmente conforme as motivações que a originam. Podemos dizer que há candidatos movidos por vaidades, causas, oportunidades ou decisões coletivas. Trata-se, claro, de uma simplificação exagerada. Ninguém funciona a partir de só um desses pontos, mas o quanto cada um deles está presente influencia, de forma geral, como cada agente político se comporta na disputa.

Distinguir quem se coloca como liderança política por "vaidade" ou por defender uma "causa" é complexo, se não impossível. Em geral, pensamos que vaidosos são os outros, enquanto nossos aliados sempre são iluminados defensores de uma causa valiosa. De qualquer forma, ambos se comportam de forma muito similar, quase quixotesca. Imbuídos de um senso de missão ou de um excesso de amor-próprio, apresentam grande disposição para expor suas ideias, mas na mesma proporção se mostram incapazes de compreender quem se opõe ou até mesmo parece se opor ao seu projeto.

Afinal, como alguém ousaria ser contrário ao mais infalível dos mortais? Por que motivos seriam contra uma causa tão válida e correta, que teria condições de nos guiar ao melhor resultado possível? Por que não enxergam ali todo o conjunto de boas intenções e abnegação?

Essa descrição, evidentemente caricatural, reflete, porém, um fenômeno real. Em maior ou menor escala, tal mentalidade provoca uma dificuldade de conexão com aqueles que precisam ser convencidos a mudar de ideia. Embora atacar adversários possa render votos, afastar os votantes ligados a eles compromete a construção de uma maioria. Certos perfis de políticos, por essa razão, têm muito sucesso em eleições proporcionais, nas quais precisam conquistar apenas uma parcela significativa do eleitorado, mas enfrentam grandes dificuldades em disputas majoritárias, que demandam a maioria dos votos.

Esse é um exemplo nítido de como o sistema eleitoral influencia o comportamento de ambos: políticos e eleitores. Não é sensato esperar que cidadãos e candidatos se comportem da mesma forma em contextos eleitorais diferentes.

Costuma-se atribuir ao francês Victor Hugo a frase: "Nada é mais poderoso que uma ideia cujo tempo chegou". Lamentavelmente, ele nunca disse isso. Em *Histoire d'un crime,* escrita em 1877, sobre o processo que levou Napoleão III ao poder, a citação original diz que, embora se possa resistir a uma invasão de exércitos, não se pode resistir a uma invasão de ideias. Que seja! (Confesso que revelar a um político poderoso que ele está errado na citação que faz costuma ser hilário; daria para vender ingressos para a cena!)

Buscando, então, uma citação tropical, podemos falar do clássico "cavalo passando arreado". Aqui entramos no caso da candidatura por oportunidade, quando chega a vez de determinada ideologia, pessoa ou partido. Quando esse elemento está presente, costuma-se estar próximo ao cenário dos sonhos: aquele em que o *Zeitgeist,* o espírito do tempo, faz a campanha por você.

Beira o impossível, claro, que isso ocorra de forma tão cristalina. No mundo real, todos esses elementos se misturam. Também pode ocorrer o cenário em que o sujeito acredita que é "sua hora", mas esquece de, citando Garrincha, "combinar com os russos".[4]

4 A expressão "combinar com os russos" surge de um episódio protagonizado por Manuel Francisco dos Santos, o Garrincha, durante a Copa do Mundo de 1958. Conta-se que, antes da semifinal contra a então União Soviética, o técnico Vicente Feola havia preparado uma estratégia meticulosa, que incluía previsão até de como os adversários iriam reagir. Depois de ouvir os planos, Garrincha teria perguntado: "Tá bom, seu Feola, mas o senhor combinou com os russos?".

Um candidato que esteja nesse momento favorável tem um impulso na opinião pública e no processo de convencimento. Ainda assim, depende de atributos pessoais, composições políticas e da operação logística de uma jornada eleitoral, que abordaremos em outros capítulos.

A candidatura com elementos de decisões coletivas, por sua vez, traz peculiaridades próprias. Esses candidatos emergem geralmente de compromissos internos de partidos ou lideranças, assumindo o papel de representantes de um grupo, não apenas de si mesmos. Isso pode ser uma faca de dois gumes. Por um lado, o apoio do partido ou de um padrinho político pode fortalecer a candidatura, fornecendo estrutura e visibilidade. Por outro, a autonomia do candidato é muitas vezes limitada, e ele pode se ver como "servo" de quem o colocou naquela posição. Ademais, a dinâmica interna dos partidos e dos processos decisórios coletivos ressalta a importância do engajamento cívico para a formação e a ascensão de candidaturas. Estudos (por exemplo, o de Verba, Schlozman e Brady) apontam que o capital político acumulado por meio da participação ativa na vida pública é decisivo para a legitimação de postulantes oriundos de decisões coletivas, evidenciando que o ingresso na política transcende a mera disposição pessoal e reflete, também, a valorização das práticas democráticas e da mobilização social.

Um dos maiores desafios desses candidatos é superar a dependência da transferência de votos ou da força da legenda. Em tempos de maior acesso à informação, o eleitorado se tornou mais exigente, buscando autenticidade. O padrinho político pode garantir a primeira impressão, mas dificilmente carrega a campanha até a reta final. Assim, esses candidatos precisam encontrar formas de se apresentar ao público e demonstrar atributos pessoais que os tornem dignos do voto — um processo nem sempre natural para quem foi moldado por decisões coletivas.

Uma reflexão mais profunda sobre os fundamentos de decisão de candidatura nos leva a quatro questões fundamentais que, segundo Darlan Campos, todo aspirante a cargo público deveria considerar: 1) por que deseja ser candidato; 2) o que o torna especial frente aos concorrentes; 3) por que os eleitores o escolheriam; e 4) como lidaria com uma possível derrota. Essas perguntas transcendem a simples categorização de motivações e convidam a um exercício de autenticidade e visão estratégica. O candidato que responde de maneira genuína a essas questões tende a desenvolver uma corrida eleitoral mais consistente e conectada com o público-alvo, compreendendo que sua jornada política pode se estender além do resultado imediato de uma única eleição.

Outro ponto crítico é a relação do postulante com sua equipe de campanha. Como a equipe muitas vezes não é escolhida diretamente por ele, mas sim pelo grupo que o sustenta, o candidato precisa aprender a dialogar e confiar nesses profissionais. Uma equipe competente não está ali para defender os interesses pessoais do candidato, mas para traduzir o que a opinião pública deseja. Essa relação, no entanto, pode ser tensa, sobretudo se o postulante resistir a ceder espaço para a estratégia coletiva.

Estudos internacionais, como o realizado por Sides e Vavreck, demonstram que, mesmo em ambientes competitivos, as condições preestabelecidas do contexto político limitam, mas não eliminam a influência das estratégias de campanha. Essa abordagem comparativa amplia nossa compreensão dos mecanismos eleitorais, evidenciando que os resultados são fruto de um conjunto complexo de variáveis históricas e contextuais.

Uma contribuição fundamental para entender essas motivações vem da teoria da ambição política. Os políticos, conforme Joseph Schlesinger, variam entre "ambição estática", quando almejam manter-se no cargo, e "ambição progressiva", quando buscam ascender a postos mais elevados na carreira política. O autor argumenta que a escolha entre permanecer ou avançar depende tanto de objetivos pessoais quanto das oportunidades percebidas no sistema político vigente. Essa estrutura conceitual ajuda a explicar por que alguns candidatos se concentram na reeleição ao cargo atual, enquanto outros arriscam candidatar-se a posições mais altas em busca de maior poder ou influência.

No fim das contas, os sistemas eleitorais e o espírito do tempo moldam não apenas o comportamento do eleitor, mas também o dos candidatos. No Brasil, onde as regras variam entre eleições majoritárias e proporcionais, o sucesso de um político muitas vezes depende de sua capacidade de entender essas dinâmicas e ajustar suas expectativas e estratégias. Em qualquer caso, o que permanece constante é que as motivações iniciais — vaidade, causa, oportunidade ou decisão coletiva — influenciam de forma profunda a jornada de quem se dispõe a disputar um cargo público.

O ITEM ESQUECIDO NO PLANEJAMENTO DE CAMPANHA

Planejar uma campanha eleitoral exige considerar diversos fatores amplamente estudados e discutidos: o perfil do eleitorado, o financiamento, as alianças políticas, a estrutura de comunicação e a estratégia de ataque e defesa. No entanto, um elemento costuma ser ignorado, ainda que possa determinar o sucesso ou fracasso da candidatura: o estado psicológico do candidato e do adversário.

Uma corrida eleitoral não é apenas um embate de ideias e propostas. É uma grande operação logística com impacto emocional e psicológico intenso, que pode desestabilizar até os mais experientes. Não se trata de sugerir que campanhas incluam psicólogos para avaliar cada candidato e adversário. Mas é fundamental que esse fator entre no radar do planejamento estratégico, porque seu impacto no desempenho da campanha é real. Candidatos não são robôs, e eleições não são apenas sobre a melhor estratégia — são também sobre a capacidade emocional de executá-la sob pressão extrema.

Estudos sobre regulação emocional, como o de James Gross, mostram que a capacidade de controlar respostas afetivas é imprescindível para decisões sob pressão. Na prática eleitoral, isso significa manter a lucidez estratégica mesmo em momentos de tensão.

Para ilustrar como o estado psicológico pode afetar uma jornada eleitoral, lembro de um episódio que acompanhei de perto. Durante um debate, um adversário citou o nome de uma pessoa que não era candidata, mas exercia um papel fundamental na organização da campanha. Essa figura era um operador discreto, uma peça-chave nos bastidores, que jamais imaginava ter seu nome jogado ao público. O simples fato de ser exposto gerou uma reação emocional tão forte que a campanha inteira entrou em curto-circuito. Não se tratava de um ataque direto nem de uma revelação impactante, mas foi o suficiente para desestabilizar a pessoa e comprometer o funcionamento da equipe.

A tensão foi tamanha que a equipe perdeu preciosos dias tentando administrar o impacto psicológico da situação. Em campanhas com prazos curtos — como os 45 dias no Brasil — perder um ou dois dias pode significar um programa de TV ou rádio que não sai tão bom quanto poderia, uma entrevista mal conduzida, uma equipe que perde o ritmo e a coordenação logística, uma movimentação política que se atrasa e não se recupera. Uma campanha não se faz com um conjunto de boas ideias que acontecem por si só. É uma operação logística complexa, que precisa de motor, sola de sapato, combustível e um ritmo constante.

Parte do que estamos propondo é justamente trazer esse tema à tona. As campanhas já analisam inúmeros fatores externos (comportamento do eleitor, alianças, financiamento), mas não consideram o impacto emocional que uma candidatura provoca dentro da própria equipe e como isso pode ser usado como estratégia. Seja do lado de quem está disputando, seja do lado do adversário, é preciso entender que a pressão psicológica é uma variável real. Candidatos podem surtar, travar, perder a linha. E isso não se restringe a eles: coordenadores de campanha, marqueteiros, familiares e aliados próximos também são vulneráveis a esse tipo de pressão.

Se um adversário percebe um ponto fraco emocional na equipe do outro lado, ele pode explorá-lo estrategicamente. Se um candidato não souber administrar as próprias emoções, isso pode comprometer toda a sua estratégia, não importa quão bem estruturada ela esteja no papel. Um colapso emocional interno pode transformar uma campanha sólida em um desastre em questão de dias ou até horas.

Além das questões logísticas e estratégicas, o fator emocional desempenha papel fundamental para cada decisão tomada durante a corrida eleitoral. Em consonância com os estudos de Drew Westen, a habilidade de gerir os estados afetivos, tanto do candidato quanto de sua equipe, pode transformar momentos de vulnerabilidade em oportunidades para ressignificar a mensagem e reestruturar o desempenho eleitoral. Essa capacidade, ainda que sutil, revela-se decisiva para manter o ritmo e a coesão necessários em operações marcadas por alta pressão e imprevistos.

Colocar uma campanha na rua não é apenas definir um discurso ou uma estratégia. É uma maratona física e emocional intensa. É gravar programas de TV e rádio sob pressão, coordenar aliados, manter a chapa motivada, lidar com agendas lotadas, viajar, dar entrevistas, participar de debates e comícios. É borracha: em pneu e em sola de sapato. É enfrentar ataques diários, responder a crises e manter o foco até o último minuto. Se o psicológico do candidato ou de sua equipe não estiverem em ordem, a máquina de campanha para. A campanha perde ritmo, se desorganiza e, muitas vezes, é derrotada por fatores que nada têm a ver com propostas ou popularidade.

Não se propõe aqui nenhum método mirabolante, mas um novo olhar sobre algo que é real, só que pouca gente se dá conta. Conhecer a mentalidade de seu candidato e do adversário não é um luxo. É uma necessidade estratégica para qualquer campanha que queira ser bem-sucedida.

VOCÊ É CAÇADOR, VOCÊ É CAÇA

Tudo muda com o passar dos tempos, não é mesmo?

Em 1988, comecei a trabalhar na Vox Populi.[5] Saía de uma formação em Psicodrama e iniciava outra em Psicanálise. Minha cabeça deu um nó! Distanciei-me do quadrado de um consultório para um mundo novo. A Vox foi um grande aprendizado para mim. Fui lá, numa empresa que nascera há pouco tempo, e me apresentei

---

5 A Vox Populi é uma empresa de pesquisas de opinião e mercado, fundada em Belo Horizonte em 1984, por Marcos Coimbra, João Francisco Meira, Milton Nascimento e Rachid Xavier.

com a cara e a coragem; nunca havia trabalhado com pesquisa, só etnografia, sociologia e estatística na faculdade de Psicologia. Pouco tempo depois, o chamado para uma entrevista. Não tinha nenhuma experiência em pesquisa. Estavam montando uma superestrutura para um pré-candidato à presidência da República. O diretor disse: "Você quer trabalhar aqui? Fazer uma experiência? Conhece um tal de Fernando Collor de Alagoas? Passe a ler os jornais todos os dias, detenha o saber da história do Brasil (tive que reestudar tudo em muitas noites sem dormir — vim de um ensino de história e Organização Social e Política do Brasil [OSPB] datado da ditadura), e aqui está a Constituição do Brasil, leia-a toda. Decore!". Tinha em mãos um marco da redemocratização do país, uma nova oportunidade e peguei todos esses touros pelo chifre! Ano: 1989. Candidatura: Fernando Collor de Mello.

Fazíamos grupos de discussão loucamente. Foi o ano todo moderando grupos por todo o país, voando de norte a sul, muitas vezes sem voltar para casa. De janeiro a dezembro, nossa casa era o Brasil. Pesquisávamos a alma do eleitor. Até como eles se abriam para fazer amizades. Era preciso saber como chegar perto, como conquistar, seduzir, ter o dedo na veia do eleitor; afinal, o que este candidato novato teria a falar para o eleitor e como convencê-lo? Discursos, falas, possíveis vices, frases de efeito, slogans, jingles, fotos, ataques a adversários, hipóteses fundadas ou infundadas, bombas contra adversários, bombas contra Collor, comerciais, horários políticos. Nada saía sem pré-teste[6] em todas as regiões do país. O processo eleitoral contou com um grande apoio para as qualis e quantis ao longo de todo o período. Ficou na história do marketing político do Brasil. A Vox Populi fez história.

O "Caçador de Marajás" foi passando de desconhecido a "Salvador da Pátria". Engolindo todas as ondas eleitorais dos adversários: Ulisses Guimarães, Brizola, Covas, Caiado, Afif, Maluf e tantos outros. Até

6 O pré-teste consiste em submeter a grupos de discussão prévios, na modalidade de pesquisa qualitativa, as peças de comunicação que serão utilizadas na campanha eleitoral.

Enéas! Até Silvio Santos tentou ser candidato, mas teve a candidatura impugnada em processo aberto pelo partido de Collor, o PRN. As qualis mostraram que Silvio Santos daria trabalho. Então "Vamos tirá-lo logo do pedaço!".

Aos poucos, Collor foi se tornando o principal adversário do então sindicalista Luiz Inácio Lula da Silva. Foram 23 candidatos. Lá estavam direita e esquerda no segundo turno daquele emblemático 15 de novembro de 1989: Collor (PRN — 28%) e Lula (PT — 16%). A coisa estava polarizada e nervosa. O liberal versus o sindicalista. A direita e a esquerda. A República fazia cem anos. O Brasil se abria para aquela eleição fervorosa. O marketing político ganhava um novo capítulo. As pesquisas de opinião no país nunca mais foram as mesmas. Ali um profissionalismo nasceu com força e vigor.

Éramos quatro moderadoras que cobríamos o país todo: Vera Link, Cristina Pacheco, Cristina Costa e eu. Aos poucos, outros profissionais foram sendo incorporados. Cada uma de nós moderou mais de quinhentos grupos de discussão. O volume de pesquisas era inacreditável. Havia momentos em que não dava tempo de se fazer o recrutamento. A coisa foi esquentando muito no final da campanha. Eu e Cristina Pacheco entrávamos em salões de beleza no Maranhão, postos de gasolina no Mato Grosso, vendinhas no interior do Ceará, supermercados no Sul, fábricas no interior de São Paulo, portas de igrejas no Centro-Oeste e íamos fazendo entrevistas pessoais despistadas de "conversinha" com os eleitores: É Lula ou Collor? E por quê? — "É esse 'Cola'!". De repente, mudava tudo, "É Lula!". Esse jogo de forças foi tenso. Vera Link e os outros moderadores faziam o mesmo, seja no Sul, Centro-Oeste ou Norte. Nosso mapeamento era constante. À noite, grupos de discussão; de dia, sondagens quase etnográficas.

A campanha teve uma estrutura impressionante, como todos já sabem. O marketing a cargo de Almir Sales,[7] cada um com seu papel. Uma coordenação brilhante dos proprietários da Vox Populi,

---

7 Almir Sales é um publicitário mineiro, dono da Setembro Propaganda, de Belo Horizonte. Foi o principal marqueteiro da campanha de Fernando Collor de Mello.

Marcos Coimbra, Chico Meira, Rachid e Milton Nascimento. Estes também não tinham mais vida. Collor era a vida de todos nós. E Collor era uma verdadeira majestade. Resultados eram passados direto a ele, aos "Vox" e aos marqueteiros de portas fechadas e com corredores bem afastados de nós, os mortais pesquisadores que traziam o recado das ruas.

Naquela época, os moderadores eram "escravos", mas gostávamos daquela adrenalina: éramos jovens e conhecemos o Brasil todo trabalhando numa campanha que saiu do zero e chegou ao cem. Não tínhamos quase contato com o cliente. Fazíamos relatórios gigantescos que eram revisados pelos "Vox", às vezes uma reunião com os marqueteiros para esclarecer pontos que podiam levantar dúvidas. Hoje, essa prática não ocorre mais. Nosso contato era muito grande com nossos chefes, meus grandes líderes, em parte importante de minha vida. Sem eles, eu não teria chegado aonde cheguei, acumulado em cinco anos uma experiência que me valera quase tanto quanto minha formação acadêmica. A eleição de 1989 foi um marco. A primeira eleição em que o Brasil escolheu um presidente após a promulgação da Constituição Federal em 1988. E eu vivi isso! A primeira eleição após a ditadura militar. Passaram-se cem anos de República!

Mudando de pau para cavaco: chegou o derradeiro debate entre os candidatos no segundo turno, um debate televisivo montado por um *pool* de emissoras: TV Bandeirantes, onde se deu o debate, TV Globo, SBT e a extinta TV Manchete. Elevada audiência. A campanha de Lula estava reagindo. Havia um clima tenso na campanha de Collor, embora ele fosse considerado favorito e mais bem avaliado nos grupos de discussão, em termos de performance, do que Lula.

Collor era performático, vaidoso, sabia se expressar bem, sedutor, um *showman*. Era daqueles que tinham sangue nos olhos. Queria vencer a qualquer custo. Você sentia isso em sua personalidade.

Lula vinha dos movimentos sindicais, era também um líder nato, mas ainda com pouco traquejo para a voz geral, e enfrentava muitas resistências em boa parte da sociedade pós-ditadura. Contava com os apoios fortes de Covas e Brizola, mas faltava-lhe o carisma diante das câmeras, não se expressava tão bem quanto o adversário.

Collor, o pavão, como costumávamos brincar em deferência a ele, quando presente na Vox Populi, apenas uma vez entrou em nossa sala e nos cumprimentou com aquele sorriso sedutor. Sabia que era bonito, um candidato galã, um caçador de marajás que confiava no seu taco, esbravejava contra a inflação, contra José Sarney, virou um mito. Fosse hoje, teria também o apelido de mito por seus admiradores. Existia uma verdadeira onda "collorida" histérica no Brasil. O público feminino suspirava por ele nas qualis. E ele usava muito bem esse seu poder. Os homens também se identificavam com aquele macho alpha.

Voltemos à reta final da campanha: lembram-se do caso Lurian?[8] Pois é, alguns especialistas dizem que foi o fator responsável pela derrota de Lula. Na semana do derradeiro debate, lá fomos nós, os heróis e heroínas, testar a bomba por várias capitais do Brasil. O conteúdo era devastador, abordava a gravidez "indesejada por Lula", o depoimento emocionado e apelativo de Miriam, os fatores morais contra o aborto, a religião apelando para a moral. Chico Santa Rita[9] havia entrado na reta final dessa campanha. Há quem diga que foi ele quem apertou o botão para acionar essa bomba.

Os resultados das qualis não indicavam o seu uso na campanha, mas também indicavam que tinham potencial de fazer um estrago na imagem de Lula. Considerada uma baixaria, um apelo descomunal, um ataque sem ética. Na véspera do debate, a decisão firmada da campanha (ou do candidato) em colocar o caso Lurian no programa

---

8 O caso Lurian foi um episódio em que uma ex-namorada de Lula, Miriam Cordeiro, o acusou de ter sugerido a prática do aborto quando soube da gravidez dela. Um depoimento de Miriam foi veiculado na reta final da eleição de 1989 no programa eleitoral de Fernando Collor de Mello e teve repercussão muito negativa na opinião pública. Lula sempre negou o caso. A filha deles se chama Lurian Cordeiro Lula da Silva.

9 Francisco José de Santa Rita Behr (1939-2023), conhecido como Chico Santa Rita, foi um marqueteiro paulista, pioneiro em marketing político no Brasil, fundador da Chico Santa Rita e Associados, de São Paulo.

eleitoral. Lula entra no debate do dia 14 de dezembro de 1989 com o psicológico visivelmente abalado e seu desempenho foi considerado bem inferior ao de Collor, segundo nossas pesquisas internas e segundo difundido na mídia da época. O estrago estava feito. Esta jovem pesquisadora se sentiu mal e anulou o voto. A oposição acusou a Rede Globo de editar o debate pró-Collor. Collor venceu as eleições com 53,03% e Lula perdeu com 46,97%.

1992 — 29/12 — Começa o julgamento do impeachment do presidente Fernando Collor de Melo.
30/12 — O presidente Collor renuncia por meio de carta. Era tarde demais.

Votação do impeachment:

Câmara dos Deputados: 441 votos a favor, 38 contra, 1 abstenção.

Senado: placar 76 votos a favor, 3 contra.

Collor é condenado à perda do mandato e fica inelegível por oito anos.

2002 — Lula é eleito presidente do Brasil, e eu trabalhei nas suas qualis para Duda Mendonça, já à frente de minha empresa.
2006 — Lula é reeleito presidente do Brasil.
2006 — Collor é eleito senador por Alagoas.
2014 — Collor é reeleito senador por Alagoas.
2022 — Lula é eleito para seu terceiro mandato.
2025 — Collor é condenado a oito anos de prisão por corrupção e outros crimes investigados na Lava Jato.

Um dia é da caça, o outro do caçador.

AS COISAS SÃO FEITAS POR UM MOTIVO

Em muitas campanhas eleitorais, há uma necessidade constante de mostrar produtividade. A equipe sente a pressão de estar sempre ocupada, de gerar conteúdo e de preencher espaços com material que "parece" campanha. Mas, quando essa produção acontece sem um objetivo claro, sem estratégia e sem um direcionamento real, o que se tem não é uma campanha de verdade — é apenas um grande simulacro.

Isso acontece por diversas razões. Uma delas é como os contratos são estruturados. Muitas vezes, fornecedores de conteúdo são contratados para entregar uma quantidade específica de peças: um número fixo de posts, de vídeos, de jingles, de inserções publicitárias. Isso cria uma indústria de *bits* e *bytes* sem qualquer preocupação real com o impacto eleitoral. Produz-se porque o contrato exige, e não porque a disputa eleitoral precisa. O resultado é um excesso de material que, embora tenha cara e cheiro de campanha, não é uma campanha autêntica. Como observa Andrew Chadwick, em um sistema midiático híbrido, o excesso de conteúdo pode saturar o eleitor, tornando essencial uma integração estratégica entre canais para manter a mensagem clara e impactante.

Outro fator que impulsiona essa mentalidade de produção pelo volume é o modismo. Se um candidato ou uma equipe vê um concorrente fazendo algo que parece interessante, sente-se a necessidade de replicar. Mas essa repetição ignora o essencial: para quem aquilo foi feito? O que funciona para uma candidatura pode ser completamente irrelevante para outra. Cada campanha tem um contexto, um público e uma estratégia própria. Copiar formatos sem entender a necessidade e o impacto é um erro comum e custoso.

O grande problema dessa produção sem estratégia é que ela cria uma falsa sensação de progresso. A equipe está ocupada, os cronogramas de produção estão sendo cumpridos, e há sempre algo novo sendo postado ou distribuído. Mas isso não significa que a campanha esteja avançando na conquista de votos. Pelo contrário, muitas vezes, essa avalanche de conteúdo apenas dissipa a atenção e desperdiça recursos.

A margem de atenção do eleitor é limitada. O tempo de televisão e rádio é limitado. O espaço na internet, apesar de teoricamente infinito, também tem suas limitações práticas: o algoritmo não entrega todo o conteúdo produzido, e o eleitor não vai consumir tudo o que é postado. Nesses casos, repetir uma mensagem forte e bem pensada pode ser muito mais eficaz do que soltar uma avalanche de conteúdos dispersos.

O erro fundamental está na falta de propósito. Se uma peça de campanha não responde de forma clara às perguntas "para quem estou falando?", "por que essa pessoa precisa receber essa mensagem?" e "o que eu espero que ela faça após ver isso?", então essa peça não deveria existir. A simples produção pelo volume transforma a campanha em uma pastelaria de material irrelevante — uma esteira de vídeos, músicas e textos que preenchem espaço, mas não atingem um objetivo eleitoral concreto.

O trabalho de uma campanha de verdade não começa na produção do material, mas na definição do público-alvo. Quem precisa ser atingido? Onde essas pessoas estão? Como elas consomem informação? Só depois de entender essas respostas é que se define o formato da peça e o meio de distribuição. Tudo deve partir do objetivo estratégico, e não da necessidade de gerar mais um vídeo ou mais um post.

Campanhas que não seguem essa lógica não são campanhas estruturadas. São campanhas caóticas, baseadas em um volume massivo de conteúdos inúteis, muitas vezes sem coordenação interna. Quando não há uma hierarquia clara que defina o direcionamento político e comunicacional, o resultado é uma guerra interna de ideias desconectadas que gera apenas barulho — e barulho sem estratégia não vence eleição.

Além disso, a adoção de estratégias baseadas em tecnologias digitais e análise de dados revela uma forma de transformar o excesso de informações em mensagens segmentadas e de alto impacto. Estudos como o de Daniel Kreiss indicam que, ao integrar sistemas para monitorar o comportamento do eleitor, as campanhas podem converter a dispersão em engajamento efetivo, substituindo a mera produção massiva por um conteúdo direcionado e estratégico. Essa abordagem evidencia que a modernização da comunicação política é capaz de redefinir como a mensagem é construída e recebida.

Na lógica da estratégia, a eficácia não se mede pela quantidade de ações, mas pela clareza do propósito que as orienta. Conforme defendido por Michael Porter, a verdadeira vantagem competitiva surge da integração das atividades em torno de objetivos específicos e relevantes. Aplicando essa perspectiva ao cenário eleitoral, torna-se evidente que a acumulação de conteúdos desconexos não substitui a necessidade de um planejamento estratégico coeso, capaz de transformar esforços dispersos em comunicação efetiva e decisiva.

Os modelos de Hierarquia de Efeitos, conforme exposto por Thomas E. Barry, delineiam uma sequência de etapas pelas quais uma mensagem publicitária deve transitar para gerar uma resposta efetiva. Segundo Barry, não basta captar a atenção do receptor; é necessário conduzi-lo, de forma gradual, desde o reconhecimento e o conhecimento até a formação de atitudes e, por fim, a ação. Quando transpostos para o campo político, esses conceitos revelam que o sucesso de uma campanha depende na maioria das vezes da capacidade de transformar a percepção inicial do eleitor em uma convicção que o leve à decisão de voto. Assim, ao aplicar esse modelo ao contexto eleitoral, evidencia-se a relevância de estratégias de comunicação que não apenas informem, mas também envolvam e mobilizem emocionalmente o eleitor.

A ideia central é simples, como disse o pensador britânico George Harrison: "Se você não sabe aonde está indo, qualquer caminho pode te levar até lá".[10] Se uma campanha não tem clareza de sua estratégia, pode tomar qualquer rumo, mas dificilmente chegará à vitória.

10 HARRISON, George. Any Road. *In:* HARRISON, George. *Brainwashed*. Londres: Dark Horse, 2002.

O PAPA, O PATRIARCA, O REI E O AMIGO

Em qualquer eleição, existem dois caminhos distintos para se conquistar votos. No sistema brasileiro, isso se torna evidente na diferença entre as eleições majoritárias e proporcionais. Enquanto o candidato majoritário precisa conquistar a maioria absoluta, o candidato proporcional precisa só ser a melhor escolha em um nicho específico. Essa diferença molda completamente a forma como cada um deve pensar sua campanha — e, mais do que isso, molda o próprio candidato.

Para ilustrar essa diferença, gosto de recorrer a uma analogia com duas importantes tradições religiosas: o Vaticano e o Patriarcado Ecumênico de Constantinopla. Fica bonito em palestras. Por escrito, nem tanto. Imaginem aí esse cenário ilustrado: o papa, líder da Igreja Católica Apostólica Romana, é escolhido por meio de um conclave em que precisa conquistar uma supermaioria dos votos dos cardeais (dois terços, conforme a regra estabelecida em 1179) — um processo que exige ampla construção de alianças e convencimento. Já o patriarca ecumênico de Constantinopla, líder da Igreja Ortodoxa, é considerado *primus inter pares* (o primeiro entre iguais). Ele não governa com autoridade absoluta, mas é reconhecido como uma referência entre os demais líderes ortodoxos.

Essa lógica serve como analogia ao que acontece no contexto das eleições no Brasil. O candidato majoritário precisa se comportar como um papa: precisa persuadir, construir consensos e conquistar a maioria. O candidato proporcional, por outro lado, precisa apenas ser o melhor representante de um segmento, como um patriarca ortodoxo, sendo reconhecido como a melhor opção dentro do seu próprio grupo.

Nas eleições majoritárias (para prefeito, governador, senador ou presidente), o candidato precisa atrair um grande número de eleitores e, muitas vezes, convencê-los a mudar de ideia. Ele não pode se dar ao luxo de falar apenas para um nicho específico — precisa expandir sua base, conquistar novos votos e até atrair eleitores que originalmente poderiam votar em seus adversários.

Isso significa que o candidato majoritário precisa se adaptar, medir sua rejeição e avaliar sem cessar o que a opinião pública pensa. O discurso deve ser mais flexível e, muitas vezes, passa por um processo conhecido como a corrida ao centro, ou seja, buscar o eleitor mediano, aquele que não está nos extremos e que pode ser convencido.

Esse candidato não pode ignorar os dados das pesquisas. Ele precisa compreender quais são os sentimentos predominantes na sociedade e ajustar sua mensagem de acordo com essas tendências. Sua campanha precisa ser construída para conquistar aqueles que ainda não estão completamente decididos.

Já na eleição proporcional (para vereadores, deputados estaduais e federais), a lógica muda por completo. O candidato não precisa convencer ninguém a mudar de opinião; ele só precisa ser a melhor opção dentro do seu próprio grupo.

Diferente do candidato majoritário, que busca reduzir sua rejeição e crescer entre os indecisos, o candidato proporcional pode ter grande rejeição da população geral e, ainda assim, ser eleito se for a primeira opção de um pequeno segmento fiel. Sua campanha, portanto, precisa ser muito mais segmentada e direcionada ao seu eleitorado natural.

Se um candidato a deputado quer representar uma determinada pauta (como direitos dos trabalhadores, agronegócio, defesa dos animais ou segurança pública), sua missão não é converter opositores, mas sim ser o nome mais forte para aqueles que já compartilham de sua visão de mundo.

No contexto brasileiro, pesquisas acadêmicas corroboram e detalham esses efeitos institucionais sobre o comportamento dos candidatos. Jairo Nicolau destaca que o sistema de lista aberta utilizado nas eleições proporcionais do Brasil incentiva fortemente a competição intrapartidária. Cada candidato precisa sobressair-se inclusive em relação aos colegas de coligação, o que resulta em campanhas personalizadas e na busca intensa por votos individuais ("voto nominal"). Essa dinâmica explica por que deputados brasileiros costumam construir redutos eleitorais específicos e investir em visibilidade própria — com frequência por meio de bases municipais, eventos locais e contato direto com eleitores — em vez de apoiarem apenas a legenda ou a plataforma partidária. Sob essas regras, parlamentares eleitos tendem a focar ações particularistas, por exemplo, distribuição de emendas e benefícios a suas regiões, como estratégia de manutenção de apoio político. Portanto, a configuração eleitoral brasileira molda um comportamento parlamentar voltado para o atendimento de demandas locais e a consolidação de uma imagem pessoal forte, em consonância com o que o artigo discute sobre incentivos institucionais.

Conforme demonstrado em estudos comparativos, as estruturas institucionais configuram os incentivos que direcionam as estratégias dos candidatos. Por exemplo, Arend Lijphart argumenta que, em sistemas em que há necessidade de construir amplas coalizões, os políticos são impulsionados a adotarem posturas centristas e a buscarem a convergência de opiniões, enquanto outros modelos favorecem a especialização e a ênfase em nichos eleitorais específicos. Essa dinâmica evidencia como o formato do sistema eleitoral molda, de forma determinante, as escolhas estratégicas de cada candidatura.

Para entender melhor essa diferença de mentalidade, gosto de usar duas músicas da MPB como analogia. O candidato Roberto Carlos é aquele que arrisca ser a segunda opção de todo mundo. Ele quer "ter um milhão de amigos"[11] e agrada a muitos, mas não

11 CARLOS, Roberto. Eu quero apenas. *In*: CARLOS, Roberto. *Roberto Carlos*. São Paulo: Sony Music, 1974. Faixa 7.

apaixona ninguém. Esse é um erro comum em campanhas proporcionais: tentar ser moderado demais, dispersar sua mensagem e acabar não sendo a primeira opção de ninguém. O candidato proporcional não precisa ser amado por muitos — precisa ser indispensável para poucos. Já o candidato Erasmo Carlos segue a lógica de outra canção: "Você precisa de um homem para chamar de seu, mesmo que este homem seja eu".[12] Esse é o candidato proporcional de sucesso. Ele não quer ser a segunda opção de um grande público, mas sim a primeira opção de um grupo pequeno e fiel. Se conseguir mobilizar sua base e garantir que esse público o escolha como líder, ele está eleito.

Muitos candidatos erram porque aplicam estratégias do tipo errado de eleição. O candidato majoritário que age como um candidato proporcional corre um grande risco. Se ele fala apenas para sua bolha, sem tentar expandir sua base, dificilmente chegará ao segundo turno ou conseguirá uma vitória ampla. Há exceções, como quando o nicho é grande o suficiente para garantir uma maioria, mas isso é raro. O candidato proporcional que age como um candidato majoritário também está fadado ao fracasso. Se ele tenta agradar todo mundo, acaba não sendo a primeira opção de ninguém e morre na praia. O maior erro de um candidato proporcional é querer ser unanimidade. Ele precisa ser um líder incontestável dentro da sua própria bolha, não um nome genérico que ninguém rejeita, mas que também ninguém escolhe com entusiasmo.

Se o candidato entende que tipo de eleição está disputando, sua mentalidade precisa ser moldada segundo as regras daquele jogo. Essa diferenciação entre candidaturas em sistemas majoritários e proporcionais não se resume apenas à lógica dos números, mas tem raízes profundas nas estruturas institucionais que orientam o comportamento dos atores políticos.

---

12 CARLOS, Erasmo. Mesmo que seja eu. *In*: CARLOS, Erasmo. *Amar pra viver ou morrer de amor*. Rio de Janeiro: CBS, 1982. Faixa 2.

O candidato majoritário precisa construir uma maioria e convencer indecisos. Ele tem que ampliar sua base, ajustar sua mensagem e reduzir rejeição. Ele está na posição do papa, que precisa conquistar dois terços dos votos para ser eleito.

O candidato proporcional precisa ser o melhor representante de seu setor, por menor que seja. Ele não precisa mudar a cabeça de ninguém, apenas ser visto como o mais fiel representante de sua causa. Ele é como o patriarca de Constantinopla, que não precisa dominar os outros, apenas ser reconhecido como o primeiro entre iguais.

Ao entender essa diferença, cada candidato pode estruturar melhor sua campanha e aumentar suas chances de sucesso. O que importa não é apenas o que dizer, mas para quem dizer e com qual objetivo.

CONFLITOS INTERNOS E PARANOIA

O CANDIDATO E SUA EQUIPE

Toda campanha eleitoral deveria ser um esforço coordenado no qual cada membro da equipe trabalha pelo mesmo objetivo: eleger o candidato. Mas, na prática, muitas campanhas se transformam em verdadeiros campos de batalha internos, onde marqueteiros, assessores, coordenadores e até o próprio candidato gastam mais energia disputando espaço entre si do que combatendo os adversários. O resultado? Desorganização, falta de rumo e, muitas vezes, derrota nas urnas.

Os conflitos em uma campanha podem surgir por diversas razões. Em alguns casos, há uma disputa velada (ou explícita) por influência sobre o candidato. Assessores que acham que sabem mais que o marqueteiro, marqueteiros que querem tomar o lugar do coordenador, coordenadores que ignoram as pesquisas, e um candidato perdido no meio disso tudo, tentando agradar a todos. Em vez de trabalharem juntos, os diferentes setores da campanha começam a agir como feudos separados, cada um puxando para um lado.

Estudos indicam que a natureza dos conflitos internos pode definir os rumos do desempenho coletivo. De acordo com Karen Jehn, enquanto conflitos de tarefa podem estimular a inovação e a resolução de problemas, os conflitos de relacionamento — marcados por disputas pessoais e rivalidades pelo poder — tendem a corroer a confiança mútua e minar a eficácia da equipe. No contexto de uma campanha eleitoral, onde a coordenação e a agilidade decisória são cruciais, a presença de conflitos disfuncionais transforma o potencial colaborativo em um obstáculo estratégico, comprometendo a unidade e a capacidade de resposta diante dos desafios.

Outro problema recorrente é quando o candidato permite (ou até incentiva) essa guerra interna. Alguns políticos adoram ouvir diferentes opiniões e jogar um contra o outro para ver quem "vence" a disputa. Isso pode até parecer estratégico, como seria um debate saudável com discordâncias, mas, quando incentivado da forma errada, descamba para um ambiente tóxico, onde ninguém confia em ninguém e as decisões importantes demoram a ser tomadas. Enquanto a equipe briga entre si, os adversários avançam, organizados e sem distrações.

A desorganização interna impacta diretamente o desempenho eleitoral. Quando não há coordenação clara, os erros se acumulam: mensagens desencontradas, ordens contraditórias, eventos mal planejados, peças de comunicação desalinhadas e uma campanha que parece estar sempre um passo atrás. O eleitor percebe quando há bagunça nos bastidores — e, se o candidato não consegue organizar a própria equipe, como pretende governar uma cidade, um estado ou um país?

A solução para isso é simples em teoria, mas difícil na prática: definir papéis claros, respeitar as funções de cada um e garantir que as decisões estratégicas sejam tomadas com base em critérios objetivos, não em disputas de ego, ainda que preservando o direito à discordância ordeira e construtiva. Paralelamente, a literatura sobre dinâmica de equipes ressalta que nem todo conflito é prejudicial. A pesquisa de Allen Amason destaca que, quando gerenciados de maneira adequada, conflitos funcionais podem contribuir para a melhoria dos processos decisórios e o fortalecimento da estratégia coletiva. Contudo, quando as disputas extrapolam o campo funcional e se enraízam em questões pessoais, o resultado é a deterioração da coesão interna, comprometendo a eficácia operacional da campanha. Assim, a capacidade de diferenciar e canalizar os conflitos em prol do desempenho estratégico torna-se um elemento essencial para o sucesso eleitoral.

O marqueteiro cuida da comunicação, o coordenador organiza a estrutura, os assessores garantem a agenda — e o candidato foca o que realmente importa: arrecadar recursos, fechar compromissos políticos e convencer os eleitores.

A confiança mútua é um fator fundamental para o sucesso de uma equipe de campanha. Estudos como o de Hackman e Wageman mostram que equipes com alto nível de confiança interna são mais eficientes na execução de estratégias complexas. Além disso, pesquisas meta-analíticas apontam que conflitos focados em tarefas podem estimular a criatividade e melhorar a qualidade das decisões, desde que sejam devidamente gerenciados, enquanto disputas de caráter pessoal tendem a corroer a coesão do grupo. Promover um ambiente em que as divergências são encaradas como oportunidades para aprimorar processos e estratégias, segundo De Dreu e Weingart, é essencial para converter potenciais atritos em forças impulsionadoras da inovação e da adaptação, sobretudo em campanhas eleitorais marcadas pela alta pressão e necessidade de respostas rápidas.

Uma campanha eleitoral é curta demais para ser desperdiçada com brigas internas. O foco precisa estar no adversário e na conquista do eleitorado, não em disputas pessoais dentro da equipe. Se a campanha se transforma em um palco de guerra entre seus próprios membros, a eleição já começa perdida. E, no dia seguinte à derrota, enquanto os adversários comemoram, os responsáveis pela bagunça se dedicam ao que mais sabem fazer: procurar culpados.

OS BAJULADORES E A NUDEZ DO REI

Na política, a solidão do poder pode ser mais perigosa do que qualquer adversário. Isso não ocorre porque o líder esteja de fato sozinho, mas porque está cercado apenas por aqueles que dizem o que ele quer ouvir. Esse isolamento não é uma escolha consciente, mas um processo gradual em que discordâncias são silenciadas e críticas são afastadas, criando uma bolha de confirmações. Quando o político percebe que perdeu o contato com a sociedade, já pode ser tarde demais. O problema não é apenas de quem se fecha, mas de quem alimenta essa dinâmica, reforçando ilusões em vez de oferecer um choque de realidade. Esse fenômeno, comum no meio político, leva à fragilidade eleitoral, ao erro estratégico e, com frequência, ao colapso completo da carreira de um líder.

Durante o processo eleitoral, o político não é autoridade de coisa nenhuma. Ele está sempre em genuflexão, implorando por votos e por atenção. O político cercado de bajuladores não percebe que está se isolando da realidade. Geralmente, começa afastando aqueles que discordam, seja por desconforto com opiniões contrárias ou por um desejo de manter um ambiente harmonioso ao seu redor. Com o tempo, seu entorno se torna homogêneo, formado apenas por pessoas que reforçam suas certezas e evitam qualquer discordância. Essa dinâmica cria um ciclo vicioso: quanto menos o político é confrontado com críticas, mais acredita que está sempre certo.

Isso é defendido pela teoria do *groupthink*, proposta por Irving Janis. A falta de opiniões divergentes em ambientes decisórios cria uma ilusão de unanimidade, fazendo o líder ignorar críticas essenciais e reafirmar suas convicções sem o necessário contraponto. Quando o político se fecha em um círculo de bajuladores, ele perde a oportunidade de testar suas ideias frente à realidade, o que pode comprometer a qualidade de suas decisões e, consequentemente, seu desempenho eleitoral.

Chamamos de *motivated skepticism* o fenômeno que ilustra como indivíduos tendem a rejeitar dados que desafiam suas convicções preexistentes, optando por valorizar apenas as informações que as confirmam. Taber e Lodge evidenciam que, tanto em ambientes eleitorais quanto nas estratégias de campanha, essa predisposição pode levar à manutenção de erros de julgamento e à persistência de estratégias equivocadas, mesmo diante de evidências contrárias. Tal viés ressalta a importância de se criar mecanismos internos que permitam a revisão constante das decisões, evitando que a emoção e o apego ideológico comprometam a eficácia da campanha.

Esse fenômeno tem consequências graves na mente de um candidato. A falta de vozes discordantes impede que ideias sejam testadas antes de chegarem ao debate público. Quando um político tem um grupo diverso ao seu redor, ele pode submeter propostas e discursos a um escrutínio interno antes que sejam expostos ao mundo exterior. Isso permite que equívocos sejam corrigidos e que narrativas sejam aprimoradas. Quando esse debate interno desaparece, o político se torna vulnerável. Suas decisões passam a ser baseadas apenas na validação dos bajuladores, desconectadas do humor real do eleitorado.

O isolamento também gera um efeito colateral curioso: ninguém quer ser o primeiro a apontar que o rei está nu. Na fábula clássica de Hans Christian Andersen, o monarca caminha pela cidade vestindo uma roupa imaginária, enquanto todos fingem enxergar sua magnificência por medo de contrariá-lo. O mesmo acontece na política. Se um líder cria um ambiente em que discordar não é uma atitude bem-vinda, aqueles que percebem os problemas preferem o silêncio. Em um grupo político, existe um cálculo claro: quem se posiciona contra a visão dominante corre o risco de ser excluído, perder espaço e ser substituído por alguém ainda mais leal. Isso significa que, muitas vezes, a única pessoa disposta a dizer a verdade ao político é o adversário — e, quando isso acontece, já é tarde demais.

Outro risco, e talvez o maior deles, para um líder que vive cercado por bajuladores é perder a noção do que está acontecendo nas ruas. Pesquisas deixam de ser lidas corretamente, sinais de insatisfação do eleitorado são ignorados e, quando a crise chega, não há ninguém preparado para enfrentá-la. A política, afinal, não se trata apenas de convencer aliados, mas também de saber dialogar com quem pensa diferente. Quem não cultiva essa habilidade fica sem recursos quando o momento exige.

O caso de António de Oliveira Salazar ilustra claramente esse fenômeno. Segundo uma obra escrita por Marco Ferrari sobre o ditador português, nos últimos anos de sua vida, após sofrer um acidente vascular cerebral, ele foi mantido em uma espécie de governo falso. Seus aliados criaram um teatro para ele acreditar que ainda governava Portugal, enquanto, na prática, já havia sido substituído. Esse exemplo extremo mostra como a falta de percepção da realidade pode ser perigosa — e como um político que se isola pode se tornar irrelevante sem sequer perceber.

Em tempos de informação instantânea e mudanças rápidas na opinião pública, o político que rejeita críticas e só ouve aqueles que dizem o que ele quer escutar está cavando sua própria cova. Ele pode até se sentir confortável dentro de sua bolha, mas, no momento em que precisar enfrentá-la, descobrirá que a realidade não se ajusta às suas ilusões. O preço do isolamento é a derrota — e, muitas vezes, quando o político percebe isso, já chegou a um ponto sem retorno.

POR FALAR EM CAMPO DE BATALHAS

Costumo dizer aos meus clientes que a pesquisa qualitativa deve ser apresentada em primeiro lugar ao núcleo-chave da campanha e, depois, compartilhada com quem acharem conveniente. Nem sempre foi assim, seja nos tempos mais remotos, seja nos tempos mais recentes. Já participei de muitas reuniões que se transformaram em verdadeiros campos de batalha, e eu estava ali apenas para apresentar diagnósticos iniciais de tais campanhas.

A clareza e a organização de uma pré-campanha ocasionalmente não andam juntas. Muito continua por se decidir, o pré-candidato e seu partido têm muitas dúvidas, às vezes nem sabem se o nome em estudo será mesmo o candidato, qual seria um melhor vice, os adversários mais fortes etc. Os "se", "ou", "qual", "o que", "quem", "por onde" ainda estão muito presentes. Então, lá vem uma quali para descortinar tais mistérios.

Certa feita, em épocas recentes, dentro das minhas Minas Gerais, fui apresentar a pesquisa no escritório do candidato, um cliente novo com projeção nacional. Clientes habituais já não incorrem nessa situação! Chego, muitos carros na rua em uma tarde de um domingo ensolarado. Domingo era o único dia em que o candidato tinha agenda para a reunião. Como era perto de um estádio de futebol, pensei eu, deve ser porque é dia de jogo. Mas o jogo era outro!

Entro lá, uma confusão de gente. Na sala reservada para a apresentação, não caberia o número de pessoas que eu vira na espera. Havia três marqueteiros convidados — e um não sabia da presença do outro —, um pesquisador que não sabia da minha presença (nem eu da dele, que também iria apresentar uma pesquisa), um assessor de Brasília, um assessor da cidade em questão, segurança, garçom, secretárias das duas cidades e ainda alguns assessores de não sei o quê — pareciam ser os "bajuladores". O pré-candidato não havia chegado. Havia um certo constrangimento no ar.

Apresentei a pesquisa, o outro pesquisador apresentou a dele. Se falávamos coisas positivas sobre o nosso cliente, alívio e cabeças em concordância. Se algo desagradasse, ou expunha o cliente a uma saia justa, cenas de desconforto, gargantas coçando, impaciência no ar.

A reunião "acabou sem fechar" e já era tarde da noite. Todos estavam cansados e pouco à vontade. Muitas ideias vieram à tona, partindo dos assessores, os autodenominados "sábios" por acompanharem o candidato nas ruas, no gabinete, em eleições passadas.

Os marqueteiros disseram que só iriam expor seus planos no futuro. Claro! A decisão sobre quem seria o "dono da campanha" ainda não havia acontecido. Aquele jogo do domingo terminou no zero a zero! O candidato queria que, após aqueles dois diagnósticos, eles expusessem suas ideias geniais para vencer a eleição. Silêncio e ressaca pós-jogo mal jogado. Quem mandaria naquela campanha?

Foi uma campanha que se ajustou, mas, até chegar ao ajuste fino, com o candidato entendendo os papéis de cada um, "separando-se de seus puxadores de saco", entendendo que cada um pode ouvir uma coisa, mas nem tudo, custou! (Sim, campanhas têm segredos a serem guardados para poucos). Esse candidato ouviu a voz do marqueteiro, a voz das pesquisas e fez uma bela campanha.

Tem também os casos das interferências de filhos, esposas, maridos, mãe... ah, a mãe!!!!!! Ah, a filha! Ah, o filho: "Este será meu sucessor e um dia será melhor que o pai, já estou preparando o terreno para ele, vai chegar a governador do meu estado". Mas quem é mesmo o candidato?

Uma vez, a filha de um político muito famoso na história do país, um importante ex-governador do Sudeste, foi assistir à qualitativa para uma campanha de seu pai ao Senado. No primeiro grupo, não parou de mandar "bilhetes" para a moderadora. Só pedia perguntas que induzissem a respostas boas sobre o pai. Sim, muitas vezes a qualitativa traz mensagens duras de digerir, mas, nas mãos de um bom profissional, muito pode ser contornado.

Depois desse dia, a filha, "trancada na sala de observação da pesquisa", veio até mim com muita ira: "Estes eleitores não sabem quem foi meu pai de verdade? Não sabem tudo que ele fez? Ele foi o político que mais fez por este estado. Esse povo que está aqui errou algumas coisas sobre o passado dele e mais falam de corrupção. Não foi meu pai quem roubou, foram os assessores, e amanhã vocês têm que falar para todos que falaram que meu pai é corrupto o nome dos assessores e limpar a barra do meu pai". Ora, pesquisa é pesquisa, ouvimos a voz do povo, sim, avaliamos o currículo dos candidatos, os pontos fortes, os pontos vulneráveis, estimulamos o que tem que ser estimulado na hora certa. Entretanto, não estamos ali para "limpar", julgar ou mudar a opinião que as pessoas genuinamente trazem para nós. Alguns observadores de uma quali não compreendem isso. Há um perigo grande na observação de qualis, tanto de tirar conclusões errôneas quanto de não entender o recado do eleitor.

Esse candidato, no caso, já estava no ocaso político. Tentava uma última eleição em uma campanha com recurso, estruturada, "rica", mas ele queria muito que ela fosse pautada em seu passado, o que dava a impressão de "engessamento" e, talvez, de estar fadada ao fracasso. Mudança dos tempos, adversários novos, eleitores mais espertos e atentos aos processos eleitorais. O eleitor urgia por mudança e sangue novo. E ele era a antítese disso.

No dia da apresentação da pesquisa, lá fomos eu e Arthur Miguel, meu companheiro naquele projeto. O estacionamento da empresa era enorme, tinha toldos roxos iguais aos de cemitérios. Um calafrio me passou na espinha e eu falei com o Arthur: "Esse lugar parece velório, não estou com bons presságios, tô sentindo um negócio ruim, tô estacionando num lugar fúnebre". Arthur riu e disse que era coisa da minha cabeça. O candidato demorou mais de uma hora. Outra e nada. A secretária, por fim, sem mais desculpas a apresentar, águas e cafés expressos a oferecer, nos disse: "Vamos adiar, o candidato chegou atrasado, mas não estava passando bem. Teve que ir às pressas para o hospital".

Em dois meses, ele faleceu. Já estava doente, mas não deixou que a notícia viesse ao conhecimento público.

O que leva um candidato com uma doença sem cura a querer disputar mais uma eleição? Mais tarde, a notícia de que ele estava doente há mais de um ano se tornou pública.

Mais uma apresentação de pesquisa em tempos mais recentes. Uma cidade rica de Minas Gerais. Famílias na mesma disputa eleitoral. Que situação! Uma árvore genealógica em guerra.

No decorrer da pesquisa, a mãe interferiu muito na logística do meu trabalho. Ligava tarde da noite, queria saber onde faríamos as reuniões, se não era em local ligado ao adversário, quem iria participar, se eu verificava se tinha algum espião, como estava indo a fase de recrutamento, se eu estava cobrindo o perfil que propus, se meus recrutadores tinham expertise suficiente, se a moderadora tinha viés político e qual a garantia dos meus resultados. Num dia, enfatizou firmemente que já tinha contratado uma pesquisa sem credibilidade e não queria mais correr esse risco! *La garantía soy yo!*

Não foi uma pesquisa calma de se realizar. Sem falar que era um trabalho com alto grau de dificuldade, pois abrangia a cobertura de áreas demográficas muito distintas e distantes umas das outras, muitos distritos rurais, população arredia, briefings truncados, segredos, inimigos políticos na disputa, paranoias, acusações, um verdadeiro "diabo a quatro".

Claro, a pesquisa dessa campanha foi complicada: denúncias de participantes para a oposição, polícia, troca de local de pesquisa, ameaças à minha empresa, telefonemas anônimos ameaçando a minha equipe, medidas de segurança tomadas. Naturalmente, fizemos com louvor!

A mãe do candidato tinha grande poder nessa campanha, era uma mulher forte, inteligente e dominante. Eu pensava: ela é que devia ser a candidata!

Na véspera da apresentação, ela (!) me liga e explica que eles estavam também com outro marqueteiro amigo, "que já tinha inclusive feito o enxoval da pré-campanha" e que ela (!) gostaria que depois eu apresentasse o trabalho para ele também. Com certeza, respondi, mas havia um cheiro de saia justa à vista!

Não dá para um candidato ter dois marqueteiros, um fazendo uma coisa, o outro fazendo outra. Não funciona. A não ser que se associem e fique muito claro o papel de cada empresa ou que criem uma parceria respeitosa, como ocorre muito na atualidade.

Chegou o dia. Eu e minha parceira no projeto, Margarete Schimidt, vimos um carro parado com uma mulher gesticulando muito e falando ao telefone numa vaga de "proibido estacionar". Na mesma hora, uma olhou para a outra e falou: "É ela, a mãe do candidato". E era!

A reunião foi no escritório do marqueteiro que ainda estava para ser contratado; confesso nunca ter visto um escritório tão lindo. O marqueteiro "de cá", como irei me referir a ele aqui, tinha um bom gosto que nunca vi em minhas andanças por este Brasil afora. Obras de arte, artesanatos autorais, mobiliário, iluminação, tudo garimpado a dedo por ele, um requinte que não assustava, pelo contrário, me fez amar aquele lugar mágico. A sala de reunião era toda tecnológica e tudo estava preparado com todas as pompas para as majestades, mãe e filho, que, claro, atrasaram mais de uma hora.

Na hora da apresentação, pediram que abríssemos o link para algumas pessoas. Lá estava o "marqueteiro de lá". O "de cá", claro, ficou surpreso. A mãe explicou o porquê da presença de ambos. Não foi agradável para ninguém ali. Aliás, foi bem desconfortável. Esse acontecimento nem tão incomum poderia ser evitado pelos candidatos em respeito aos dois profissionais. Ao final, ambos defendiam linhas diferentes e, supõe-se, estavam ali para ganhar a campanha.

No final da reunião, o candidato e a mãe perguntam ao marqueteiro "de cá" qual seria a estratégia e se ele não se incomodaria em usar o "enxoval do outro que já estava pronto e pago". O "de lá" já havia se desligado do link, mas ao longo da reunião foi um pouco deselegante com "o rapaz aí ao lado da moça, se chama mesmo como? Eu discordo disso aí que ele falou...". O caldo estava derramado.

Muito educadamente, o marqueteiro "rapaz de cá" responde: "Eu prefiro perder um cliente e ganhar um amigo. Não posso entrar nessa campanha em que nem vocês se entendem, os papéis não estão claros. Você aqui não pode ser a mãe do fulano, o candidato tem que ser o dono da própria campanha, cada um tem que respeitar os limites e espaços das relações. Ou eu mando e traço as estratégias e faço tudo, ou vocês seguem com o outro". Saíram dali com o "para casa" por fazer. Todavia, a decisão do marqueteiro "de cá" já estava tomada. Não seguiu com eles. Nem eu.

Felizmente, depois daquele "sermão bem-dado", o candidato e a mãe deixaram de ser filho e mãe na campanha, ouviram o conselho do marqueteiro "de cá". O ex-futuro-cliente tinha muita vontade de fazer bem-feito, teve cabeça, soube ouvir, o diagnóstico da quali era muito propenso à vitória e seguiram com o marqueteiro "de lá". A campanha foi vitoriosa. O rapaz tem futuro.

Esposas, maridos, filhos, mães, pais. "Família, êh, família, ah, família", diz a canção "Família".[13] Verdadeiros titãs em algumas campanhas! Laços de sangue podem provocar sangria nas campanhas. E depois delas também!

São muitos casos, uns hilários, outros tristes, outros dispensáveis.

E a esposa do candidato que seduz o marqueteiro? A filha que quer ser sócia da agência? O genro que gere o fundo de campanha e quer interferir nos prestadores de serviço? O filho especialista em gestão de empresas que quer mandar na estratégia da campanha? A esposa que será candidata a uma vaga no legislativo e quer uma campanha de graça? O neto, que é músico e fez um jingle para o candidato? As ideias da filha recém-formada que fez jornalismo? O estágio para o filho na ilha de edição? A esposa que assiste um monte de qualis e depois abre um instituto de pesquisa porque "aí o dinheiro fica ali mesmo"? O esposo, que também é político, tem o filme queimado, mas insiste em aparecer no programa eleitoral da esposa, a candidata? A esposa, que era contra a candidatura não sem razão, e torce contra e em todas as reuniões só fala mal do marido?

---

13 BELLOTTO, Tony; ANTUNES, Arnaldo. Família. *In:* TITÃS. *Cabeça Dinossauro.* Rio de Janeiro: WEA, 1986. Faixa 10.

O irmão que sabe mais que o marqueteiro e, quando sai uma pesquisa com alguma queda, quebra um estúdio de gravação?

Afinal, a quem daremos as chaves da campanha? Se o candidato ganha, é mérito de quem? E se o candidato perde, é culpa de quem?

FRATURA NA SALA DE ESPELHO

Campanhas eleitorais e gestões públicas enfrentam com frequência um desafio fundamental: lidar com a percepção do eleitor. Nem sempre o que a administração acredita estar entregando condiz com o que a população sente e expressa. Para reduzir essa lacuna, são utilizados métodos como pesquisas qualitativas, que revelam não apenas o que as pessoas pensam, mas como elas interpretam a realidade ao seu redor. Só que nem todo gestor ou candidato está preparado para encarar essa verdade.

Esse fenômeno é conhecido na psicologia como "viés de confirmação", em que as pessoas tendem a buscar e valorizar informações que confirmam suas crenças preexistentes. No contexto político, esse viés pode ser particularmente prejudicial. Ele bloqueia a capacidade de adaptação estratégica necessária para campanhas bem-sucedidas. Como nos mostram as pesquisas de Raymond Nickerson, os líderes com maior autoconsciência e capacidade de reconhecer as próprias limitações perceptivas tendem a tomar decisões mais acertadas e conseguem adaptar suas estratégias com maior agilidade diante de cenários adversos.

Durante uma campanha de reeleição, participei de um processo de pesquisa qualitativa conduzido com usuários de serviços públicos. A ideia era entender quais fragilidades da gestão poderiam impactar eleitoralmente, separando aquilo que poderia ser resolvido via mudanças concretas daquilo que dependeria apenas da comunicação. Para isso, realizamos grupos focais em uma sala de espelho falso — metodologia amplamente utilizada em pesquisas de mercado que ganhou relevância significativa no campo político nas últimas décadas. Os grupos focais oferecem uma janela privilegiada para compreender não apenas opiniões isoladas, mas também como essas opiniões são formadas, defendidas e modificadas no contexto de uma discussão social — sobretudo o que ocorre no debate público durante uma campanha eleitoral. A técnica do espelho unidirecional, em particular, permite que os estrategistas observem reações genuínas e não filtradas, capturando nuances emocionais que quase nunca aparecem em pesquisas quantitativas.

O problema começou quando uma das gestoras, responsável por um dos serviços analisados, foi acompanhar a sessão. À medida que os eleitores expressavam suas percepções (algumas positivas, outras negativas), sua irritação crescia. Não porque discordava dos participantes, mas por esperar que a moderadora corrigisse, ali mesmo, qualquer informação que julgasse "errada". Ela queria que a pesquisa funcionasse de forma inquisitorial, de forma que as opiniões que divergiam do que ela gostaria de ouvir fossem rebatidas na hora.

Essa reação ilustra o que Chris Argyris denominou "rotinas defensivas organizacionais": mecanismos psicológicos que protegem indivíduos e grupos do embaraço ou ameaça decorrente de informações que desafiam suas premissas fundamentais. Em contextos políticos, esse fenômeno é potencializado pela pressão constante por resultados e pela cultura personalista que com frequência caracteriza as administrações públicas. Quando gestores investem excessivamente seu ego em determinadas políticas, a crítica a essas iniciativas é percebida como um ataque pessoal, desencadeando respostas defensivas que impedem a aprendizagem organizacional e a correção de rumos.

Essa, porém, não é a função de uma pesquisa qualitativa. O objetivo não é corrigir os eleitores quando estão errados, mas entender como pensam, quais informações receberam, o que os incomoda e quais sentimentos associam ao candidato e à gestão. A pesquisa não muda a realidade; ela revela a percepção dessa realidade.

Se fosse seguida a ideia infeliz, não haveria campanha de comunicação: bastaria convocar todos os milhões de habitantes para grupos focais e corrigi-los individualmente ou em grupos de até dez pessoas. Seria a campanha publicitária mais cara do universo. A reação da gestora mostra um erro recorrente entre políticos: a dificuldade de aceitar que, do ponto de vista de quem está planejando a estratégia, não importa se o eleitor está certo ou errado. Se um número significativo de pessoas acredita em algo que o candidato ou a administração consideram incorreto, a questão não é refutar a informação, e sim entender por qual motivo essa percepção se consolidou.

Essa observação encontra respaldo nas teorias contemporâneas de comunicação política, como a de George Lakoff. O pesquisador argumenta que os quadros interpretativos (*frames*) utilizados pelos eleitores determinam como as informações são processadas e armazenadas. Quando há divergência entre a narrativa oficial e a experiência percebida pelo cidadão, simplesmente fornecer "fatos corretos" raras vezes modifica o enquadramento mental estabelecido. Estratégias eficazes de comunicação precisam primeiro reconhecer os *frames* existentes, para então propor narrativas alternativas que sejam coerentes com os valores e experiências do público-alvo. Essa abordagem evita o que psicólogos políticos denominam de "efeito bumerangue", ou "ricochete" — o fenômeno em que tentativas de correção factual acabam reforçando ainda mais a crença original. Isso pode indicar uma falha de comunicação, uma promessa não cumprida ou até um erro de gestão que não foi identificado internamente.

Para essa gestora, o problema não estava na comunicação nem na administração. O erro, segundo sua lógica, era do próprio eleitor, que precisava ser corrigido. Em sua mente, a pesquisa deveria servir para "educar" os participantes, não para ouvir o que eles tinham a dizer. E foi aí que, por ironia, ela demonstrou ser incapaz de lidar com a informação que o próprio grupo político tinha solicitado.

O seu comportamento exemplifica o conceito de "incompetência estratégica" descrito em estudos sobre liderança adaptativa.

Segundo Heifetz e Linsky, os líderes falham com frequência não por incompetência técnica, mas por incapacidade de distinguir entre problemas técnicos — que podem ser resolvidos com conhecimento especializado — e desafios adaptativos — que exigem mudanças de perspectiva, valores e comportamentos. No caso relatado, a gestora trata um problema adaptativo — a percepção pública sobre seu trabalho — como se fosse meramente técnico, imaginando que poderia ser resolvido "corrigindo o eleitor". Essa falha de diagnóstico impede a implementação de soluções eficazes e perpetua o desalinhamento entre a administração e seus constituintes.

Diante do nível de tensão que a pesquisa gerou, tornou-se inviável que ela continuasse acompanhando os grupos focais. A partir daquele momento, passou a receber apenas os relatórios finais. Não por estar errada ao se preocupar com a maneira como seu serviço era percebido, mas por sua resistência em aceitar a percepção do eleitor, que anulava a utilidade da pesquisa.

A lição que essa experiência traz para a mentalidade de um candidato é clara: não adianta brigar com o reflexo no espelho — metáfora que bem exemplifica a teoria da "interpretação simbólica" desenvolvida por Murry Edelman. Segundo a teoria, a realidade política é fundamentalmente construída por símbolos e narrativas compartilhadas. Assim, a eficácia de um líder político não depende apenas de suas realizações objetivas, mas de sua capacidade de compreender e moldar os significados atribuídos a essas realizações pelo público. Quando um político tenta impor sua interpretação da realidade, ignorando as construções simbólicas já estabelecidas na mente do eleitorado, ele enfrenta o equivalente político a tentar mudar uma língua estrangeira gritando mais alto em seu próprio idioma. A estratégia mais eficaz, conforme demonstrado por análises de campanhas bem-sucedidas, é partir do reconhecimento da realidade percebida, para então construir pontes de significado que permitam reinterpretações gradativas. O que o eleitor pensa pode não corresponder ao que o gestor gostaria que ele pensasse, mas essa percepção, por mais desconfortável que seja, é o que define a disputa eleitoral. O candidato que tenta discutir com os dados, em vez de usá-los para corrigir sua campanha ou gestão, está desperdiçando sua maior oportunidade de ajuste.

Esse raciocínio também não é embasado nas vozes da minha cabeça — eu não poderia cometer o mesmo erro aqui. É algo que encontra respaldo nos estudos contemporâneos sobre inteligência emocional aplicada à liderança política. Os estudos de Goleman, Boyatzis e McKee argumentam que líderes emocionalmente inteligentes se distinguem pela capacidade de reconhecer e gerenciar não apenas suas próprias emoções, mas também as dinâmicas emocionais do ambiente ao seu redor. No contexto eleitoral, isso se traduz na habilidade de processar informações dolorosas sem reagir na defensiva, mantendo o foco na missão estratégica mais ampla. Campanhas lideradas por equipes com essa capacidade demonstram maior agilidade adaptativa, conseguindo transformar insights de pesquisa em ajustes eficazes de mensagem e posicionamento. Ao contrário, candidatos que priorizam a defesa do próprio ego, em detrimento da eficácia estratégica, frequentemente insistem em abordagens ineficazes, ignorando sinais claros de desalinhamento com o eleitorado, até que seja tarde demais para correções de curso.

Outras pesquisas mostram que eventos políticos traumáticos têm impactos diferenciados, dependendo do grau de controle que os parlamentares sentem sobre a situação. Um estudo de Ashley Weinberg de 2015 contrastando respostas psicológicas a eventos no Parlamento britânico descobriu que apenas 14% dos deputados apresentaram níveis elevados de sintomas de problemas psicológicos após reformas em seu horário de trabalho — sobre as quais puderam votar e, portanto, exercer algum controle. Em contraste, 40% relataram altos níveis de sintomas após o escândalo das despesas parlamentares, situação sobre a qual não tinham controle algum. Esse último percentual é significativamente mais alto que os índices de referência para saúde psicológica precária registrados antes desses eventos. Além disso, segundo Jean Hartley, há evidências de que os políticos avaliam suas próprias habilidades com mais dureza do que seus colegas fazem, sugerindo incerteza sobre os níveis de competência exigidos. A combinação desses fatores — falta de controle sobre eventos externos e dúvidas sobre a própria capacidade — cria um caldo perfeito para a deterioração da saúde mental.

No fim, pesquisas não servem para convencer, e sim para compreender. E candidatos que entendem isso saem a um passo à frente dos que preferem brigar com o termômetro, em vez de tratar a febre.

ENTRE A LEALDADE E O DESGASTE

Campanhas eleitorais exigem uma mistura delicada de lealdade e pragmatismo — e, às vezes, essa mistura entra em curto-circuito. A equipe, em teoria, existe para ajudar o candidato a alcançar a vitória. O que ocorre, então, quando fica claro que o maior problema da estratégia eleitoral é o próprio político? Quando o comportamento dele se torna um obstáculo maior do que os adversários, a imprensa ou a conjuntura política, a equipe se vê diante de uma escolha difícil: continuar tentando salvar o candidato ou salvar a campanha?

Diversos estudos ressaltam que o estilo de liderança exerce um papel central na coesão e na eficácia de uma equipe. Por meio de evidências empíricas, a pesquisa de Daniel Goleman demonstrou que líderes com comportamentos desestabilizadores tendem a contagiar negativamente o clima organizacional, minando a motivação e a performance dos colaboradores. Essa constatação reforça o dilema enfrentado pelas equipes de campanha: a lealdade incondicional ao líder pode se tornar um risco estratégico se, no calor da disputa, o comportamento do candidato comprometer o desempenho coletivo.

O erro mais comum cometido por equipes nessas situações é insistir em acreditar que o político vá mudar como num passe de mágica. Em muitos casos, a esperança de que ele enfim escutará conselhos, deixará de criar crises desnecessárias e passará a agir de forma racional se torna uma espécie de ilusão coletiva. Mas a verdade é que candidatos não mudam sob pressão. Se um político tem um comportamento errático, descontrolado ou autodestrutivo, é improvável que ele se transforme no meio da disputa. A literatura sobre liderança estratégica evidencia que os traços de um líder, uma vez enraizados, dificilmente se transformam diante de crises ou pressões intensas. Conforme destacam Finkelstein, Hambrick e Cannella, a eficácia da liderança está, em sua essência, ligada a características estruturais e comportamentais que definem a forma como decisões são tomadas e como a equipe se organiza. Assim, acreditar que um candidato errático se modificará sem sinal prévio é ignorar o impacto profundo da personalidade e da cultura organizacional na dinâmica do grupo, o que, na prática, pode comprometer não apenas a campanha, mas também a credibilidade dos profissionais envolvidos.

Além disso, o fenômeno da liderança tóxica ressalta como ambientes nos quais o líder exibe comportamentos destrutivos podem criar uma espiral de desgaste interno. Segundo Padilla, Hogan e Kaiser, o chamado "triângulo tóxico" — composto por um líder desestabilizador, seguidores suscetíveis e um ambiente permissivo — intensifica o conflito e a desunião, minando a capacidade da equipe de agir de forma coordenada e estratégica. Dessa forma, a lealdade cega torna-se um risco, pois o efeito corrosivo de um comando tóxico pode comprometer todo o esforço coletivo, transformando a campanha em um campo de batalha interno irreversível.

Há ainda um dilema mais íntimo: a culpa. A equipe sente quando o candidato está prejudicando o próprio projeto. Profissionais de campanha não são peças técnicas — se envolvem emocionalmente com as disputas, criam laços com o grupo político e sentem responsabilidade pelo resultado. Abandonar o barco pode soar como traição. Mas insistir num naufrágio anunciado também pode custar meses de trabalho, relações futuras e a própria credibilidade.

Pesquisas sobre supervisão abusiva apontam que a presença de um líder autoritário e imprevisível pode desencadear altos níveis de estresse e desgaste emocional entre os membros da equipe. Bennett Tepper demonstra que ambientes marcados por comportamentos abusivos reduzem de maneira expressiva a motivação e o comprometimento, além de aumentar a rotatividade e a deterioração da eficácia organizacional. Em campanhas eleitorais, nas quais o tempo é precioso e a pressão é intensa, tais efeitos podem levar à tomada de decisões precipitadas e à fragmentação do grupo, comprometendo a própria viabilidade da estratégia política.

Lembro de um conselho do Duda Mendonça,[14] dito com aquele sotaque baiano carregado: "Alberto, não se trabalha no quintal de casa". Só entendi anos depois. Duda não estava mais vivo para ver a raiva que passei e me dar uma bronca — que eu bem merecia.

Há um ponto crítico em algumas campanhas, quando se torna evidente que o candidato não pode mais ser salvo. Ele acumulou erros demais, comprometeu alianças importantes, perdeu o respeito da equipe e deixou de ser visto como viável pelo eleitorado. Quando esse momento chega, a equipe precisa agir com pragmatismo.

Algumas estratégias são possíveis. Se não há mais chance de vitória, a equipe pode tentar ao menos preservar o que restou do grupo político para eleições futuras. Isso significa focar em garantir que aliados não sejam prejudicados e que a campanha termine com alguma dignidade possível. Em alguns casos, estrategistas e assessores começam a se afastar da candidatura para proteger sua própria reputação. Isso pode ocorrer de forma sutil, reduzindo a exposição pública e evitando se associar a decisões questionáveis.

Salvar a campanha de si mesma. Em situações extremas, aliados políticos podem até mesmo articular para minimizar a participação do candidato na reta final, priorizando a mensagem do grupo e tentando evitar que ele cause mais estragos.

Pessoalmente, acredito que só há um tipo de líder irrecuperável nesse sentido: é aquele que mente para o círculo íntimo. Mentir para a própria equipe é tão grave quanto mentir para o médico ou

---

14 Duda Mendonça (1944-2021) foi um influente marqueteiro político do Brasil, considerado um grande mestre das novas gerações. Destacou-se no cenário nacional por comandar campanhas políticas vitoriosas.

advogado. Fora isso, tudo tem salvação. Mas é preciso fazer uma ressalva: as pessoas não são como um buffet self-service. Não é possível esperar que venha só a parte de que você gosta. Às vezes, os defeitos precisam ser tolerados, se as qualidades ainda rendem um saldo positivo. A verdade, porém, é que nem sempre a equipe pode salvar um candidato de sua própria incompetência. Quando a figura central se torna um peso insustentável, a equipe precisa decidir se vai afundar junto com ele ou se encontra uma forma de seguir em frente sem comprometer sua própria trajetória. A lealdade é nobre — até o momento em que se torna cumplicidade com o desastre. E ninguém se elege nos escombros da própria equipe.

O EGO NO COMANDO

POLÍTICA: DESTINO OU OBSESSÃO

A paixão move campanhas. Dá força para os dias longos, para as críticas injustas, para a pressão insana. Mas, quando essa paixão vira obsessão, ela deixa de inspirar e passa a cegar. É aí que o ego assume o controle — e a candidatura começa a se perder.

O candidato obcecado não se vê como um líder a serviço do povo, mas como alguém predestinado, que merece conquistar o cargo. O eleitor vira um obstáculo. O adversário, uma afronta. A campanha, uma cruzada pessoal. Esse descolamento da realidade é fatal para a campanha, prejudicando tanto a relação com os eleitores quanto as estratégias para vencer.

É raro que o próprio candidato perceba que está entrando no terreno da obsessão; muitas vezes, são as pessoas ao redor — equipe, aliados ou família — que notam os primeiros sinais. O traço definidor da obsessão política é a falta de empatia com o eleitor: o obcecado esquece que o povo é o seu chefe e que o político é apenas um servidor público.

Alguns comportamentos típicos incluem o foco exclusivo na própria história pessoal, sem explicar ao eleitor por que merece o voto ou o que fará com o cargo. Também ocorre a deslegitimação do adversário: para o obcecado, o adversário não é alguém com propostas diferentes, mas um mero empecilho ao seu "destino". Ele ignora pesquisas e conselhos, acreditando que sabe mais do que qualquer especialista.

A obsessão política é um veneno para a campanha, prejudicando o relacionamento com eleitores, aliados e equipe. O candidato obcecado deixa de ouvir conselhos, ignora pesquisas e foca apenas a própria trajetória, resultando em discursos desconectados que alienam o eleitorado. A falta de empatia compromete alianças, pois o obcecado desconsidera o papel coletivo da política, subestima o eleitor e ignora os adversários, dificultando a compreensão dos pontos fortes de suas campanhas. O candidato se isola. Para de ouvir. Desconecta-se da realidade.

Ter o desejo de conquistar um cargo público é legítimo e necessário. A paixão política saudável reconhece que o eleitor é soberano e que o adversário tem legitimidade. Um candidato apaixonado, mas equilibrado, entende que vencer uma eleição não é um direito, mas um processo que exige diálogo, empatia e adaptação.

A diferença entre paixão saudável e obsessão é clara: o apaixonado por política quer vencer para transformar e construir; o obcecado por política acredita que merece vencer, independentemente do que o eleitor pense ou queira. Um equilíbrio entre paixão e estratégia é o melhor caminho para o sucesso. Ouvir, adaptar e construir em conjunto são habilidades essenciais para quem deseja não apenas vencer, mas governar.

Quando a obsessão domina um candidato, a derrota se torna insuportável. Em vez de aprender com os erros ou reconhecer os méritos do adversário, ele tende a culpar terceiros: a equipe, os aliados, o sistema eleitoral. Essa postura pode evoluir para ressentimento político, prejudicando futuras campanhas. Candidatos que não sabem lidar com a derrota costumam perder relevância com o tempo, exatamente porque se distanciam do eleitorado e das exigências da política, como já apontamos: humildade e empatia.

Esse sentimento pode ser alimentado por aliados, grupos políticos ou até redes sociais. Aliados, muitas vezes, criam a ilusão de que o candidato é infalível ou "ungido" para vencer, enquanto as redes sociais distorcem a percepção de popularidade, fazendo-o acreditar que curtidas e comentários positivos se traduzem automaticamente em votos. É essencial motivar aliados sem deixar de lembrar que o eleitor é o verdadeiro chefe do político.

A política exige paixão, mas também humildade. Uma candidatura bem-sucedida não se constrói no isolamento ou na obsessão, mas no diálogo, na empatia e no respeito à legitimidade do processo eleitoral. Entretanto, quando a paixão política ultrapassa os limites da razão, ela pode se transmutar em uma obsessão prejudicial que desconecta o candidato dos anseios do eleitorado. Como mostrou Iyengar e Westwood, discursos inflamados ao nível emocional e sem diálogo tendem a alienar e transformar uma campanha em palco de autorreferência. Já a pesquisa de Bernard Bass nos lembra: liderar não é gritar mais alto. É equilibrar a intensidade emocional com uma postura humilde, o que inspira confiança e estabelece conexões duradouras com seus seguidores. Inspirar pelo exemplo, não pela imposição, para então criar uma base sólida e enfrentar os desafios da campanha. Esse equilíbrio é vital para transformar a energia apaixonada em ações que promovam o diálogo, a adaptação e, sobretudo, a eficácia na comunicação com o público votante.

O exercício da candidatura é, acima de tudo, um convite à humildade. O candidato precisa se colocar a serviço do público e construir estratégias que reconheçam a soberania do eleitor. Quem não entende isso se perde em suas próprias ilusões.

A SÍNDROME DE ÍCARO

Na mitologia grega, Ícaro e seu pai, Dédalo, fugiam do labirinto de Creta com asas feitas de cera e penas. Antes de partirem, Dédalo advertiu o filho a não voar muito alto, visto que o calor do sol derreteria a cera. Ícaro, tomado pelo êxtase da liberdade, ignorou o conselho, subiu alto demais e acabou caindo no mar, onde morreu.

Na política, essa história se repete com frequência. Alguns políticos crescem tão rápido que não desenvolvem a resistência necessária para suportar as dificuldades do jogo. Como Ícaro, eles alcançam um status elevado antes de estarem prontos para lidar com os desafios que acompanham a ascensão. Se um candidato sobe sem estrutura, quando chega o momento de enfrentar crises ou ataques, suas "asas de cera" derretem e ele despenca, sem ter construído uma base sólida para se sustentar.

A principal característica do político Ícaro é o crescimento rápido demais. Isso pode ocorrer por diversos motivos: um cenário político favorável, um adversário fraco ou um alinhamento inesperado com o "espírito do tempo". O problema surge quando essa onda passageira se extingue e o candidato não criou, por falta de tempo ou de planejamento, a musculatura política necessária. Também há o risco de depender excessivamente de uma liderança influente: se o padrinho sai de cena ou se torna um peso, o protegido se vê sem apoio.

O problema central desse tipo de candidato é que ele não desenvolve a experiência necessária para entender os ciclos normais da política. Ele nunca precisou se reerguer após um golpe sério ou uma crise. Quando enfrenta um revés, não tem "anticorpos" para reagir, e a queda pode ser fatal para sua carreira.

Muitos políticos que crescem rápido demais passam a acreditar que o sucesso é inevitável, que são predestinados à vitória. A ascensão política acelerada, sem um período adequado de amadurecimento, pode gerar fragilidades na liderança. Segundo Manfred Kets de Vries, líderes que alcançam posições de destaque sem desenvolver uma estrutura interna robusta estão mais propensos a manifestar comportamentos de húbris e a sofrer crises de autoconfiança, tornando-os vulneráveis.

Quando a derrota chega, o choque emocional pode ser devastador. Sem experiência para lidar com rejeição ou ataques, o candidato se vê paralisado, entra em crises internas ou perde a confiança em si mesmo. Alguns desistem ou desaparecem, enquanto outros tomam decisões erradas no desespero. A sustentabilidade de uma carreira política não depende apenas do impulso inicial, mas da construção gradual de uma base robusta. O amadurecimento político — por meio do estabelecimento de alianças estratégicas, do aprendizado com pequenas adversidades e da internalização de feedbacks construtivos — é fundamental para que o líder esteja preparado para enfrentar os desafios maiores que se apresentam.

Se um político percebe que está subindo rápido demais, precisa endurecer as asas antes que seja tarde. É importante construir alianças, fortalecer a base e não depender apenas de padrinhos políticos ou ondas eleitorais momentâneas. Edgar Schein ressalta que a internalização de feedbacks construtivos e a adaptação contínua são elementos essenciais para o fortalecimento da liderança, proporcionando a solidez necessária para resistir aos embates e manter a consistência mesmo em períodos turbulentos. Assim, o crescimento sustentável se configura como a estratégia ideal para evitar a tragédia de um voo sem sustentação.

Também é prudente não confiar apenas na sorte ou em versões idealizadas de si mesmo. A sorte pode ajudar no início, mas não sustenta uma carreira. O candidato precisa consolidar sua posição com trabalho, estratégia e inteligência política.

Na mitologia, Ícaro foi imprudente e caiu, mas Dédalo, o pai, tomou um caminho mais cauteloso e sobreviveu. Na política, há espaço tanto para os que crescem rápido quanto para os que sobem devagar — o segredo é medir a distância até o sol. Crescer rápido não é um problema por si só; o problema é crescer sem estrutura. O candidato que se prepara, constrói uma base sólida e entende a própria ascensão tem muito mais chances de manter o voo. Na política, mais importante do que subir rápido é saber continuar voando.

APRENDER A LIDERAR NO MEIO DO CAOS

Muitos candidatos entram na disputa sem entender completamente o que significa liderar uma campanha. Eles se preocupam com discursos, alianças e números de pesquisa, mas só percebem a complexidade do processo quando se veem no meio de uma tempestade política.

Há uma diferença fundamental entre ser um político ativo e ser um líder em uma eleição majoritária. Quem sempre operou em grupos pode ter um choque ao perceber que, na campanha, a responsabilidade final é sua. Não basta ter boas ideias ou se comunicar bem. O candidato precisa estruturar sua campanha, captar recursos, formar alianças e, acima de tudo, resistir aos ataques inevitáveis.

É comum que quem sempre esteve em posições mais confortáveis sofra quando precise assumir um papel de liderança. As primeiras críticas podem desestabilizá-lo. O cansaço da campanha pode torná-lo irritadiço e reativo. E o peso da responsabilidade pode levá-lo a decisões impulsivas.

Mas há um perfil de candidato que amadurece rápido nesse ambiente. Quando a crise vem cedo (seja um ataque inesperado, um processo de cassação ou uma reviravolta política), alguns candidatos aprendem mais rápido do que outros. O que inicialmente é um choque se transforma em um treinamento intensivo para o que virá na campanha.

O candidato que já enfrentou adversidades reais antes do início oficial da eleição tende a entrar no jogo mais preparado. Ele entende que vai apanhar, que precisa manter a cabeça fria e que o trabalho pesado da campanha não pode ser delegado completamente a terceiros. É o que Boin, 't Hart, Stern e Sundelius chamam de aprendizado prévio de crise: políticos expostos a adversidades gerenciáveis antes de assumirem posições de alto risco desenvolvem capacidades adaptativas superiores, incluindo melhor calibração de respostas emocionais e maior habilidade para manter a coesão nas equipes durante períodos turbulentos.

O problema ocorre com aqueles que só percebem a dificuldade da disputa quando já estão dentro dela. Esses candidatos são os que mais sofrem. Entram na campanha sem blindagem emocional. Quando surgem os ataques (e eles sempre surgem), seu primeiro instinto é buscar culpados, entrar em conflitos internos e perder o foco.

Campanhas são uma escola de amadurecimento. Alguns candidatos aprendem isso cedo, no meio do caos. Outros só percebem quando já é tarde demais. A diferença entre um e outro está na forma de encarar os revezes: como um obstáculo intransponível ou como um aprendizado que pode fortalecê-los para o futuro.

COMO A PARANOIA IMPLODE UMA CAMPANHA

Campanhas eleitorais são ambientes de pressão intensa, decisões rápidas e disputas internas. Em meio a esse turbilhão, um fator pode ser fatal para qualquer candidatura: a falta de confiança. Quando um candidato começa a desconfiar da própria equipe, dos aliados ou até do processo em si, a campanha entra em colapso interno. E dificilmente sai vencedora.

É natural que um candidato tenha preocupações com traições, vazamentos e movimentações políticas nos bastidores. A política não é um ambiente ingênuo, e a possibilidade de golpes internos sempre existe. No entanto, há uma linha tênue entre a prudência necessária e a paranoia descontrolada. Pesquisadores como Mayer, Davis e Schoorman mostraram que a confiança não é um sentimento — é estrutura. Sem ela nenhuma equipe funciona. Muito menos em uma campanha eleitoral, em que decisões precisam de agilidade e sintonia. A coesão possibilita a cooperação e a eficácia dos processos decisórios. Em campanhas eleitorais, essa segurança é fundamental para permitir a delegação de responsabilidades e a tomada ágil de decisões, garantindo que a equipe opere de forma coesa e responsiva. Por outro lado, a erosão da confiança, alimentada por uma postura paranoica, compromete a comunicação interna, fragiliza a coordenação e, em última instância, prejudica a execução da estratégia eleitoral. O problema surge quando o candidato se torna tão desconfiado que começa a ver inimigos em todo lugar, inclusive dentro do próprio grupo.

Esse tipo de comportamento gera um efeito cascata que corrói a estrutura da campanha. Tudo começa com a centralização. O candidato, tomado pela desconfiança, se recusa a delegar. Acha que só ele pode resolver tudo. Passa a microgerenciar cada detalhe.

Resultado: se sobrecarrega — e sufoca a equipe.

Outro efeito imediato é a desmotivação dos aliados. Quando um candidato trata todos ao seu redor como potenciais traidores, cria-se um ambiente tóxico no qual ninguém se sente realmente parte do projeto. A pesquisa de Dirks e Ferrin assinala que a quebra da confiança gera não apenas desmotivação, mas também um afastamento progressivo dos profissionais mais capacitados. Em contextos de alta pressão, como o de uma campanha eleitoral, esse clima de incerteza e isolamento torna-se autodestrutivo, ampliando os efeitos negativos de uma liderança paranoica e comprometendo a integridade e a viabilidade do projeto. Assim, a manutenção de um ambiente de confiança é imprescindível para preservar a eficácia e a coesão da equipe. O resultado é que as pessoas começam a se afastar, deixam de se empenhar e, em muitos casos, acabam confirmando a profecia do candidato: a campanha, antes forte e coesa, se fragmenta por dentro.

Estudos indicam que a desconfiança crônica, alimentada por uma liderança paranoica, dificulta a circulação livre de informações e favorece posturas defensivas entre os membros da equipe. Conforme Roderick Kramer, ambientes com baixa sintonia fazem com que os indivíduos adotem comportamentos isolacionistas, o que compromete a colaboração e retarda a resposta a desafios emergentes. Em campanhas eleitorais, essa barreira na comunicação pode resultar em decisões fragmentadas e na perda de oportunidades estratégicas decisivas para a vitória.

Além disso, a paranoia interna costuma levar o candidato a tomar decisões impulsivas. Um comentário mal interpretado, um boato infundado ou uma divergência estratégica podem ser suficientes para ele cortar relações com pessoas essenciais para a campanha. E, em um processo eleitoral, cortar um aliado no momento errado pode ser tão danoso quanto perder muitos votos.

Há também outro risco: o candidato desconfiado se torna vulnerável a influências externas negativas. Enquanto afasta pessoas que na prática poderiam contribuir, ele se torna mais suscetível a oportunistas e bajuladores que dizem apenas o que ele quer ouvir. A ausência de coesão genuína compromete não apenas a comunicação, mas também a capacidade da equipe de integrar críticas construtivas e ideias inovadoras. A confiança fundamentada tanto em fatores afetivos quanto cognitivos, afirma Daniel McAllister, é essencial para o desenvolvimento de relações colaborativas e para a efetiva tomada de decisões em ambientes de alta pressão. Em uma campanha, esse alicerce afetivo fortalece a coesão interna, evitando que o medo e a suspeita levem a decisões precipitadas e isolacionistas. A falta de confiança faz com que a realidade deixe de ser um fator de decisão, e a campanha passa a operar com base nas inseguranças pessoais do candidato.

Campanhas vitoriosas são construídas com confiança mútua. Isso não significa que um candidato deva ser ingênuo ou ignorar sinais de alerta, mas é fundamental que ele saiba diferenciar risco real de paranoia improdutiva. Uma equipe desmotivada, um ambiente interno cheio de tensão e decisões tomadas com base no medo raramente levam a um resultado positivo.

A verdade é que um candidato desconfiado demais se torna o pior inimigo de sua própria campanha. Em vez de focar o eleitor e a estratégia para vencer, ele se perde em teorias conspiratórias internas que, na maioria das vezes, só existem em sua cabeça. No fim, ele não perdeu para o adversário. Perdeu para si mesmo.

AUTOBOICOTE EM CAMPANHAS ELEITORAIS

Diante de toda a complexidade já exposta e que ainda veremos sobre a corrida eleitoral, em muitos casos, o maior inimigo da candidatura ainda é o próprio candidato. Alguns políticos simplesmente não conseguem evitar criar crises desnecessárias, sabotando a própria campanha de maneira sistemática.

O autoboicote pode acontecer de várias maneiras. Um dos exemplos mais comuns é o candidato impulsivo, que fala o que não deve em momentos inoportunos. Em vez de se ater à estratégia definida, ele decide improvisar declarações polêmicas, brigar à vista de todos com aliados ou responder a provocações que poderiam ser ignoradas. Pequenos deslizes que poderiam ser facilmente contornados se tornam tempestades porque o candidato não tem controle sobre suas próprias reações.

Outro exemplo é aquele que não consegue manter o foco. Campanhas exigem disciplina: há uma mensagem principal a ser reforçada, uma estratégia de comunicação a ser seguida e ações concretas para alcançar os eleitores certos. Mas alguns políticos se perdem no meio do caminho, dando importância excessiva a ataques irrelevantes, mudando de discurso constantemente ou se distraindo com questões secundárias.

Inspirando-se em Samuel Popkin, pode-se dizer que candidatos autodestrutivos sofrem de um viés de processamento de informação que pode levá-los a superestimarem a importância de eventos marginais. Embora Popkin analise o eleitor, aqui aplicamos sua ideia de processamento de informação também à mente do candidato. Campanhas bem-sucedidas dedicam menos recursos respondendo a ataques adversários, enquanto candidatos autodestrutivos dedicam mais tempo e esforço com questões secundárias, comprometendo drasticamente sua capacidade de transmitir as mensagens centrais.

Além disso, há os candidatos que se cercam de pessoas que apenas reforçam suas piores decisões. O político inseguro mas vaidoso tende a valorizar aqueles que dizem o que ele quer ouvir, em vez de ouvir quem traz críticas construtivas. Isso cria uma bolha perigosa na qual a campanha passa a operar de forma desconectada da realidade. Quando os primeiros sinais de problema aparecem, o candidato, em vez de ajustar a rota, entra em negação, culpando adversários, a imprensa ou até mesmo sua própria equipe.

O grande problema do candidato que se autossabota é que ele desorganiza toda a campanha. A equipe passa mais tempo apagando incêndios do que executando a estratégia planejada. O discurso da candidatura perde força porque precisa ser sempre reformulado para responder a novas crises. Os aliados começam a se afastar porque percebem que o candidato se tornou um problema maior do que a solução.

O eleitor percebe esse caos. Campanhas bem-sucedidas transmitem segurança e estabilidade. Quando um candidato está sempre no meio de uma nova polêmica, parece perdido ou descontrolado, passa a impressão de que não está preparado para governar. A sensação de desorganização política afasta os eleitores, que acabam buscando alternativas mais confiáveis.

Para Bruce Newman, a capacidade de reconhecer falhas estratégicas e adaptá-las com rapidez é um preditor mais forte de sucesso eleitoral do que qualquer outro fator, incluindo recursos financeiros ou popularidade inicial. Por isso, um dos desafios mais importantes em qualquer candidatura é manter o próprio candidato sob controle.

Não basta ter um bom marqueteiro, uma estratégia bem definida ou bons aliados. Se o político em questão insiste em criar crises por conta própria, todo o resto se torna inútil. A disciplina e o equilíbrio emocional são tão fundamentais quanto qualquer outra qualidade. E aqueles que não conseguem evitar o autoboicote geralmente descobrem tarde demais que foram os principais responsáveis pela própria derrota.

O *DOWNGRADE* NA POLÍTICA

O poder é transitório. Essa é uma verdade incontestável da política, mas poucos estão preparados para lidar com ela. A maior dificuldade de quem perde poder não é exatamente a perda de influência, mas a mudança de rotina. O político que não se adapta ao novo cenário pode desperdiçar a posição que ainda tem, preso à nostalgia do que já foi.

A política é feita de ciclos. Um governador pode virar senador; um senador pode voltar para a Câmara dos Deputados; um presidente de Assembleia pode se tornar um deputado comum. Alguns sabem lidar bem com essa transição, outros entram em colapso. Aqueles que trataram bem as pessoas enquanto estavam no topo costumam ser bem recebidos ao descer; já os que pisaram em todo mundo descobrem que a descida pode ser solitária.

O poder prolongado cria uma bolha. O político acostumado com motoristas, assessores e bajuladores confunde o cargo que exerce com seu valor pessoal. Ele deixa de se ver como um gestor temporário e se enxerga como alguém predestinado ao poder. Quando a estrutura desaparece, o choque é brutal. Esse fenômeno de *downgrade* na política pode ser compreendido a partir dos efeitos psicológicos da experiência do poder. Pesquisadores apontam que o poder prolongado cria um estado de segurança, uma falsa sensação de controle absoluto. Quando esse poder é perdido de forma inesperada, afirmam Keltner, Gruenfeld e Anderson, o impacto psicológico se torna profundo, resultando em comportamentos desadaptativos e na incapacidade de lidar com a nova realidade — exatamente como o político que, acostumado à bolha de privilégios, se vê desprovido das "asas" que sustentavam sua ascensão.

A metáfora da maçaneta ilustra bem esse processo: quem desaprende a abrir a própria porta acaba impotente quando não há mais ninguém para fazer isso por ele. Pequenas atividades, como agendar compromissos ou carregar a própria mala, tornam-se insuportáveis. O político não preparado vê a transição como humilhação.

Essa dificuldade de adaptação pode gerar comportamentos autodestrutivos. Em vez de exercer bem o novo papel, ele fica preso em um luto pelo poder perdido, agindo como se ainda estivesse no cargo anterior. O que poderia ser apenas uma fase natural de readequação vira um círculo vicioso de frustração e decadência.

Pesquisas na área de comportamento organizacional demonstram que, diante de ameaças, os líderes tendem a adotar uma postura de rigidez que prejudica a inovação e a capacidade de adaptação. Segundo Staw, Sandelands e Dutton, a resposta à ameaça pode resultar em paralisia decisória, intensificando o sentimento de impotência e dificultando a reinvenção pessoal após a perda de status. Essa reação, conhecida como *threat rigidity*, torna o ex-líder mais vulnerável ao impacto negativo do *downgrade* emocional, comprometendo sua habilidade de se reconfigurar e reconquistar relevância no cenário político.

Mas há quem saiba sair do poder e voltar de forma digna. O segredo dessas pessoas está no planejamento de vida: desde o início sabem que, um dia, deixarão o cargo. Tratam aliados e adversários com respeito, pois terão de conviver com eles no futuro. E, acima de tudo, planejam o que farão após sair de cena.

Nos Estados Unidos, Jimmy Carter é um exemplo lembrado com frequência a esse respeito. Perdeu a reeleição para Ronald Reagan, mas se tornou um ex-presidente reconhecido por seu trabalho humanitário. Ao usar bem o período fora do cargo, Carter reescreveu o próprio legado.

O político que entende a natureza transitória do poder não se paralisa pela nostalgia. Usa o tempo fora do cargo para construir novas alianças, aprimorar seu discurso e se reposicionar estrategicamente. Perder um cargo não significa perder a relevância. Na política, há espaço para os resilientes e um esquecimento cruel para quem não sabe sair de cena na hora certa.

A resiliência emocional é um fator determinante para candidatos que enfrentam derrotas. A tese do otimismo adquirido (que não deve ser confundido com o otimismo absoluto e incondicional!) de Martin Seligman mostra que líderes que encaram falhas como oportunidades de aprendizado têm mais chances de se recuperar.

A nostalgia do poder é traiçoeira porque impede o olhar para o futuro. A incapacidade de se desligar do passado e de se reinventar diante da perda de poder é um dos maiores desafios enfrentados pelos líderes políticos. Para superar essa armadilha emocional, o desenvolvimento de um robusto capital psicológico é essencial. Uma pesquisa de Avey, Wernsing e Luthans demonstra que componentes como otimismo, esperança, autoeficácia e resiliência contribuem significativamente para que pessoas em transição na trajetória de vida consigam reconstruir sua identidade e manter a eficácia mesmo após a perda abrupta de poder. Assim, investir no fortalecimento desses recursos internos pode mitigar os efeitos devastadores do *downgrade* emocional, permitindo que o ex-líder se reposicione com estratégia e reconquiste seu espaço no ambiente político.

A transição de "degrau" exige uma profunda reestruturação psicológica, em que a resiliência e a abertura para novas experiências são essenciais para a reconstrução de uma identidade política sustentável. Sem esse processo adaptativo, o líder permanece preso às memórias de glórias passadas, o que agrava seu isolamento e acelera o declínio de sua relevância no cenário político. Quem se prende demais ao passado e não consegue aceitar a nova realidade na maioria das vezes não volta ao topo. Torna-se uma figura presa a um status que já não existe, vivendo de memórias que ninguém mais quer lembrar.

No fim das contas, o político bem-sucedido não é aquele que nunca sai do poder, mas o que sabe sair e voltar no momento certo. O verdadeiro jogo não é sobre quem sobe mais rápido ou quem permanece sem cair, mas sobre quem consegue cair sem desaparecer.

O QUE O CANDIDATO QUER VERSUS O QUE A CAMPANHA PRECISA

Em uma campanha eleitoral, o candidato é tanto o protagonista quanto a maior fonte de conflitos. Entre os muitos desafios que uma equipe enfrenta, um dos mais frequentes é equilibrar o que o candidato deseja com o que realmente funciona na campanha. Nem sempre o que o candidato quer fazer é o que a campanha precisa para atingir seus objetivos. Às vezes, a insistência em aplicar uma ideia vista em outro lugar, ou em promover uma agenda pessoal que não ressoa com o eleitorado, pode gerar atritos e até comprometer a eficácia política da campanha.

Esse conflito não é trivial. Ambição pessoal e eficácia política não precisam ser opostos, mas, quando não estão alinhados, podem trazer consequências desastrosas. É preciso lembrar que o objetivo de uma campanha é ser eficaz — conquistar resultados políticos relevantes, seja vencendo uma eleição, ampliando a visibilidade de uma causa ou fortalecendo a imagem para disputas futuras. Já o ego do candidato, embora importante para mantê-lo motivado, não pode ser o centro das decisões. Como gostamos de dizer: "Você e sua família já vão votar em você. Agora é hora de conquistar os outros".

A ambição pessoal é, muitas vezes, o motor inicial de uma candidatura. Ela é natural e até necessária, já que poucos se colocariam em uma posição tão exigente sem acreditar em sua capacidade. No entanto, esse desejo pode ultrapassar limites saudáveis, especialmente quando se torna mais importante que os objetivos da campanha. Na prática, a ambição pessoal costuma se manifestar de forma muito específica: na insistência em aplicar ideias que o candidato criou ou viu funcionar em outros contextos. Conforme Lodge e Taber, a formação de opiniões entre os eleitores está profundamente ligada à coerência e à sistematicidade do discurso, o que implica que estratégias fundamentadas em dados e planejadas de maneira coletiva tendem a produzir resultados mais sólidos do que decisões impulsionadas por intuições individuais. Assim, a integração do desejo pessoal do candidato a uma campanha estrategicamente alinhada não só potencializa a credibilidade do discurso, como também cria um caminho mais seguro para a conquista do eleitorado.

Eficácia política não significa apenas vencer uma eleição. Trata-se de alcançar um resultado politicamente relevante, seja ampliando a visibilidade de uma causa, conquistando apoio estratégico para um segundo turno ou se fortalecendo para uma próxima candidatura. Alguns indicadores ajudam a medir a eficácia de uma campanha: aumento da visibilidade, tornando-se mais conhecido entre o eleitorado; fortalecimento de imagem, consolidando a percepção de liderança e preparo; obtenção de apoios importantes ou articulação de bases para o futuro.

A chave para a eficácia política é manter um foco claro e consistente. Como uma equipe costuma lembrar ao candidato: é melhor seguir uma direção estratégica clara do que tentar agradar a todos. Às vezes, até para errar, vale insistir no erro, se for para um objetivo maior de manter a coerência. Campanhas que vão para todos os lados acabam não chegando a lugar algum.

O conflito entre o que o candidato quer e o que a campanha precisa se manifesta em momentos-chave. Por exemplo, quando o candidato insiste em estratégias que a equipe crê que não vão gerar resultados, ou quando ele promove ideias que priorizam mais o ego do que o impacto político. Um "alerta vermelho" típico para a equipe é quando o candidato começa a insistir em decisões que claramente não contribuem para os objetivos traçados. Seja na escolha de um discurso, na agenda de campanha ou até em prioridades logísticas, a equipe precisa reorientar o candidato sem entrar em confronto direto. Por outro lado, quando o candidato consegue alinhar suas ambições pessoais com as necessidades da campanha, o impacto é claro. Ele se torna mais confiante, se conecta melhor com o eleitorado e se comporta de forma mais autêntica. A felicidade do candidato, nesse caso, deixa de ser um problema e passa a ser um ativo.

O eleitor percebe quando um candidato parece focado apenas em ganância. Essa desconexão muitas vezes se reflete em discursos que não engajam, falta de carisma ou mesmo uma postura arrogante. Por outro lado, quando um candidato prioriza demais a eficácia política, ele pode parecer calculista e distante, mudando de opinião de forma oportunista, feito uma biruta de aeroporto. Isso cria um problema de credibilidade, pois o eleitor valoriza consistência e autenticidade. Como gostamos de dizer, um candidato pode variar suas estratégias, mas certos valores pessoais ou plataformas político-ideológicas chave, da própria natureza da candidatura, devem ser inegociáveis.

Como argumenta James Burns, líderes capazes de inspirar e mobilizar seus seguidores são aqueles que conseguem alinhar suas visões pessoais com os objetivos coletivos da organização. Aplicado à campanha eleitoral, esse paradigma evidencia que o candidato deve harmonizar suas aspirações individuais com uma estratégia coesa que contemple os interesses do grupo e as demandas do eleitorado. Dessa forma, a identidade pessoal do líder passa a ser um ativo quando está em sinergia com a missão maior da campanha.

Esse equilíbrio entre ambição pessoal e eficácia política é um dos maiores desafios emocionais para um candidato. Quando o desejo é frustrado, ele pode se sentir desconectado de sua equipe e até de sua própria campanha. Quando a eficácia não é alcançada, a sensação de fracasso se torna ainda mais pesada. O papel da equipe é, muitas vezes, o de mediador. Mostrar ao candidato que o sucesso da campanha depende de escolhas estratégicas claras, sem abrir mão de sua identidade política. Esse equilíbrio é o que diferencia campanhas bem-sucedidas de esforços desperdiçados.

Campanhas eleitorais são um exercício de equilíbrio. O que o candidato quer precisa ser dialogado e, sempre que possível, alinhado ao que a campanha precisa. Mas, no fim das contas, o objetivo principal é a eficácia política. A ambição pessoal pode ser um motor poderoso, mas só faz sentido quando está a serviço de um propósito.

C'È UN TEMPO PER OGNI COSA. INCLUSO FERMARSI[15]

Trabalhei para um candidato *sui generis* em cinco campanhas de sua vida pública. Duas para prefeito, duas para governador, nas quais foi eleito com maestria — muito trabalho, suor e dedicação, dele e de todas as equipes envolvidas.

Na terceira disputa para governador, tudo havia mudado: o tempo, as gerações de eleitores, a idade do candidato, o estilo de marketing político adotado, a linguagem e ações do passado exploradas que já não seduziam para o voto, os fatos ocorridos naquele universo político, as novas lideranças que chegaram, tudo favoreceu à derrota.

Mas vamos falar agora sobretudo da parte bem-sucedida. Esse candidato, com o tempo, se tornou parte importante de minha vida profissional. Afinal, se você está ali, ao lado de alguém por quatro campanhas vitoriosas, você conquista intimidade profissional e pessoal com essa pessoa.

O candidato era novo, estava na casa dos quarenta e poucos, embora já tivesse sido duas vezes deputado estadual e deputado federal. Soube ir construindo sua carreira política gradualmente. Na política, *piano, piano, se va lontano.*[16]

Cheguei em sua primeira campanha para prefeito com o Chico Santa Rita. O cenário me era todo novo: estado distante onde eu nunca havia trabalhado, geopolítica, sociodemografia, pessoas, estilos e sotaques diferentes. O Brasil ainda errava o nome daquele estado. Até hoje ainda erram; incrível como alguns veículos de comunicação ainda cometem essa gafe.

---

15 "Existe um tempo para tudo. Inclusive para parar."

16 Locução italiana que significa "devagar se vai longe".

Lá fui eu apresentar o resultado para um universo masculino, em território reconhecidamente machista e conservador. Eu tinha 33 anos, a idade de Cristo, e estava com medo de tanto homem na minha frente. Sem querer, vinha a música do "Super-Homem, a canção", de Gilberto Gil, na minha mente, mas vinha errada: *minha porção mulher, que até então se resguardara, vai me restituir a glória.*[17] Muitas perguntas, muitas dúvidas; eles não acreditavam que aquela jovem mulher estava ali na frente deles, dizendo: "Apesar de o senhor ter menos de 10% nas pesquisas quantitativas e estar no quarto lugar, a disputa final será entre o terceiro e o quarto lugar atuais".

Ele pontuava no quarto lugar, mas tinha muito potencial. Os dois primeiros lugares representavam o poder oligárquico, desgastado e há anos ultrapassado. A mudança urgia e o meu cliente tinha um perfil que agradava. Encaixava-se na tão almejada oxigenação do poder local.

Ele nos perguntou: "Vocês têm certeza disso, eu tenho mesmo chances? Mas como pode? Os outros dois são macacos velhos da política daqui, são dois caciques". Eu expliquei e Chico reforçou que ele podia acreditar e arregaçar as mangas, preparar a sola do sapato e rodar aquela cidade de ponta-cabeça.

Esse candidato era tinhoso, bravo, um mau humor que todos adoravam porque falava na lata e ria de si mesmo e de nós; era irreverente. Não obstante, sabia escutar, tinha um olhar acurado sobre a realidade, era muito inteligente, queria muito vencer aquela eleição, queria fazer diferente. Sim, tinha um ego grande, mas seu superego[18] fazia com que ele analisasse os conselhos, julgasse seus impulsos e aceitasse as estratégias.

A vitória foi suada. Fazíamos pesquisas qualitativas com grande frequência, embora muitas quantis ainda sugerissem que ele não

---

17 GIL, Gilberto. Super-Homem, a canção. *In*: GIL, Gilberto. *Realce*. Rio de Janeiro: WEA, 1979. Faixa 3.

18 Ego e superego são conceitos da psicanálise. Segundo Freud, ego é a parte da realidade que se guia pelo princípio da realidade, que estrutura a personalidade de forma equilibrada. Superego é a instância psíquica que atua como um juiz do ego, que estabelece a censura ao ego.

venceria a eleição. O candidato gostava das apresentações. Começaram com grandes reuniões em salões de hotéis, casas de amigos, mas pouco a pouco passamos para reuniões fechadas em sua casa. Aí, já estávamos na cozinha. Aquela jovem pesquisadora havia aprendido a gostar do cliente turrão e ríamos juntos de suas discordâncias para com a pesquisa. Não raro, nas reuniões, ele tirava os sapatos, colocava os pés em cima de um puff e, ao início de cada lâmina apresentada, ele dizia: "Passa, passa, já li e entendi tudo. Tenho que fazer isso, não é, Chico? Fala aí que eu faço!". Lógico, muitas vezes ocorriam discussões longas sobre a forma, pois ele não admitia ser um boneco. Só falava uma coisa e apresentava um conteúdo se estivesse muito bem embasado em fatos, estudos e possíveis resultados. Definitivamente, não era um boneco. Teleprompter? Nem pensar. Não tinha a menor paciência. Gravava de uma só vez e estava bom!

Importante essa sintonia e respeito do candidato com a equipe e vice-versa. Campanha política é um trabalho pesado, muitas vezes exaustivo e, com clientes como ele, tudo ficava mais ameno. Até o estresse se resolvia da melhor forma possível.

A disputa entre os adversários do terceiro e do quarto lugar foi tomando corpo e chegou à reta final. Interessante que ambos utilizaram a palavra mudança, com nuances conforme o marketing adotado por seus estrategistas. De toda forma, venceu a mudança naquele terreno "antigo". A diferença de votos foi ínfima. Víamos naquela eleição dois novos concorrentes que tinham paixão política, reconheciam que o eleitor era soberano e admitiam a legitimidade do adversário. Ouso dizer que ambos os candidatos da mudança gostavam e alimentavam o "bom combate", eram candidatos apaixonados e equilibrados naquela luta pela mudança de um poder que se mantinha há mais de dezesseis anos, alternando entre si e se mostrando fadigada. Se odiavam, mas se admiravam.

Seu primeiro mandato foi marcado pelo dedo no pulso do eleitor. Demandas sobre o que o eleitor ansiava em cada região da cidade, estudos de viabilidade, diagnósticos e testes de campanhas eram sistemáticos e sua vitória para o segundo mandato foi grande: 68,1%.

Nosso cliente era apaixonado pelo que fazia, perfeccionista, eu diria, se cobrava muito e cobrava muito de quem trabalhava com ele, fosse um assessor direto, fosse um funcionário público de gabinete, posto de saúde ou escola. Aparecia cedo em locais públicos para ver se médicos e enfermeiros estavam trabalhando. Se não, ou se ausentes, mandava-os embora. E tinha um carro icônico que percorria e vistoriava obras. Até hoje é lembrado por isso. Virou um personagem e suas histórias já ultrapassaram a barreira do real. O imaginário tomou conta!

Naquela época, o Chico sempre lembrava que o candidato era equilibradamente apaixonado pelo que fazia, queria ir mais longe, sabia que o voto conquistado exigia o diálogo com a sociedade e grande adaptação aos tempos. Cumpriu seus dois mandatos como prefeito, ganhou o título de "O melhor prefeito das capitais do Brasil", ficou dois anos sem mandato e depois concorreu a governador, sendo reeleito para o segundo mandato de governador, em ambos com percentuais próximos dos 60%.

Muitos políticos abrem mão de parte de seu segundo mandato de prefeito para concorrer ao governo de seus estados. Muitas vezes são bem-sucedidos, muitas não. Esse nosso cliente demonstrou na época ser um líder nato; foi cumprindo seus mandatos, galgando pouco a pouco sua escalada política. Soube equilibrar a intensidade emocional com uma postura humilde, inspirando confiança e estabelecendo conexões seguras com seus eleitores, conforme preconiza Bernard Bass. Ter a coragem de ficar dois anos "em suspensão" é, ao mesmo tempo, confiar muito em seu taco, e ele confiava, embora sentisse um certo temor. Uma vez me perguntou: "Você acha que, depois de tudo que fiz, os eleitores vão me esquecer e me descartar por ficar fora de cena por dois anos?". "Pesquiseira palpiteira,"[19] não

19 "Pesquiseira palpiteira" era a forma carinhosa como o marqueteiro se referia a Iracema.

hesitei: "Não o esquecerão. Por todos esses anos que eu acompanho este eleitorado, sua marca está forte até entre os que não gostam de você" (eu já tinha a liberdade de chamá-lo de você e ele me chamava de guria, com todo o respeito e distância que nós nos impusemos). Aqueles que o admiravam almejavam vê-lo um dia na presidência da República. Ele ria e falava: "Aí já é demais, eu sei do meu tamanho e limitações nesse nosso país". Pé no chão sempre é bom.

Foram muitos anos de fidelidade e trabalho bem-feito e bem--ouvido. Mesmo depois que o Chico Santa Rita saiu de cena, eu continuei trabalhando com ele. Era uma carreira e tanto. Lendas sobre ele não faltam no arsenal popular dos eleitores, assim como presença forte nas ruas e bairros, mau humor reconhecido e aprovado, ironia e tiradas que fazem dele um ícone por lá, administrações com altos índices de aprovação, tanto na cidade quanto no estado, prêmios recebidos, marcas que ficaram e ficarão marcadas em sua história.

Mas "Todo carnaval tem seu fim" como cantam os Los Hermanos.[20] Eu fico me perguntando: "Por que a saga na política muitas vezes não parece querer chegar ao fim?". A resposta deixo para quem nos lê concluir.

Como dizia Galeano,[21] "Somos todos mortais até o primeiro beijo e a segunda taça de vinho". Acrescento: até a primeira eleição!

Meu cliente alcançou o auge que todo político almeja, construiu uma base robusta, podia descansar e desfrutar o resto de sua vida onde quisesse. Curtir os netos, como ele gostava de dizer, brincando ironicamente. Passara dezesseis anos à frente do executivo. Talvez ali houvesse um presságio. No passado, ele veio como uma mudança, teve seu tempo e mais uma vez o eleitor pedia a mudança. Não obstante, o ser político tem lá suas razões para não parar nunca.

Veio um revés. Seu mundo caiu. Traições, denúncias, acusações, processos, prisão, liberdade, ressurreição, nova eleição. Literalmente,

---

20 Los Hermanos é uma banda de rock brasileira formada pelos músicos Marcelo Camelo, Rodrigo Amarantes, Bruno Medina e Rodrigo Barba.

21 Eduardo Galeano (1940-2015) foi um jornalista, escritor e romancista uruguaio.

um choque emocional nocauteante. Mudaram os tempos. Havia um envelhecimento nele e em seu entorno. Se antes ouvia críticas, aprendia com as adversidades, se desafiava cada vez mais, seguia conselhos da equipe e não entregava os pontos, parecia agora que seus anticorpos não reagiam, a paixão política saudável cedeu lugar a uma obstinação, o equilíbrio de outrora se mostrava adormecido.

Com a voz embargada, me disse: "Eu quero voltar para provar que sou inocente, para minha família ter orgulho do meu nome de volta". Eu quase fui às lágrimas. Acreditava nele. Foi uma relação de muitos anos, uma escola. A justiça permitiu que ele fosse candidato, os processos foram arquivados e lá fomos nós fazer um diagnóstico pré-eleitoral. Mas os tempos haviam mudado.

Ah, meu "malvado favorito", para o qual já entreguei tantas pesquisas satisfatórias. Aquela pesquisa ali parecia a pá de cal. Eu não queria apresentar o resultado, mas ele não permitiria que outra pessoa da minha equipe o fizesse. Um assessor dele, com inquestionável inteligência superior e muito pé no chão, já previa o resultado. Antes de nossa reunião, me chamou num canto e disse: "Não dá mais, porém ele é teimoso". Não havia remédio amargo para o resultado que eu trazia. Ele insistiu e concorreu. Saiu na frente nas pesquisas quantitativas, fato que acontece com frequência nas quantitativas iniciais. Havia um *recall* alto e seu nome ainda era o mais conhecido. Terminou a corrida eleitoral em terceiro lugar. Eu confesso que fiquei triste, embora fosse uma morte anunciada.

A ele, que um dia me lerá, todo o meu reconhecimento e carinho. Obrigada, meu doutor.

DA ROTINA DE CAMPANHA ELEITORAL

O ERRO DE LER PESQUISA COMO QUEM LÊ HORÓSCOPO

Pesquisas eleitorais são ferramentas essenciais para entender o cenário político, mas são também uma das fontes mais comuns de erro estratégico em campanhas. Isso acontece porque a métrica mais famosa e destacada — a intenção de voto — é, na verdade, o dado menos útil para se planejar uma campanha.

A pergunta clássica das pesquisas de intenção de voto é: "Se a eleição fosse hoje, em quem você votaria?". A questão já nasce errada porque, a não ser que você tenha resolvido ler este livro em um domingo muito específico, a eleição não é hoje. Essa é, de fato, a única forma possível de perguntar. Não dá para o entrevistador questionar o eleitor sobre uma decisão que ele só tomará meses ou anos depois. Assim, mesmo sendo uma premissa artificial, é a que temos.

O problema é que essa métrica isolada não diz nada sobre as razões que sustentam aquele voto, nem sobre sua volatilidade. É um número simples, fácil de entender e que, à primeira vista, se assemelha ao resultado final da eleição, o que explica sua popularidade nas manchetes dos jornais. Mas, se a intenção de voto que aparece na capa do jornal fosse suficiente para prever o resultado, não precisaríamos de campanhas eleitorais. Bastaria imprimir uma faixa dizendo "já ganhamos" e esperar o dia da votação.

Na prática, esse número solto não serve para planejar campanha nenhuma. Serve para dar manchetes, alimentar narrativas e, no máximo, ajudar a formar percepções iniciais do eleitorado. Mas, para quem está dentro de uma campanha, ele só tem utilidade se for decomposto em camadas mais profundas.

Se um debate na sexta-feira produz uma mudança de cenário, não dá para falar que foi a pesquisa que errou, por exemplo. A pesquisa feita na quinta não tem como adivinhar uma decisão que vai ocorrer no sábado para um voto no domingo.

Um dos principais desafios na interpretação de pesquisas é o viés cognitivo conhecido como "ilusão de validade", que leva candidatos a superestimarem números favoráveis e subestimarem riscos. O candidato que vê sua liderança na pesquisa e apenas comemora, acreditando que basta manter tudo como está, pode acabar cometendo um erro fatal. A liderança em uma pesquisa não significa nada se ela não for sustentada por um voto sólido. A análise correta precisa ir além, perguntar: quem são esses eleitores? Por que estão comigo? O que pode fazê-los mudar de ideia? O que o adversário pode fazer para atraí-los?

O verdadeiro trabalho da pesquisa quantitativa não é dizer "candidato Wesley tem 30%, candidato Joesley tem 25%". O que importa é entender como esses números se formam e o que pode fazê-los mudar. Um marqueteiro ou um estrategista experiente não olha apenas para quem está na frente, mas para a qualidade e a natureza desse voto. Por isso, já passei por um momento de olhar para uma pesquisa e dizer: "Esse cara que está liderando não sustenta", simplesmente por perceber que sua vantagem era frágil, baseada em fatores momentâneos e que não resistiriam à campanha. E fiz uma aposta: esse candidato e esses apoiadores não aguentam a queda de um ponto sequer na pesquisa — na primeira dificuldade, quando a liderança começar a demonstrar fragilidade, o pavor vai tomar conta, começarão a buscar culpados entre eles mesmos e o que seria uma pequena oscilação acabará virando um fracasso irreversível. Não é bola de cristal. A primeira parte é saber ler pesquisa. A segunda, saber ler a cabeça alheia.

Outro ponto que deve ser levado em conta é a maneira como o eleitor responde a um questionário. Em muitos casos, sua resposta pode não ser necessariamente uma reflexão profunda sobre sua intenção de voto. Dependendo do método da pesquisa, o eleitor pode dizer o primeiro nome que lhe vem à cabeça, responder com pressa para se livrar da ligação ou até escolher uma opção "socialmente aceitável" diante de um entrevistador. Por exemplo, um eleitor que está andando na rua e é abordado por um pesquisador pode simplesmente dar uma resposta qualquer para continuar seu caminho.

De forma similar, o eleitor pode responder pesquisas desejando para os outros o que não aceitaria para si mesmo. Em discussões recentes sobre protecionismo e industrialização nos Estados Unidos da América, cerca de 80% dos americanos que responderam a uma pesquisa do Cato Institute disseram que os Estados Unidos estariam em melhor situação se mais cidadãos trabalhassem na indústria, enquanto apenas cerca de 25% afirmam que estariam melhores se eles próprios trabalhassem em uma fábrica. Ou seja, valorizam a manufatura como um ideal nacional, mas rejeitam essa realidade para si mesmos — o que revela uma dissonância entre o que projetam como "sonho americano" e o que desejam para sua própria vida. Há também o fator do constrangimento social. Um eleitor que simpatiza com um candidato visto como controverso pode preferir não o mencionar para não parecer mal-informado ou radical. Em contrapartida, pode declarar apoio a um candidato "bem-visto" socialmente, mesmo sem ter intenção real de votar nele.

É comum, por exemplo, que, ao ser perguntado sobre o que pode ser feito para melhorar um governo, um eleitor típico, especialmente o simpático à gestão, responda que é preciso "comunicar mais as boas ações". Perguntar ao alvo da propaganda se ele gosta da comunicação não é a melhor métrica. Muita gente, ao responder pesquisas, acaba confundindo a falta de ações relevantes com uma suposta falta de comunicação a respeito delas. Da mesma forma, é possível que os simpatizantes de um político com popularidade em declínio respondam a pesquisas dizendo que gostariam de ouvir mais o líder falar — quando na verdade gostariam de ouvir o político popular e simpático de outrora que não existe mais, e não a versão atual. Absorver os resultados das pesquisas sem filtrar, nesses casos, seria fatal, gerando um efeito oposto ao desejado.

A teoria da Espiral do Silêncio, desenvolvida por Elisabeth Noelle-Neumann em 1974, esclarece que a percepção de uma opinião majoritária pode levar eleitores a silenciar ou mesmo alterar suas convicções, com o intuito de evitar o isolamento social. Esse fenômeno explica, em parte, a força das pesquisas eleitorais, que não apenas medem o humor do eleitorado, mas também o moldam ao reforçar a sensação de consenso. Assim, o ambiente comunicacional atua como um mecanismo que favorece a uniformidade de opiniões, impactando diretamente o resultado final das disputas eleitorais.

Tudo isso gera distorções. Não significa que as pesquisas são erradas, mas sim que seus resultados precisam ser interpretados com inteligência e cautela.

Fora a intenção de voto, outro fenômeno curioso nas pesquisas é a discrepância entre o que o eleitor diz que quer e o que ele de fato leva em conta ao votar. A teoria de que as respostas podem refletir atalhos mentais ou narrativas socialmente aceitas, em vez de uma análise consciente e aprofundada dos critérios de decisão, foi abordada em pesquisa realizada por Nisbett e Wilson. Interpretar os resultados das pesquisas exige uma análise que vai além dos números. Deve-se buscar compreender os contextos e as motivações implícitas por trás das respostas. Se perguntarmos a qualquer eleitor se ele quer um candidato com boas propostas, a resposta será "sim". Se perguntarmos se ele quer uma campanha com ataques entre candidatos, ele responderá "não". Mas, na prática, sabemos que propostas técnicas não garantem voto e ataques estratégicos muitas vezes funcionam.

Isso não significa que um candidato deva abandonar seu plano de governo, mas sim que ele precisa entender o papel simbólico desse documento. O eleitor não vai ler cada página do plano, mas espera que ele exista. O plano de governo funciona mais como um selo de segurança: um item que o eleitor quer saber que está lá, mesmo que nunca abra o PDF.

Esse mesmo raciocínio se aplica a outras questões: quando o eleitor responde que saúde, segurança pública ou educação são suas maiores preocupações, isso pode ser apenas uma resposta-padrão, sem que ele realmente esteja pensando com envolvimento nesses temas na hora de votar. Se não tem um problema imediato na própria vida, ele repete os problemas gerais de que mais ouve falar. Mas se tem um problema urgente — como desemprego, dívida ou uma estrada interditada —, então essa é a questão real que definirá seu voto.

Com efeito, o que importa é entender por que as pessoas respondem do jeito que respondem e como essas intenções podem mudar ao longo da campanha. Se o eleitor tende a responder ao que é socialmente aceito, a pesquisa precisa ser lida com esse filtro.

Se o eleitor não tem um problema pessoal grave e responde com uma questão genérica, é preciso investigar melhor.

Além disso, as pesquisas mostram padrões que ajudam a prever tendências. Se um nome aparece muito no *top of mind*, mas tem baixo índice de voto consolidado, há uma chance de que esse candidato desidrate com o tempo. Se um candidato tem alto índice de rejeição, ele pode até crescer em intenção de voto, mas chegará a um teto difícil de romper. Se um nome tem pouca rejeição e pouco conhecimento, ele tem espaço para crescer ao longo da campanha.

O eleitor tem sua lógica própria, e a pesquisa não é um oráculo que prevê o futuro — ela é um termômetro que mostra como as coisas estão naquele momento e aponta direções possíveis. A boa campanha não é a que reage passivamente aos números, mas a que os usa para moldar seu caminho de forma estratégica.

No final das contas, a pesquisa mais importante não é aquela que está na capa do jornal, mas aquela que responde à pergunta certa: como transformar o cenário atual no cenário que se deseja?

QUALITATIVA VERSUS QUANTITATIVA. MOMENTOS DE ENCRUZILHADA

Ambas as modalidades se completam e todas as campanhas devem ter as duas modalidades andando de mãos dadas. Campanhas bem estruturadas mantêm o dedo no pulso do eleitor através das pesquisas de opinião eleitorais.

A qualitativa, falando aqui da técnica dos grupos de discussão, fornece consistente suporte de conteúdo ao desenvolvimento estratégico de uma campanha. Os roteiros desenvolvidos e explorados junto aos diferentes *targets* de uma campanha identificam "nortes" a serem observados e trabalhados durante todo o processo eleitoral. Avaliam-se o potencial dos candidatos, melhores nomes para compor a vice-candidatura, apoios, as potencialidades e fragilidades dos atores da corrida eleitoral. Também se avaliam suas demandas, os problemas mais profundos, os debates, os perigos iminentes e sinais latentes que podem se tornar ameaças, os efeitos de ataques a serem dados ou já recebidos, respostas às diversas mensagens que são difundidas ao longo de todo o processo. Sem esquecer da avaliação das "bombas", as peças publicitárias: slogans, jingles, material gráfico, conteúdo para internet, mídia gráfica, eletrônica e digital, fotos e cenários, até as cores das camisas!

Os resultados de uma pesquisa qualitativa são guardados a sete chaves e, em geral, não são divulgados nos veículos de comunicação. Ela não é muito aberta ao público, e, mesmo dentro de uma campanha, o acesso a elas é limitado.

Diante disso tudo, muitas vezes a "quali" prevê mudanças no cenário que ainda não foram captadas pelas sondagens quantitativas — os tradicionais *surveys* presencias, telefônicos, por internet, unidade de resposta audível (URA), ou ainda os *trackings*[22] diários, os enlouquecedores resultados que o cliente traz todos os dias e para os quais fica te pedindo explicação! Eu digo: "Minha expertise atual é a quali, pergunte para quem está fazendo as quantis!".

E digo mais: engana-se quem pensa que pesquisa de opinião é uma bola de cristal! É uma ferramenta. Reforço que defendo o uso em plena comunhão de todas as metodologias de pesquisa. Das medições mais modernas, incluindo a inteligência artificial (IA), ao velho e bom grupo de discussão presencial, que sempre tem o eleitor nu e cru ali na frente do coordenador da pesquisa.

Aos candidatos e marqueteiros, deixo um relato de algo que vivi em algumas campanhas que acabaram em derrotas.

Estávamos trabalhando em uma campanha para prefeito de uma cidade cujo PIB vinha aumentando por seu potencial econômico. Tudo ali estava se modernizando rapidamente. Era a campanha de alguém que já havia estado à frente do poder executivo, sem ter conseguido se reeleger e amargado logo após mais de uma derrota consecutiva. Disputava a eleição com o apadrinhado do intendente, que tendia a um favorável nível de aprovação.

A princípio, os diagnósticos mostravam um potencial desse cliente maior do que o do "novato", "o fantoche", "o boneco do prefeito". Assessores se empolgaram e tinham a certeza de que a vitória lhes estaria garantida. O marqueteiro sempre alertava: "Não despreze esse inimigo, o jogo está apenas começando e não podemos deixar que ele nos engula. Se fizermos uma boa campanha, os eleitores podem se conectar com a continuidade desse progresso que vem vindo e que não é sua marca do passado. Já vimos postes serem eleitos! Lembram do Pitta?".[23]

---

22 Sobre o *tracking*, ver SAMARA, Beatriz Santos; BARROS, José Carlos de. *Pesquisa de marketing*: conceitos e metodologias. São Paulo: Pearson Education do Brasil, 2006, cap. "Técnicas de pesquisa quantitativa: survey: presencial, telefônico, por internet, URA, Tracking".

23 Celso Pitta foi o candidato apoiado por Paulo Maluf e prefeito de São Paulo entre 1997 e 2001.

Dito e feito: a cada qualitativa, víamos o perigo crescer, mas a assessoria da campanha dizia que a quali estava errada. Pareciam sofrer do famoso "viés da confirmação",[24] em que se tende a valorizar informações que confirmam suas crenças preexistentes. As quantis davam uma diferença de mais de quinze pontos a favor desse cliente e ele não queria ouvir as vozes que os grupos de discussão traziam. Eu emitia os alertas a cada pesquisa apresentada, e o marqueteiro já estava perdendo a paciência com o candidato. Ele produzia e enviava alguns materiais para a campanha e, para sua surpresa, a equipe do partido mandava outro conteúdo para ser veiculado pela campanha. Havia uma falta de sintonia estapafúrdia. Duas campanhas dentro de uma, e a assessoria do partido parecia estar cada vez mandando mais na campanha.

As pesquisas quantitativas também acenavam com o crescimento do adversário principal, mas isso não incomodava: "Ele cresceu só cinco pontos, nós ainda estamos bem na frente". O novato foi ganhando corpo frente ao apoio recebido de seu padrinho político e às promessas de uma continuidade melhorada, com propostas arrojadas para o município. O eleitor ansiava por mais modernidade para aquela cidade e o adversário também fazia uma campanha competente.

Nosso cliente insistia em promessas populistas, genéricas, não oferecia iniciativas muito claras ou mais técnicas e detalhadas, nem seu plano de governo era muito bem desenvolvido. Dizia que aquilo havia dado certo antes. O eleitor não é uma massa imutável. O que deu certo antes pode não dar certo hoje. As qualis nos mostravam isso repetidamente.

O marqueteiro tinha brigas homéricas com o candidato. Por mais de uma vez, ameaçou deixar a campanha. Luz alaranjada acesa. O gato já estava subindo no telhado! A turma do "deixa disso" entrava e os ânimos se acalmavam.

---

24 Para saber mais sobre o viés de confirmação, ver NICKERSON, Raymond S. Confirmation bias: a ubiquitous phenomenon in many guises. *Review of General Psychology*, v. 2, n. 2, p. 175-220, 1998.

A campanha estava perdendo a tão importante conexão com o eleitor. Só conseguia falar para antigos eleitores daquele partido. A classe média, que antes gostava daquela candidatura, se tornou indecisa. Chegaram a pedir que fizéssemos grupos de discussão só com simpatizantes deles. Não aceitamos. Eles incorreriam no erro de ignorar o que as pesquisas mostravam genuinamente ou de acreditar em vieses. Seria a receita para o fracasso. A campanha estava de cabeça para baixo. Chegaram a dizer que eu só estava fazendo pesquisa com "inimigos" ou "gente infiltrada". Quando entra a paranoia em uma campanha, há que se ter muita calma e usar a razão. A confiança é um elemento crucial nas relações interpessoais, construindo e mantendo reputações. Mantive a minha reputação. E o resultado das qualis e as urnas comprovaram a força do meu trabalho.

É muito importante que o candidato tenha boa autoestima, confiança em si e na sua equipe. Esse candidato tinha um ego consideravelmente narcisista e digamos que realmente sua pessoa emanava um brilho especial. Era um líder nato, porém o séquito do rei era um pouco complicado. Ao mesmo tempo que a majestade era o pilar da cerimônia, eles enfeitavam demais o seu altar; todos tinham uma receita de bolo para dar. Ele os ouvia mais que aos profissionais contratados pela campanha. Marketing e pesquisa às vezes pareciam meras peças sobressalentes utilizadas caso as ideias do núcleo político dessem errado.

Depois que o leite estava derramado, chamavam o marqueteiro, que ali não constituiu um núcleo estratégico operacional, e acionavam uma pesquisa qualitativa. As quantis eram "ganhas pelo partido" e não tínhamos acesso aos questionários que seriam aplicados. Como bem canta Caetano Veloso, *alguma coisa está fora de ordem, fora da nova ordem mundial.*[25] Havia um descompasso. O marketing político já estava bem evoluído naquela época e a campanha o havia

25 VELOSO, Caetano. Fora da ordem. *In*: VELOSO, Caetano. *Circuladô*. Rio de Janeiro: Philips, 1991. Faixa 1.

contratado justo porque a candidatura vinha de derrotas consecutivas. Queriam profissionalizar e acertar de vez. Todavia, o "núcleo" político continuava o mesmo e parecia um pouco parado no tempo, estendendo o tapete vermelho antes da majestade alcançar o trono.

Na última qualitativa, eu anunciei a grande hipótese de perderem a eleição. Quase fui execrada pelos partidários que estavam presentes naquela reunião. O marqueteiro concordou comigo e fez sua exposição sobre o descompasso daquela campanha. Ou ele mandaria naquela reta final ou sairia. Saiu.

Na véspera da eleição, estavam eufóricos. Ligaram-me dizendo terem em mãos uma última quantitativa "saída do forno" que apresentava uma vitória para eles na casa de 10%! O "retrato do momento" da tal pesquisa não se concretizou. Existia um percentual de cerca de 10% de indecisos na véspera. Claro, estes definiram a eleição e migraram para o adversário. Foi uma derrota amarga, mas anunciada. O pior cego é aquele que não quer ver.

Demorou muito tempo para a cerimônia de coroação acontecer. Passados mais de vinte anos da insólita derrocada, o rei foi finalmente coroado. Já estava idoso. Talvez se lá atrás a campanha tivesse dado mais ouvidos ao marqueteiro e menos ao seu barulhento e prepotente grupo, esse caminho poderia ter sido encurtado.

Do micro para o macrouniverso, algumas coisas se repetem.

Um outro caso ocorreu numa eleição de grande porte. Eu era responsável pelas pesquisas qualitativas de três regiões do país, uma delas conhecida por seu perfil de retratar os resultados do Brasil. Um microcosmo do nosso país.

Jargão eleitoral: o segundo turno da eleição é outra eleição. As duas campanhas se mantiveram bem empatadas, segundo Ibope e Datafolha, os principais institutos de pesquisa à época. Aquele empate técnico deixava a todos com os nervos à flor da pele. Era difícil prever qual seria o vencedor. A tal margem de erro de 2% era sufocante. Ambos tinham 50% de chances de vencer.

Todavia, naquele microcosmo brasileiro, a luz vermelha estava acesa desde parte do primeiro turno e começo do segundo turno. Eu dizia: "Gente, fulano corre o risco de perder aqui e aqui é o espelho do Brasil. A campanha tem que reagir. Ele está com uma imagem ruim, o conceito dele está caindo, os ataques do adversário estão pegando, alguns eleitores estão sinalizando uma rejeição maior do que a que tinham no primeiro turno e ainda falam que ele abandonou o próprio estado. O adversário está ganhando espaço".

Talvez por ter um ego inflado e confiar demais no seu próprio quintal, o candidato pensasse que a coisa estivesse garantida. Acredito que a campanha o tenha avisado sobre o perigo que batia à sua porta. Algo nele me fazia lembrar do transtorno de comportamento estudado por Freud em *Introdução ao narcisismo*. Narcisismo beligerante, sedução e certa negação de seus pontos fracos. Talvez pensasse que ali venceria de lavada. Só que não.

Exatamente no seu território, o candidato parecia não fazer muito esforço para vencer e não se conectou com seus eleitores originais que outrora foram conquistados e que haviam lhe entregado as chaves da casa. Ah, o excesso de confiança! Para que olhar ao redor ao ter certeza de que tudo está sob seu domínio, não é mesmo? Freud explicaria muito bem esse quadro!

Naquela eleição, onde o dever de casa precisava ser literal, *fatto in* casa, o aluno veterano parecia não querer se dedicar muito.

Era uma campanha estritamente profissional e com equipe muito competente. Contudo, certa vez eu ouvi: "O nosso *tracking* dá a ele vinte pontos na frente do adversário e nós vamos ganhar a eleição lá também, fique tranquila". Teria ocorrido ali o velho erro de ler pesquisas como quem lê horóscopo? Os números não são estáticos. O que teria acontecido com aqueles 20% de frente do tal "treco" como é chamado por um conhecido marqueteiro? O "treco" falhou, o empate técnico urgia por reações e não foi por falta de avisos da quali desde o início.

É sabido que um bom candidato bem-conceituado em seu quintal tem mais chances de alçar voos mais amplos. Daquela vez, suas asas não o levaram muito longe.

Não soube perder bem. Típico da personalidade narcisista. Entraram com um pedido de auditoria para a recontagem de votos. O Tribunal Superior Eleitoral (TSE) não verificou nenhuma evidência em tal sentido. Saber perder é uma dignidade.

O candidato, muito vaidoso e com excesso de confiança, talvez fizesse ouvidos moucos a críticas e defeitos que lhe atribuíam. Sim, tinha pedigree, mas também tinha um lado vira-latas, que lhe custou certo declínio político. Teve reveses complicados depois dessa campanha.

Anos depois, calçou as sandálias da humildade e voltou à cena em posição de menor relevância, numa eleição proporcional. Sua vida política segue. Novos voos o aguardam. E eu? Eu sigo acreditando nas qualis como um oráculo de Delfos.

AMIGOS, CÔNJUGE, FINANCIADORES: VOZES NO OUVIDO E DENTRO DA CABEÇA

Duda Mendonça, em seu livro *Casos & coisas,* trouxe uma lição curta e grossa sobre o impacto do círculo íntimo na campanha eleitoral: "Seja qual for o perfil da mulher do seu candidato, de uma coisa você não pode se esquecer nunca: quem dorme com ele não é você, é ela. E coitado de você, se ela não for com a sua cara".

Essa frase, escrita com o humor característico de Duda, originalmente diz respeito à relação do marqueteiro com o núcleo pessoal. Aqui, a sua finalidade é destacar o papel crucial do núcleo pessoal do candidato — cônjuges, amigos e familiares — no sucesso ou no fracasso de uma campanha. Esses relacionamentos podem ser uma fonte de apoio, mas também um motivo de estresse e distração.

Cônjuges, amigos e familiares influenciam negativamente uma campanha quando, mesmo bem-intencionados, provocam estresse indevido no candidato. É comum, por exemplo, que essas pessoas repassem notícias negativas ou eventos desfavoráveis que surgem durante a campanha. Enquanto a equipe do candidato já deve estar estruturada para processar e lidar com essas informações, receber a mesma notícia repetidas vezes de pessoas próximas apenas desgasta o emocional do candidato.

Esses repasses, muitas vezes acompanhados de perguntas como "o que você vai fazer a respeito disso?", criam uma cobrança desnecessária. Isso não ajuda. Apenas transfere mais trabalho e preocupação para o candidato, que já está sobrecarregado.

Weinberg e Cooper, em 2003, identificaram que a principal fonte do estresse de políticos de primeira viagem não são os adversários políticos, mas as expectativas excessivas e pressões vindas do círculo próximo. Essa sobrecarga emocional afeta a clareza mental necessária durante as campanhas.

Também há um problema recorrente quando amigos ou conselheiros próximos lançam ideias ao vento, julgando que a campanha deveria adotar determinada estratégia ou ação, mas sem oferecer suporte para viabilizá-la. A campanha, como qualquer processo coletivo, não pode depender de sugestões soltas. Opiniões sem responsabilidade prática apenas desviam o foco do que de fato importa.

Por outro lado, um círculo íntimo consciente e solidário pode fazer toda a diferença. Para isso, familiares e amigos precisam entender que o candidato é humano, não super-herói: embora ele esteja na campanha prometendo resolver problemas públicos, ninguém é totalmente capaz de lidar com tudo. Seus entes queridos devem ser um refúgio, um lugar onde ele pode descansar, e não mais uma fonte de cobranças. Da mesma forma, problemas não devem ser repassados. Ajuda verdadeira não é transferir problemas para o candidato, mas criar condições para que ele se concentre no que realmente importa. E solidariedade é essencial: o núcleo íntimo deve ser uma rede de apoio emocional, ajudando o candidato a manter a calma e a concentração.

A exposição pública é inevitável durante uma campanha. Essa realidade se intensificou nas últimas décadas. A cientista política Ana Langer documentou a crescente "politização da *persona* privada", em que a vida pessoal dos candidatos se torna central para avaliação pública de sua competência política. Seu estudo demonstra que a maior parte da cobertura midiática sobre líderes políticos foca aspectos pessoais e de personalidade, em vez de propostas ou ideologias. Candidatos serão criticados, e aspectos de sua vida pessoal podem ser explorados. A família e os amigos precisam estar preparados para lidar com isso sem surpresas. Essa preparação começa com o próprio candidato, que deve discutir abertamente com seus entes queridos as possíveis vulnerabilidades — os chamados "esqueletos no armário" — que podem surgir. Fragilidades e pontos sensíveis precisam ser identificados e resolvidos antes da campanha, para evitar crises durante o processo eleitoral. Essa tarefa, no entanto, é responsabilidade do candidato. Quem é amigo da família e conhece os segredos do círculo pessoal é o candidato, não a equipe de campanha. É ilusão esperar que o marqueteiro ou os assessores resolvam essas questões.

Para uma campanha funcionar, o candidato precisa equilibrar as demandas de seu núcleo íntimo com as exigências estratégicas do processo eleitoral. Isso exige uma conversa franca. A família e os amigos devem entender que, durante a campanha, o foco do candidato é conquistar votos e fortalecer sua posição política. Quando o núcleo íntimo começa a demandar atenção ou criar problemas, o candidato precisa estabelecer limites claros. O candidato necessita receber apoio emocional e prático dessas pessoas, e não ganhar mais trabalho delas. Quem quer ajudar não faz o candidato assumir responsabilidades adicionais que poderiam ser resolvidas sem sua interferência.

Ser amigo, cônjuge ou familiar de um candidato é, em si, uma função importante durante uma campanha eleitoral. Para ajudar de verdade, é preciso entender que o papel do círculo íntimo não é repassar problemas, mas oferecer suporte emocional e criar condições para o candidato manter o foco no essencial. A campanha já é extenuante por natureza. Um núcleo pessoal consciente de suas responsabilidades pode aliviar a carga do candidato e aumentar suas chances de sucesso.

A TERRÍVEL FRASE: "TIVE UMA IDEIA!"

Como lidar com devaneios e canalizar energia? Toda campanha eleitoral, em algum momento, se depara com a cena clássica: alguém aparece entusiasmado e diz a temida frase: "Tive uma ideia!". Às vezes, vem do candidato. Outras, vem de um assessor, de um apoiador ou até de um amigo, ou familiar do candidato que quer contribuir com algo "genial" para a estratégia. Mas nem toda ideia é útil, e a grande maioria delas não vem acompanhada de um cheque[26] ou de um plano de execução. São apenas pensamentos soltos, surgidos no tempo livre de alguém que não está envolvido de maneira direta na operação da campanha, e que só debateu a proposição com os microplásticos que habitam o próprio cérebro.

É claro que boas ideias podem surgir de qualquer lugar. Mas a maior parte dessas sugestões chega desconectada da estratégia, sem considerar recursos disponíveis, alinhamento com os objetivos da candidatura ou viabilidade real de execução. Pior: se a campanha não tiver um filtro bem definido para avaliar essas ideias, o tempo e a energia de toda a equipe podem ser drenados por devaneios irrelevantes.

Muitas dessas ideias não vêm de um desejo real de ajudar a campanha a atingir um objetivo específico, mas da necessidade da pessoa de se sentir útil. Isso não é um problema em si — muita gente quer participar ativamente de uma campanha, sentir que contribuiu de alguma forma. O problema surge quando essa necessidade de participação se traduz em demandas para a equipe,

26 Ex-diretora executiva do Clube Atlético Mineiro, Adriana Branco Cerqueira recebia propostas em sua sala com a frase: "Ideias geniais devem vir acompanhadas de um cheque".

que precisa parar o que está fazendo para escutar, analisar, discutir e, muitas vezes, refutar algo que sequer deveria estar na pauta.

Na prática, a geração de ideias em ambientes de alta pressão e emoção tende a ser impulsionada por fatores subjetivos, de forma que a necessidade de afirmação pessoal pode sobrepor a análise crítica. Segundo Scott e Bruce, a eficácia do comportamento inovador depende tanto do incentivo para a proposição de novas ideias quanto da existência de mecanismos que permitam sua avaliação sistemática. Sem um filtro bem definido, o acúmulo desordenado de sugestões acaba desviando a atenção da equipe dos objetivos estratégicos, transformando o entusiasmo em um desperdício de recursos e tempo.

Por isso, uma boa estratégia é devolver o problema ao criador. Se a ideia não for ruim, mas também não for essencial, o melhor caminho é apenas incentivar quem a teve a executá-la. Se um apoiador chega dizendo que a campanha precisa fazer um grande evento em um bairro específico, por exemplo, em vez de absorver essa demanda para dentro da estrutura da campanha, o coordenador pode responder: "Ótima ideia! Você consegue mobilizar as pessoas por lá? Consegue estruturar isso?". Na grande maioria das vezes, o entusiasmo morre ali. Se a pessoa não estiver disposta a mover um dedo para fazer acontecer, a ideia era só um impulso vazio, e o problema se resolve sozinho.

Um estudo realizado por Teresa Amabile reflete que a inovação bem-sucedida exige um ambiente que, além de estimular a criatividade, incentive a experimentação prática e a implementação de ideias. Dessa forma, ao delegar a execução, a campanha não apenas filtra sugestões que não se alinham com os objetivos estratégicos, mas também aproveita a energia criativa de forma direcionada e construtiva.

Agora, se a ideia for ruim de verdade, é preciso energia para barrá-la. Se for uma sugestão absurda, prejudicial à estratégia ou simplesmente um tiro no pé, não há como terceirizar a execução – é necessário intervir e evitar que a ideia seja colocada em prática. Nesse caso, o filtro precisa ser firme, sem deixar espaço para distrações que podem comprometer o rumo da campanha.

Por outro lado, se a ideia for apenas inofensiva, mas também não tiver um impacto relevante, o ideal é não gastar energia tentando barrá-la, nem deixar que ela desvie o foco da equipe principal. O melhor é permitir que o autor da ideia toque o projeto por conta própria, sem consumir os recursos centrais da campanha. Se o apoiador quiser imprimir panfletos caseiros, criar memes ou gravar vídeos por conta própria, sem que isso prejudique a comunicação oficial, não há necessidade de se preocupar.

É preciso lembrar que a campanha não pode desperdiçar nem energia real, nem energia potencial. Quem quer ajudar pode ser um trunfo, desde que essa vontade seja canalizada corretamente. Há uma diferença entre um eleitor que vota e um mobilizador que de fato contribui ativamente. A campanha precisa identificar quem são essas pessoas e saber aproveitar bem o entusiasmo delas, sem deixar que o excesso de ideias soltas atrapalhe a execução do que importa.

Se é o próprio candidato que começa a ter esse tipo de ideia o tempo todo, o problema se torna ainda maior. Porém, quando isso acontece, a conversa pode ser mais franca: "Não temos dinheiro para isso", "Isso não atinge nenhum objetivo estratégico", "Isso não encaixa na nossa comunicação". Às vezes, o candidato está apenas ansioso, querendo fazer algo novo porque sente que precisa movimentar a campanha. Mas, se a ideia não faz sentido, é preciso deixar isso claro.

No final das contas, lidar com a enxurrada de ideias que surgem durante a campanha não significa apenas saber dizer "não", mas saber canalizar a energia de quem quer contribuir sem desperdiçar tempo e recursos valiosos. Nem toda ideia precisa ser executada, mas toda energia pode ser aproveitada — desde que com o direcionamento correto.

A FRASE INFANTIL: "AQUI É DIFERENTE"

Todo marqueteiro ou coordenador de campanha já ouviu essa frase ao menos uma vez na vida: "Aqui é diferente". É a resposta-padrão de candidatos que, por bairrismo, teimosia ou simples resistência à mudança, acreditam que sua eleição é única e que as regras gerais do marketing político não se aplicam ao seu caso. É quase como se cada cidade, estado ou região tivesse um conjunto próprio de leis da física eleitoral, um universo paralelo onde pesquisas não funcionam, comunicação não segue princípios básicos e estratégias comprovadas em diversos cenários não teriam efeito.

Essa crença, claro, raras vezes tem fundamento real. Sim, existem diferenças culturais, econômicas e políticas entre diferentes regiões. Mas a ideia de que um determinado lugar seja tão excepcional que precisa de uma abordagem completamente nova ignora um princípio básico: eleições seguem padrões. O comportamento humano segue padrões. O eleitor pode ter particularidades locais, mas, no fundo, as motivações e os processos de tomada de decisão são muito semelhantes em qualquer lugar do mundo. Como argumenta Anthony Downs em *Uma teoria econômica da democracia*, os eleitores fazem escolhas baseadas em cálculos de custo-benefício e na maximização de utilidades, o que implica que, mesmo em contextos distintos, os padrões decisórios apresentam semelhanças notáveis.

Acontece que todo político acha que sua base eleitoral é especial. Às vezes, esse pensamento vem de um apego emocional ao seu território. Outras vezes, vem de um político experiente que repete: "Eu sempre fiz assim". Essa crença de que "aqui é diferente" pode ser vista mais como uma justificativa emocional para a manutenção de práticas antigas do que como um argumento embasado na realidade dos processos de decisão do eleitor. O problema não é a experiência, mas sim a recusa em avaliar por qual motivo aquilo funcionava antes, se tal motivo ainda existe, e se ainda faz sentido hoje. A política, como qualquer campo, evolui. Os desejos da população mudam. A própria composição do eleitorado se altera. E muitas vezes o candidato não está percebendo que os fatores que justificavam sua abordagem no passado podem ter mudado por inteiro.

Curiosamente, muitos políticos acreditam que um marqueteiro vindo de fora da região será incapaz de entender as nuances da eleição local. Mas esse distanciamento, a meu ver, é uma vantagem. Quem está dentro da bolha eleitoral há anos carrega preconceitos e certezas absolutas que podem distorcer a leitura da realidade. O profissional de campanha que vem de outro lugar chega sem essas amarras emocionais e pode analisar o cenário com mais objetividade, sem filtros de paixão ou nostalgia.

Claro, algumas regiões têm peculiaridades. Mas a ideia de que cada eleição tem suas próprias regras inquebrantáveis costuma ser mais superstição do que fato. Para ilustrar: no Brasil, existe a crença de que quem vence em Minas Gerais vence a eleição presidencial. E, historicamente, isso tem se mostrado verdadeiro. Mas isso não acontece porque Minas Gerais tem superpoderes eleitorais, e sim porque a composição do eleitorado mineiro reflete a média nacional. Ou seja, no comportamento eleitoral, é uma miniatura do Brasil. Não é bruxaria, é demografia.

Quando um candidato insiste que sua eleição é diferente, o risco é que ele comece a ignorar dados concretos e tomar decisões baseadas em *feeling* e achismos. Já vi campanhas que rejeitaram pesquisas e estratégias testadas com a justificativa de que “aqui não funciona assim” — e pagaram caro por isso. O problema não é reconhecer diferenças locais, mas sim se recusar a aprender com experiências que já foram bem-sucedidas em contextos parecidos.

Portanto, quando um candidato diz "Aqui é diferente", a pergunta que ele deveria fazer é: "Diferente por quê?". Se houver uma resposta objetiva, baseada em dados e análise real do eleitorado, ótimo. Mas se for apenas uma forma de ignorar planejamento e estratégia, então essa frase continua sendo o que sempre foi: infantil.

ASSESSORIA DE IMPRENSA, JURÍDICO E O SOSSEGO DO CANDIDATO

Entre críticas da imprensa e processos judiciais, é comum que a rotina de um candidato pareça um eterno apagar de incêndios. No entanto, uma boa equipe, especialmente a assessoria de imprensa e o jurídico, pode blindar o candidato desses desgastes — caso funcione de maneira integrada e tenha autonomia para resolver problemas recorrentes.

A questão principal aqui é simples: certas demandas não precisam chegar ao candidato. Insistir em envolvê-lo em tudo é desperdiçar energia e prejudicar o foco estratégico da campanha. Essa necessidade de priorização encontra fundamento na teoria da "economia da atenção" de Davenport e Beck. Os pesquisadores demonstraram como profissionais em posições de liderança enfrentam constante escassez de atenção frente ao excesso de estímulos informacionais, tornando a capacidade de filtrar demandas uma competência gerencial crítica. No contexto eleitoral, candidatos que falham em implementar sistemas eficientes de triagem informacional dissipam recursos cognitivos valiosos em questões operacionais de baixo impacto estratégico com frequência.

A relação com a imprensa, em uma campanha eleitoral, envolve perguntas e solicitações constantes. Muitas vezes, são questões que já foram respondidas anteriormente, mas precisam ser reenviadas porque os veículos não reciclam informações de outras publicações. Em outros casos, formatos específicos, como questionários e quizzes, exigem respostas adaptadas ao padrão do veículo.

Embora importantes, essas interações podem ser gerenciadas com facilidade pela assessoria de imprensa, desde que exista um pacote de orientações prévio aprovado pelo candidato e pela equipe. O candidato, especialmente em disputas majoritárias, não pode parar sua rotina para lidar com cada uma dessas solicitações. É papel da assessoria manter a fluidez desse processo sem perturbar o andamento da campanha.

Se existe uma certeza em qualquer campanha eleitoral, é esta: o candidato vai ser processado. Não por fazer algo errado, mas porque o processo eleitoral no Brasil é conduzido, essencialmente, por meio de disputas judiciais. Tudo na campanha pode virar um processo: o registro de candidatura; a escolha do nome do vice; uma frase no programa eleitoral; ou até mesmo a formatação do santinho.

Essa realidade pode assustar um candidato inexperiente, mas não deveria. É fundamental que ele entenda que esses processos são parte natural da campanha, e que a maioria das questões será resolvida pela equipe jurídica sem grandes complicações.

A integração entre jurídico e equipe estratégica é parte essencial para filtrar o que de fato necessita da atenção do candidato. Questões corriqueiras, como ajustes em materiais gráficos ou notificações menores, podem e devem ser resolvidas de forma direta entre o jurídico e os setores responsáveis, como o contador ou a gráfica.

Além disso, é importante normalizar a ideia de que multas pecuniárias são, em algumas situações, um risco tolerado em uma estratégia maior. Não se trata de planejar uma infração, mas de entender que certas decisões podem, eventualmente, gerar penalidades financeiras, sem comprometer a legalidade da campanha a ponto de render uma inelegibilidade.

A blindagem eficaz da assessoria de imprensa e do jurídico reflete na rotina e na saúde mental do candidato sem intermédios. Saber que essas questões estão sendo tratadas por profissionais capacitados permite que ele mantenha o foco no que tem real importância: conectar-se com os eleitores, fortalecer sua mensagem e cumprir sua agenda de campanha.

Aqueles candidatos que insistem em se envolver em todas as demandas vão acabar sobrecarregados e menos eficazes. Essa é uma boa prática que deve ser implementada pela equipe. A equipe não pode forçar o candidato a delegar tarefas ou a ignorar demandas que ele insiste em assumir. Mesmo que, no final, a decisão seja dele, a equipe deve tentar colocar a estratégia em prática.

Imprensa, jurídico e o sossego do candidato são inseparáveis. Em campanhas eleitorais, críticas da imprensa e processos judiciais não são exceções — são a regra. O segredo para lidar com isso está na integração e autonomia da equipe, que precisa resolver problemas recorrentes sem sobrecarregar o candidato.

Para o candidato, aceitar essa realidade é um ato de maturidade política. Blindagem não significa omissão, mas a capacidade de priorizar o que importa e delegar o que pode ser resolvido sem sua interferência direta. São apenas três as tarefas indelegáveis: pedir dinheiro, pedir apoio político, pedir voto. Assessoria de imprensa e jurídico podem, sim, ser delegadas. Uma campanha eficaz depende de um candidato focado, não de um candidato atolado.

DAS UNBEHAGEN IN DEN KAMPAGNEN: O MAL--ESTAR NAS CAMPANHAS

Socos, insultos, descontroles, falta de respeito. Felizmente, isso não é tão trivial, mas acontece. Falar da cabeça de candidatos não é fácil. Analisar qualquer cabeça não é fácil. Imaginem a de um político! Vale a indicação da leitura *O mal-estar na civilização*, de Freud, para entender um pouco sobre quando a pulsão de vida encontra a frustração, a infelicidade e o indivíduo escapa para a pulsão da agressividade.

Na maioria das vezes somos muito bem compreendidos, respeitados, valorizados e bem tratados. Claro, esses são os melhores clientes e serão tratados em outro momento.

Eu mantenho meu lado psicóloga até hoje e muitas vezes os marqueteiros me chamam no canto e brincam comigo: "Esse nosso cliente precisa de um divã antes de entrar na campanha pra valer"; "Vai lá, explica pra ele, dá um show! Explica bem mastigado, põe ele no lugar dele porque eu já estou perdendo a paciência. Fala a verdade para ele, Iracema. Mesmo que doa, será o melhor caminho". E lá vou eu. Desses clientes, vários se tornaram fiéis por muitos anos. Brincadeiras à parte, nem sempre somos bem tratados. E quando não somos?

Geralmente isso ocorreu com políticos mais velhos, que já haviam exercido muitos cargos e, na maior parte deles, no ocaso de suas carreiras. Porém, claro que acreditavam que ainda tinham chances de ser eleitos mais uma vez por diversos motivos, mais pessoais que realistas: "Nunca perdi uma eleição e não vai ser essa que perderei", "Esta vai ser minha última disputa eleitoral e quero fechar com chave de ouro", "Depois de tantos anos, estou mais preparado que tudo", "Quero voltar para provar que sou inocente e voltarei dando a volta por cima, por honra, vocês vão ver, o povo me ama", "Armaram contra mim e darei a resposta no voto, não tem como eu perder essa eleição, ninguém fez mais do que eu para os pobres nesse Estado". No fundo, todos os exemplos desta série estavam com muito medo de perder e bem desestabilizados. Estariam eles preparados para perder?

Esses dos quais falo, em geral, viraram da "velha guarda". Não adianta: começam na escada da política, vão amadurecendo, envelhecendo, o mundo ao redor vai mudando, mas algo na mente deles parece que fica parado no tempo. Insistem. E existe a hora de parar.

Esses já me fizeram sentir espadas subindo dos pés à cabeça de raiva, mas também me ensinaram muito: jamais perca sua razão, sua classe, seu equilíbrio, o seu respeito próprio. Um marqueteiro bem-afamado é contratado. Tais candidatos já passaram por vários profissionais e, nessa fase derradeira, não querem nem podem errar — contratam "os melhores", que traçam estratégias, elaboram táticas que incluem etapas de posicionamento ao longo da campanha e contratam um plano de pesquisas. Lá vamos nós fazer a etapa do diagnóstico inicial e as demais.

Estes dos quais falo gostavam de ter seus resultados apresentados em casa, com um grupo "restrito" de assessores de sua confiança (que nem sempre guardavam segredo dos resultados), com a devida "pompa e circunstância" que o tempo lhes outorgou. Um excesso de "bajuladores e palpiteiros" que muitas vezes mais atrapalham que ajudam. Já vivenciei apresentações com mais de trinta assessores, que inclusive achavam que sabiam mais que o candidato, o marqueteiro e a voz do povo, no caso, as pesquisas daquele momento.

Certa vez, fui apresentar um resultado muito negativo para o candidato. Foi em seu apartamento funcional em Brasília — lindo o apartamento, com obras de arte de um gosto questionável, muito enfeite cafona, parecia uma loja de decoração decadente. O cliente já havia sido governador, era senador e queria voltar a ser governador. Antes disso, fora vereador, deputado estadual e federal. Logo, tinha *background*.

Lá fui eu com meu fiel escudeiro, o Chico Santa Rita. Chico não queria dar o resultado de jeito nenhum, mas me pediu: "Não meça palavras, diga a verdade nua e crua". Chico antevia que a campanha seria muito difícil. O candidato atrasou mais de uma hora; ficamos ali naquele apartamento saído de um filme *kitsch* a esperar. Não havia um detalhe que eu não houvesse memorizado! *Quel décor!*

Chega o bendito! (Ou seria o maldito?!). Mal me olhou nos olhos, não me estendeu a mão, não pediu que nos servissem nem uma água, nem um cafezinho, e ainda chegou dizendo que tinha pressa. Além disso, tinha contratado uma pesquisa quantitativa muito boa: "Recebi um relatório e a campanha está ganha. Nem sei por que te contratei, Chico!". Estava envolto em arrogância. Lembrei-me de uma frase de caminhoneiro que minha mãe catalogava nas viagens dos anos 1980 e anotava em uma cadernetinha: "Quem acha que sabe tudo não aprendeu nada". Como psicóloga, analisei: está vivendo um processo de negação, só pode! (Ou então minha pesquisa está toda errada, e isso não é possível!).

Bom, apresentei o malfadado resultado. O cliente estava muito impaciente e, de certa forma, sendo grosseiro comigo. Incomodado com seus assessores ao redor. Claro. Ao final, gritou: "Você é muito nova para entender de pesquisa e tenho a certeza de que só ouviu petistas nessa sua pesquisinha fajuta. Vou contratar outra, Chico, sinto muito, mas não confio neste resultado, está tudo errado e diferente da quantitativa. Vou ganhar esta eleição, tenho a certeza". Ocorre mesmo de qualitativas exibirem resultados diferentes de quantitativas.

Chico calmamente expôs sua opinião sobre o resultado e defendeu meu trabalho, reforçou que a quali anda na frente das quantis etc. e tal. Falou de sua estratégia, das chances reais do candidato perder a eleição se não fizesse um grande trabalho de imagem, uma campanha mais atualizada usando estratégias cirúrgicas com diversos segmentos eleitorais ao longo dos meses. O candidato ouviu desconfiado. Chico e eu não permanecemos na campanha. Mês a mês a campanha foi fazendo água e aquela foi a última disputa eleitoral do candidato "sabe-tudo".

Noutra vez, tratou-se de um ex-prefeito que fora muito bom em sua cidade, chegou a governador, mas saiu chamuscado de seu último mandato no executivo, por acusações de malversação de verbas públicas, embora tivesse deixado um grande legado de obras e iniciativas públicas de dar inveja a muitos governantes. Estava num partido forte àquela época. Era uma campanha de risco, mas o partido não tinha um nome à altura para concorrer em seu lugar. Já vimos e ainda veremos este filme. A história se repete, não é mesmo?

Lá fomos nós fazer um grande diagnóstico nas principais cidades do estado. Péssimo diagnóstico. Eu realmente estava até com medo de apresentar o resultado, mas o marqueteiro, também temeroso, me jogou aos leões sem dó nem piedade! E olha que eu preparei a apresentação com o maior tato e cuidado possíveis. A fama de agressividade do candidato já era conhecida.

À medida que as "transparências" eram apresentadas, ele ia afundando na cadeira. Confesso que tive pena. Aquele ícone, bem ali na minha frente, afundando em um assento que o engolia. O corpo dizia que ele queria sair dali. Foi ficando impaciente, desconfortável, com o semblante fechado, a cara vermelha, os olhos inflamados. Perguntou se tinha um whisky. Servimos! Eu e Chico nos olhávamos, mas íamos ponderando sobre a mudança que poderia ocorrer, que aquele era "um retrato inicial" (bem temerário e cabeludo, confesso), a fase inicial da campanha, o que podia ser planejado, os diferenciais dele para com os demais, contemporizando para a coisa não ficar mais feia.

De repente, um grito sai do fundo de sua alma: "Cheeeeeegaaaaaaa, esta pesquisa está toda errada, você deve estar trabalhando contra mim e não para mim!". E deu um murro na mesa. Era uma mesa da Cassino, da loja Forma, conceituada por seus móveis de luxo de extrema qualidade e design italiano. Lá se foi uma mesa de design assinado. Ficou a assinatura de um murro bem-dado, a catarse que fechou a sessão. Como dizem os psicanalistas, "hoje paramos por aqui".

Falando em candidatos que não estão preparados para perder. Ele perdeu a eleição e saiu da cena política. Entendeu o recado das urnas. Só não entendeu o meu recado à época. Doutra feita, uma candidatura a uma prefeitura de destaque no país. Uma megaestrutura de agência. Daquelas mansões com ilhas e mais ilhas, salas de reuniões, diretorias, redatores, estúdios de TV e rádio, estúdios de música, estúdios de maquiagem, restaurantes, pesquisas para se saber de tudo. Não havia técnicas mais apuradas de mensurações, pirotécnicas da internet, IA. Tudo era no pulso, na voz, na presença e nos olhos do eleitor.

Essa campanha foi muito redonda: muitos profissionais envolvidos, muitas pesquisas e a esperança de uma mudança mais radical. Por um bom tempo, foi uma disputa bem acirrada entre três candidaturas. Exigia de nós muitos relatórios além dos habituais, relatórios comparativos desde a primeira etapa, relatórios só sobre determinados assuntos separados dos demais, relatórios só das partes boas, relatórios só das partes negativas — alguns faziam sentido, muitos não. E eu fazia todos. Foi um período de trabalho pesado — a ponto de alguns colegas, com uma referência infeliz, se referirem ao regime como de escravidão. Não segui os conselhos de uma profissional da área: "Você é mulher, não seja boazinha, pois vão montar em você". Dito e feito.

As equipes do candidato e do marketing lotavam as salas de observação de pesquisa, exigiam lanches especiais, falavam alto a ponto de ecoar e atrapalhar do outro lado na sala dos grupos de discussão, reclamavam do som, gargalhavam e saíam sem ter entendido bem o que se passava lá dentro. Tiravam conclusões insólitas, ao gosto do que o freguês queria ouvir. Lógico, estavam ali no parque de diversão, fazendo tudo menos observando os eleitores e a pesquisa.

Era o dia de apresentação de pesquisa, já em reta final de campanha. Detalhe: essa foi uma das campanhas em que fiquei a ver navios e com o cofre vazio. O contratante sempre chegava atrasado nas reuniões. Desculpas não lhe faltavam. Diante desse atraso, o marqueteiro pediu que eu apresentasse a pesquisa sem o candidato para ele e sua equipe "ouro". Três horas depois, chegou a majestade. Como habitual em sua personalidade, chegou literalmente "fedendo". Gostava de dizer que estava nas ruas, nas comunidades, no meio do povo. Tirava os sapatos — "que chulé!" —, colocava os pés em cima da mesa, e lá ia eu apresentar a pesquisa, mais uma vez, com aquele odor no ambiente. Garçom, um incenso, por favor!

Tal personagem não esperava terminar um assunto e já estava questionando tudo. Perguntava um tema que já havia passado ou um que ainda iria entrar na pauta. Ouvia sem escutar. Eu respirava fundo e explicava com calma, uma vez mais. E mais...

Por fim, naquele dia fatídico e decorridas quase duas horas de reunião (quem aguenta?), depois de tanto esse personagem atender a telefonemas durante a apresentação, falar alto, provocar conversas paralelas com os assessores e fazer perguntas sem nexo, eu olhei e disse: "O relatório está aí, seu marqueteiro já viu a apresentação e seus assessores receberão a cópia. Me despeço de todos porque não posso perder meu voo. *Au revoir, fromage!*".

Falta de respeito tem limite. A pessoa perdeu a eleição. Quem não ouvia nem o marqueteiro muito menos daria ouvidos à pesquisa. Foi uma relação desgastada entre todos da campanha. Até hoje, quando a vejo na mídia, sinto náusea e aquele cheiro azedo saindo de seus pés. Queijo, só o de Minas mesmo!

Esses casos explicitam algumas coisas com as quais convivemos: a obsessão de alguns políticos, o não aceitar a hora de parar, a falta de respeito e, além do mais, o "eu estou acima de tudo".

Nem toda majestade é digna de seu trono.

PERFIS DE CANDIDATOS E ARMADILHAS COMUNS

SÓ GANHA UMA ELEIÇÃO QUEM TEM CONDIÇÕES DE PERDER

Ganhar uma eleição é o objetivo óbvio de qualquer candidato. No entanto, o processo eleitoral exige algo menos intuitivo: estar preparado para perder. Essa resiliência — emocional, financeira e política — não é apenas uma medida de sobrevivência. É também um dos fatores mais importantes para garantir o sucesso, mesmo que a vitória não venha desta vez. Sem essa base sólida, o candidato fica vulnerável às crises e tende a cometer erros que podem custar não só a eleição, mas também sua relevância política futura.

O título deste capítulo resume a lição fundamental: só ganha uma eleição quem tem condições de perder. Isso significa estar preparado para enfrentar as dificuldades da campanha sem perder o rumo e, em caso de derrota, ter sabedoria para aprender com ela, reavaliar estratégias e, se necessário, se reposicionar para o futuro.

Do ponto de vista emocional, a campanha é um processo solitário e desafiador. Ela começa muito antes de o eleitor prestar atenção, em um período em que o candidato trabalha sem qualquer garantia de retorno. Além disso, críticas de adversários são inevitáveis, e o candidato precisa entender que isso faz parte do jogo. A resiliência é, portanto, a capacidade de lidar com esses desafios sem perder o foco. Um candidato com o emocional preparado aceita conselhos, reconhece a soberania do eleitor e entende que os adversários são legítimos. Por outro lado, quem não tem preparo emocional tende a reagir com estresse desproporcional às primeiras dificuldades, entrando em uma espiral autodestrutiva que prejudica toda a campanha.

O estresse crônico é uma realidade para muitos candidatos. Pesquisas com políticos canadenses revelaram que candidatos relatam sintomas de burnout durante as campanhas, incluindo exaustão emocional e dificuldade de concentração. Além disso, o estudo de Blais, Pruysers e Chen mostra que candidatos que recebem apoio psicológico têm mais chances de manter a coesão da equipe e evitar decisões impulsivas, que podem comprometer a estratégia eleitoral.

O processo eleitoral é uma maratona, não uma corrida de 100 metros. Ele exige paciência, equilíbrio emocional e uma visão de longo prazo. Candidatos que entram na campanha achando que o resultado será imediato ou que qualquer crítica representa uma injustiça rapidamente entram em uma espiral de estresse e desgaste emocional.

O candidato resiliente ouve sua equipe, considera a legitimidade das opiniões externas e mantém a calma sob pressão, entendendo que ser atacado pelos adversários é parte do jogo político e que críticas podem ser superadas. Por outro lado, a falta de preparo emocional costuma se manifestar com decisões erráticas, quando o candidato muda de direção constantemente, prejudicando a estratégia; quando pequenas dificuldades se tornam crises, desmotivando a equipe e criando um clima de derrota e a relação com aliados e assessores se deteriora, comprometendo a eficiência da campanha.

Um dos erros mais comuns é ignorar que a preparação emocional não pode vir da equipe de campanha. Esse papel cabe à família, aos amigos e ao grupo político do candidato. Embora seja possível contratar apoio psicológico profissional, ele só será eficaz se o candidato estiver disposto a aceitá-lo. A equipe, no entanto, não pode assumir a responsabilidade de convencer o candidato, nem tem autoridade para lidar com questões tão pessoais.

A dependência financeira é uma das maiores fontes de estresse para um concorrente. Quem entra em uma eleição sem segurança financeira corre o risco de tomar decisões que não apenas prejudicam a campanha, mas também sua vida pessoal e política. Um candidato que depende só do cargo público como fonte de renda ou que se endivida esperando recuperar os valores no mandato corre riscos desnecessários. A pressão financeira faz com que o candidato perca o foco, tome decisões impulsivas ou mesmo recorra a acordos políticos que o deixam vulnerável. Esses acordos, além de ilegais, podem criar dependências que desestabilizam a campanha e comprometem o futuro político do candidato. A tranquilidade financeira, por outro lado, elimina um elemento de estresse e permite que o candidato se concentre no que de fato importa: conquistar o eleitorado. Mesmo assim, a equipe precisa estar atenta, pois abordar esse tema pode ser delicado. Este livro existe justamente para tratar de coisas que gostaríamos que os candidatos soubessem, mas que muitas vezes não podemos dizer diretamente a eles.

Do ponto de vista político, estar preparado para perder significa entender que a política é um projeto de longo prazo. Campanhas mal planejadas ou centradas apenas na vitória imediata podem deixar um rastro de problemas para o candidato e para seu grupo político. Por exemplo, comprometer-se com acordos que só funcionam em caso de vitória ou recorrer a estratégias que prejudicam a reputação podem ter consequências duradouras. A preparação política envolve construir uma imagem pública sólida, respeitar os adversários e manter a coesão do grupo político, mesmo diante de uma possível derrota.

Política é uma atividade coletiva, mas o candidato precisa ter autossuficiência para tomar decisões e assumir responsabilidades. Isso significa estar disposto a liderar sua campanha, sem depender exclusivamente de partidos ou aliados; e construir a própria imagem e uma relação de longo prazo com o eleitorado.

É preciso manter o grupo político organizado e motivado, mesmo em caso de derrota. Estar preparado para perder significa, também, entender que as eleições fazem parte de um projeto maior. Candidatos bem-sucedidos sabem que derrotas podem ser lições valiosas, enquanto vitórias mal administradas podem destruir carreiras políticas.

Uma derrota, embora indesejada, pode ser transformada em uma oportunidade. Para isso, o candidato precisa analisar com frieza o que causou o resultado: foi um erro estratégico? Faltou organização? O momento político era desfavorável? Entender essas questões permite um reposicionamento para campanhas futuras, com mais força e relevância. Derrotas também ensinam que eficácia política não significa apenas vencer uma eleição, mas avançar em causas, construir alianças ou fortalecer atributos positivos da imagem pública.

A realidade emocional da derrota eleitoral é bem mais intensa do que se costuma admitir publicamente. Em pesquisas com políticos que perderam seus cargos, muitos "descreveram devastação emocional e um profundo senso de fracasso pessoal no momento da derrota".[27] Alguns entrevistados experimentaram um verdadeiro luto: uma minoria apresentava sintomas de depressão clínica, com um ex-político chegando a afirmar que "é claro, minha vida acabou".[28] De forma similar, Theakston, Gouge e Honeyman notaram que um terço dos respondentes que não esperavam perder seus assentos no parlamento experimentaram um "processo de luto" que, para alguns parlamentares, durou anos: "Meu mundo inteiro veio abaixo".[29] Mais alarmante ainda, 18% dos participantes da pesquisa mencionaram problemas de longo prazo como exaustão, depressão, privação de sono, questões familiares e dificuldades financeiras. Contrariando a crença popular, garantir um emprego após deixar a vida parlamentar pode ser muito difícil. "A política", concluem os pesquisadores, "é uma carreira não comercial e... a ideia de que existem centenas de ex-parlamentares entrando em empregos confortáveis e lucrativos é um absurdo".[30] Esse conjunto de fatores torna a preparação psicológica para uma possível derrota

---

27 ROBERTS (2017, p. 2).

28 *Ibid.*, p. 11.

29 THEAKSTON; GOUGE; HONEYMAN (2007, p. 6).

30 *Ibid.*, p. 13.

não apenas um exercício de humildade, mas uma necessidade estratégica para a sobrevivência.

Nesse sentido, a resiliência deve ser encarada como um processo dinâmico e contínuo, que a pesquisadora Ann Masten descreve como "magia do dia a dia": a capacidade natural de superar adversidades. Essa visão ressalta que, mesmo diante de uma derrota, é possível reconstruir a trajetória política por meio da reavaliação crítica dos erros e do fortalecimento de redes de apoio. Investir no desenvolvimento pessoal e na consolidação de uma base sólida de aliados permite que o candidato converta a experiência de fracasso em um trampolim para futuros sucessos, reafirmando que o aprendizado pós-derrota é tão importante quanto a vitória em si.

Por outro lado, quando o candidato não está preparado para perder, os sinais são claros. Ele tende a desconfiar da própria equipe, culpar terceiros e fazer promessas inviáveis, acreditando que sua única opção é vencer. Essa desconexão da realidade prejudica a campanha, desmotiva aliados e cria uma comunicação ineficaz com o eleitorado, como já mencionado nos capítulos anteriores. Esses comportamentos não apenas comprometem a eleição atual, mas também dificultam futuras oportunidades.

A campanha eleitoral é uma prova de resiliência. Estar preparado para perder é, na verdade, uma das maiores garantias de que o candidato terá condições de vencer. Compreender e gerenciar o estresse é fundamental para que o candidato transforme adversidades em oportunidades de aprendizado. Conforme Lazarus e Folkman, a forma como avaliamos e enfrentamos situações estressantes determina nossa capacidade de recuperação. Em um ambiente eleitoral repleto de pressões constantes, desenvolver estratégias de *coping*, ou seja, técnicas para lidar com o estresse, torna-se indispensável para manter o foco e evitar que a tensão comprometa a tomada de decisões. Essa abordagem evidencia que a preparação emocional não se resume a evitar o fracasso, mas a aprender e evoluir com cada desafio enfrentado ao longo da campanha.

Um candidato que entende a soberania do eleitor, a legitimidade do adversário e a importância do trabalho coletivo já está um passo à frente. A política é feita de projetos a longo prazo, e cada derrota deve ser vista como uma oportunidade de aprendizado e fortalecimento. No final, a resiliência é o que separa candidatos bem-sucedidos daqueles que se tornam reféns do próprio medo de perder. Estar emocional, financeira e politicamente preparado é o primeiro passo para vencer, porque o medo de perder tira as condições emocionais necessárias para ganhar.

CANDIDATOS HARDY HAR HAR

Campanha eleitoral é um ambiente de pressão constante, e o cansaço emocional faz parte do processo. No entanto, há um tipo de candidato que transforma essa pressão em uma barreira intransponível: aquele que passa a campanha inteira reclamando. No desenho animado *Lippy e Hardy*, produzido pela Hanna-Barbera, Hardy Har Har, a hiena pessimista, ganhou fama por dizer constantemente: "Oh, dia, oh, céus, oh, azar... Eu sei que não vai dar certo...".

Esse perfil de candidato vê problemas em tudo. O material gráfico nunca está bom o suficiente, a equipe nunca trabalha direito, a imprensa é sempre injusta, as pesquisas estão erradas, os aliados são fracos, os eleitores não entendem nada. Ele se torna um especialista em enxergar dificuldades, mas nunca se dedica a resolver nada.

No início da campanha, esse comportamento pode até parecer inofensivo. Alguns candidatos acreditam que reclamar o tempo todo é um sinal de exigência e perfeccionismo. O problema é que, à medida que a campanha avança, a negatividade começa a drenar a energia da equipe. Se toda reunião é uma sessão de lamentação, ninguém sai motivado para executar as tarefas necessárias. Aos poucos, os assessores passam a evitar o candidato, pois sabem que qualquer interação será uma conversa desgastante.

O impacto dessa postura não fica restrito ao ambiente interno. Quando o candidato adota um tom pessimista o tempo todo, ele mesmo começa a perder a energia necessária para convencer o eleitorado. A reclamação constante gera um estado de frustração que se reflete na forma como ele se comunica. O discurso fica carregado de ressentimento, e a mensagem que chega ao público é de desânimo e desespero.

Utilizando a técnica Cave (*content analysis of verbatim explanations*, ou análise de conteúdo de explanações textuais) e com o apoio de seu aluno Harold Zullow, Martin Seligman analisou discursos de aceitação da indicação de candidatos à presidência dos Estados Unidos da América. O estudo indicou uma correlação entre o estilo dos candidatos e seus resultados eleitorais. Em 22 eleições analisadas, candidatos com estilo mais otimista venceram em 18. O método avaliou explicações causais nos discursos, classificando-as quanto à permanência (se o candidato via problemas como temporários ou permanentes), abrangência (específicos ou gerais) e personalização (atribuídos a fatores externos ou internos). Em 1988, usaram essas métricas para prever corretamente vitórias eleitorais antes que ocorressem, demonstrando que eleitores tendem a preferir candidatos que transmitem esperança, mostram-se orientados para a ação e evitam o que os pesquisadores classificaram como "ruminações pessimistas".

Pesquisas na área de psicologia positiva evidenciam que a predominância de emoções negativas não só restringe o repertório cognitivo, como também estreita o campo de ação da criatividade e da inovação. Conforme a teoria do *broaden-and-build* (ampliar-e-construir) de Barbara Fredrickson, emoções positivas ampliam as possibilidades de pensamento e ação, enquanto a negatividade crônica — como a que se manifesta em reclamações constantes — limita essas funções essenciais. Em uma campanha, essa drenagem de energia pode desmotivar a equipe e prejudicar a capacidade de adaptação diante dos desafios, comprometendo a eficácia estratégica do candidato.

Além disso, o candidato que reclama demais tende a se tornar reativo. Em vez de focar a estratégia e seguir em frente, ele gasta tempo discutindo pequenos problemas e dando atenção excessiva a críticas irrelevantes. Essa postura constante de queixas contribui para a criação de um ambiente propício ao burnout, afetando tanto a saúde emocional quanto o desempenho da equipe. Estudos de Schaufeli e Bakker demonstraram que ambientes de trabalho saturados de demandas negativas e carentes de reconhecimento favorecem o esgotamento e a desmotivação, fatores que se traduzem em queda de produtividade e coesão. Em uma campanha eleitoral, em que o tempo é precioso e a pressão intensa, essa energia desperdiçada em lamentações impede a mobilização eficaz dos recursos humanos, afastando o candidato do engajamento necessário para superar os desafios. Esse comportamento pode fazê-lo perder momentos importantes da campanha, pois ele está mais preocupado em rebater ataques do que em conquistar novos eleitores.

Não é apenas a observação empírica que aponta para esse fenômeno. Uma pesquisa de Ashley Weinberg de 2012 na área de psicologia política confirma que políticos recém-eleitos experimentam com frequência níveis aumentados de tensão psicológica após assumirem seus cargos. O mais alarmante é que esses representantes políticos relatam ter menos controle sobre seu trabalho do que profissionais de outras ocupações de alta responsabilidade, conforme estudo de Weinberg e Cooper de 1999. E aqui está o ponto central: essa falta de controle percebida é um preditor reconhecido de problemas de saúde mental. Quando um candidato não consegue se adaptar rapidamente a esse ambiente de pressão constante, o resultado é uma espiral negativa em que o estresse gera más decisões, que, por sua vez, aumentam a pressão e provocam ainda mais desgaste emocional. É um ciclo perverso que poucos estão preparados para enfrentar sem o devido amadurecimento.

Candidatos vencedores sabem que dificuldades fazem parte do jogo. Eles lidam com crises sem perder o foco, confiam na equipe para resolver problemas e não se deixam consumir pelo negativismo. Já aqueles que passam o dia reclamando, sem agir para mudar a realidade, desperdiçam tempo, energia e, principalmente, a chance de vencer.

A política não perdoa os que gastam sua campanha lamentando. O eleitor percebe quando um candidato está desmotivado e hesitante. E, se até o próprio candidato parece sem esperança, por que o eleitor acreditaria nele?

CANDIDATOS QUE SÓ QUEREM LOUROS

Campanha eleitoral é sinônimo de trabalho pesado. A disputa começa muito antes do primeiro dia oficial e exige um esforço constante de articulação, mobilização e planejamento. Mas há um tipo de candidato que parece alheio a essa realidade: aquele que só quer os louros da candidatura, mas não está disposto a fazer o esforço necessário para chegar lá.

Esses candidatos são fáceis de identificar. No começo da campanha, demonstram entusiasmo e confiança excessiva, acreditando que a vitória será natural e inevitável. Acreditam que a eleição será conquistada com base em sua trajetória pessoal, no apoio de aliados ou na força do partido, e não no trabalho do dia a dia. Eles gostam da ideia de serem chamados de "futuros prefeitos", "deputados eleitos", "governadores em ascensão", mas rejeitam a parte cansativa do processo.

O problema se agrava quando a campanha avança e as dificuldades começam a aparecer. Enquanto os candidatos realmente comprometidos passam horas em reuniões, conversando com eleitores, ensaiando discursos e revisando estratégias, os que só querem os louros começam a se afastar das atividades essenciais. Preferem eventos sociais a encontros políticos, evitam discussões estratégicas e, em muitos casos, deixam a campanha no piloto automático, confiando cegamente na equipe para fazer todo o trabalho pesado.

O impacto desse comportamento na campanha é devastador. Sem a presença ativa do candidato, a equipe se desmotiva e as alianças se enfraquecem. A campanha perde ritmo, as respostas às crises se tornam lentas e a mensagem política perde consistência.

O eleitor percebe quando um candidato não está verdadeiramente envolvido no próprio projeto.

Segundo Paul Herrnson, eleitores são mais propensos a votar em candidatos que demonstram comprometimento visível com a campanha, medido por indicadores como presença em eventos comunitários, conhecimento detalhado de questões locais e disponibilidade para interações diretas. O estudo demonstra que o engajamento pessoal do candidato é um fator mais determinante para a decisão de voto do que alinhamento ideológico ou histórico partidário.

Já vimos candidatos bem cotados fracassarem justamente por essa falta de empenho pessoal, enquanto outros, menos famosos, surpreenderam pela dedicação diária e conquistaram o eleitorado.

Outro aspecto desse perfil de candidato é o incômodo com qualquer crítica ou questionamento. Por enxergarem a candidatura como algo que lhes é devido (um reconhecimento natural por sua história ou posição social), não aceitam bem a necessidade de ajustes. Qualquer sugestão de mudança na estratégia ou qualquer dado de pesquisa que não confirme suas expectativas é vista como um ataque pessoal.

Nas últimas semanas da eleição, quando a realidade bate à porta e o resultado começa a se desenhar, esses candidatos costumam reagir de duas formas: ou entram em negação, culpando a equipe e os aliados pelo fracasso iminente, ou entram em modo de pânico, tentando recuperar em poucos dias o trabalho que deveriam ter feito ao longo de meses. Nenhuma dessas reações costuma ser eficaz.

Uma explicação psicológica para esse comportamento é o conceito de "protótipos". O grupo de Donald Kinder e colaboradores demonstrou que eleitores avaliam candidatos com base em protótipos de liderança que incluem resiliência e consistência como atributos centrais. Candidatos que demonstram comportamento errático ou entram em modo de pânico nas semanas finais da campanha violam essas expectativas, perdendo eleitores independentemente de suas qualificações objetivas.

Campanhas vitoriosas exigem dedicação real. O eleitor pode até simpatizar com um candidato carismático ou com uma história interessante, mas, no final, vota em quem demonstra disposição para a batalha. Política é uma construção diária, e quem se contenta apenas com os louros da candidatura descobre tarde demais que não há vitória sem esforço.

ENTRE O CARISMA E O CULTO À PERSONALIDADE

Campanhas eleitorais sempre giram em torno de figuras humanas. O eleitor não vota em um partido, em uma proposta ou em um projeto abstrato — ele vota em um candidato, em alguém que ele pode ver, ouvir e avaliar. Mas há uma diferença entre um político que usa o carisma para engajar e inspirar seu eleitorado e aquele que depende exclusivamente da própria imagem, sem uma estrutura política real por trás. No primeiro caso, temos um líder. No segundo, um personagem de si mesmo, cujo sucesso dura apenas enquanto a imagem se sustenta.

Campanhas personalistas podem ser altamente eficazes quando bem construídas. Um candidato carismático, com presença forte e discurso envolvente, pode mobilizar multidões e gerar um entusiasmo que quase nunca se alcança com propostas frias e tecnocráticas. No entanto, o problema surge quando todo o projeto político se resume à figura do candidato. Sem um partido estruturado, sem um grupo de apoio consolidado e sem um plano claro para depois da eleição, esse tipo de candidatura se torna um castelo de cartas, que pode desmoronar ao menor sinal de crise.

É muito comum ver campanhas construídas em torno de uma narrativa messiânica, nas quais o candidato se apresenta como um salvador, alguém acima da política tradicional, capaz de resolver todos os problemas apenas com sua força de vontade. Esse tipo de comunicação funciona bem no curto prazo porque cria uma conexão emocional forte com o eleitor. Mas e depois? O que acontece quando o governante percebe que a realidade não pode ser resolvida com discursos inflamados e slogans de campanha? Muitas vezes, o que se vê é um mandato errático, sem estratégia clara, em que o político precisa continuar alimentando sua base com gestos e polêmicas, já que não consegue estruturar uma gestão eficiente.

A dependência exclusiva da imagem de um único nome também é um problema para a continuidade do projeto político. Quando tudo gira em torno de uma única pessoa, o grupo político fica sem rumo caso esse líder se enfraqueça ou precise deixar o cenário. Sem sucessores preparados ou um partido forte que sustente suas ideias, a trajetória política pode ser curta, e a influência conquistada em uma eleição pode simplesmente desaparecer na próxima.

É claro que há casos raríssimos de grandes líderes populistas que conseguem manter uma base política sólida e transformar sua popularidade em um projeto de longo prazo. Mas esses são fenômenos que envolvem uma complexidade de fatores sociais, históricos e econômicos que estão muito além do escopo deste livro. Para a maioria dos candidatos, apostar tudo na personalização da campanha pode ser uma armadilha perigosa.

É importante compreender que, embora esse fenômeno de personalização da política tenha se intensificado recentemente, ele não surge do nada. O estudo comparativo de Swanson e Mancini evidencia que transformações sociopolíticas profundas criaram o terreno fértil para essas mudanças: o declínio da identificação partidária e da filiação a partidos; a individualização da sociedade: o enfraquecimento das ideologias tradicionais; a ascensão da política identitária e de estilo de vida; a cultura das celebridades; e, claro, o papel cada vez maior da mídia, sobretudo a televisão, em mercados ferozes na competitividade e comercializados.

Essas tendências, em diferentes graus, afetaram a maioria das democracias ocidentais, fazendo com que a politização da *persona* privada — esse entrelaçamento entre o pessoal e o político — seja hoje uma característica comum da política contemporânea. No entanto, as diferenças sistêmicas, culturais e históricas continuam sendo crucialmente importantes, fazendo com que alguns países sejam mais resistentes a essa tendência de convergência global. Conforme Stanyer e Wring, sistemas parlamentaristas, representação proporcional, menor profissionalização da comunicação política ou leis de privacidade mais robustas são fatores que podem frear essa personalização excessiva.

A verdadeira força de um político não está apenas no seu carisma ou na sua capacidade de mobilizar seguidores, mas na construção de um projeto sustentável, que sobreviva para além de sua própria figura. Liderança é importante, mas precisa vir acompanhada de estrutura, equipe e planejamento. Caso contrário, o candidato pode até vencer uma eleição, mas dificilmente conseguirá governar — e muito menos construir um legado duradouro.

CORAZÓN ESPINADO, CORAZÓN DESPERADO, CORAZÓN ABLANDADO, CORAZÓN TRANQUILO

Quando se trabalha no marketing político e nas pesquisas políticas, não temos partido, temos alma e razão. E temos coração, ah, isso temos também! Uns até infartam!

Hay que saber separar el trigo de la paja. Sabendo separar, lá fui eu trabalhar para um político que fez carreira nos anos de chumbo, mas que se reinventou (ou foi reinventado) na democracia. Em todas as campanhas, acompanhei um ser ora idolatrado, ora abominado.

Foram duas campanhas para prefeito e duas para governador. Três marqueteiros famosos. Apenas um o levou à vitória para a prefeitura de São Paulo, Duda Mendonça. Campanhas firmes, estruturadas, alicerçadas com o que havia de melhor na época. Um candidato que não desistia jamais, sabia perder. Se perdia uma, não perdia seu rumo. Já saía pronto para a próxima disputa, aprendia com as derrotas, reavaliava estratégias e estrategistas, e lá ia ele de novo se reposicionar para o futuro.

Naquela época, um ano e meio antes da eleição, todos já estavam trabalhando. Paulo Maluf é um exemplo desse jargão. A importância da resiliência de um candidato em sua carreira política é fator fundamental. Este candidato era o rei da resiliência, tinha esse substantivo nos quesitos emocional, político e financeiro. Não se abalava emocionalmente quando perdia uma eleição e logo olhava para a frente. Politicamente, era o líder de um partido forte à época e não encontrava empecilhos para seus projetos.

Sem juízo ou julgamentos ideológicos de sua carreira empresarial ou política, falo aqui da pessoa que conheci ao longo de quatro campanhas. O Dr. Paulo, como era chamado por nós, ou tio Paulo, que era a maneira como se identificava quando ligava para minha casa e falava com meu filho por telefone, como um avô carinhoso, gostava de receber os resultados das pesquisas antes de todos.

Maluf era uma pessoa cativante: educado, uma memória célebre, tinha inteligência superior para planos e cálculos, sonhos, respostas rápidas, tiradas, sátiras, delírios, preciso na evasão de respostas constrangedoras, ágil em ataques certeiros e embaraçosos. O sotaque paulistano era de doer os ouvidos e seu tom de voz ecoava atrás das paredes.

Na primeira vez que me viu, perguntou o meu nome. Após seis meses, me viu de novo e, ao passar por mim no corredor da produtora, abriu um sorriso e falou: "Oi, Iracema, que bom te ver de novo, como vai sua vida em Belo Horizonte?". Sabia o nome de todos nas produtoras em que trabalhávamos, da moça do cafezinho ao segurança do portão.

Tinha a mente do candidato que não para de pensar, que colabora com a equipe e ouve os marqueteiros. Quantas vezes já vi marqueteiro discordar dele e ele acatar a solução proposta, não sem antes tentar dissuadi-los com um de seus raciocínios às vezes mirabolantes?

Da mesma forma que havia o "malufismo" e o "antimalufismo", parece que havia nele dois Paulos Malufs. Era muito razão, mas sabia deixar a emoção lhe fisgar. Contudo, ninguém queria vê-lo em fase de ira. Trocou de marqueteiro em pleno início de segundo turno de uma eleição. Simples assim. Mas ia às lágrimas ao ver um filme novo feito para abalar o eleitor. Ele era o que ficava mais emocionado!

Aceitou o coração como símbolo, mudou os óculos, ficou mais manso. Nas duas primeiras campanhas, adorava ir assistir aos grupos de discussão na sala de espelho de observação das pesquisas.[31] Não se abalava quando ouvia os maiores insultos, mas se regozijava quando ouvia os elogios. Admitia o "ame-o ou deixe-o". Era fã das

31 Salas de observação de pesquisas qualitativas: salas com espelho falso que permitem o acompanhamento das reuniões de grupos de discussão.

pesquisas quali. E do Vulcabrás 752! Eu ficava olhando para os seus pés para verificar qual era o seu calçado. Um cromo alemão ou um Vulcabrás?! Cheguei a lhe perguntar uma vez sobre os sapatos! É importante essa liga com o cliente.

Um dia, ele olhou para mim após a pesquisa e me perguntou: "Mas essas pessoas vão aí, falam durante quase duas horas, comem um lanchinho, saem das casas delas que é longe, e vocês não dão nenhum 'jeton'[32] para elas?". "Sim, Dr. Paulo, eles recebem uma gratificação permitida pelo Código de Ética de Pesquisas[33] para participar das reuniões de pesquisas". Ele riu e disse: "Deveriam receber mais que um deputado em sessões extra, porque esses eleitores ajudam muito nas campanhas".

O candidato também tinha tranquilidade e autonomia política, partidária e financeira, pilares importantes em uma campanha. Maluf era a pessoa mais importante dos partidos das eleições referidas (PDS, PPB). Financeiramente, também havia boa estruturação, embora os recursos às vezes demorassem a chegar. Ele era o dono das próprias campanhas.

Tais fatores, que muitas vezes podem desestabilizar o trabalho, ali não ocorriam, fato que permitia que suas campanhas tentassem manter seus eleitores e conquistar outros em cima da construção de um conceito sólido e robusto do candidato. Todos os marqueteiros tinham excelente estrutura, havia muitas pesquisas quantitativas e qualitativas. Tudo era redondo.

Corações não faltavam em suas campanhas com o Duda. Era seu símbolo e, através de grande emoção, também lhe favoreceu uma vitória memorável. Mas nem tudo eram corações. O candidato tinha muitas pedras e se exaltava facilmente, falava frases horrorosas que destruíam pontos conquistados com duras estratégias. Quem não se lembra do "se está com desejo, estupra, mas não mata"? Do

---

32 Jeton era uma gratificação que se fazia aos congressistas pelo comparecimento a sessões ou reuniões extraordinárias, hoje vetada conforme Emenda Constitucional n. 50 de 2006 .

33 Associação Brasileira de Empresas de Pesquisa (Abep), 2024.

"professora não é mal paga, é mal casada"? Ou de quando ele chamou a adversária Marta Suplicy de desqualificada e, em tom irônico , disse: "Fica quietinha, D. Marta", e teve que escutar o revide: "Cala boca, Maluf", ou "Maluf, você é um mitômano"? Dizem que o peixe morre pela boca, não? Ele não é da época do pesque e solte! Estava mais para o pesque e pague!

Escândalos foram vindo à tona, processos surgindo e se somando, suspeitas crescendo cada vez mais, os adversários se tornando mais competitivos, a direita perdendo espaço, o centro e a esquerda se fortalecendo e ameaçando o malufismo. O eleitor foi amadurecendo politicamente.

A eleição para governo em 2002 se pautou muito em sua defesa sobre o caso Jersey.[34] Muita coisa foi testada em pesquisa sobre sua inocência, ausência de provas, e até um comercial que simulava seu enterro nós chegamos a avaliar. Um horror. Caixão e música fúnebre e o eleitor sendo questionado sobre seus sentimentos em relação a ele. Naquela época, em uma pesquisa qualitativa, um senhor já mais idoso relembrou uma frase dita pelo próprio Maluf em 1970: "Quando eu era jovem e o Maluf era biônico, ele falou que, no Brasil, político era veado, corno ou ladrão, e que o escolheram como ladrão. O Maluf carrega esse título de rouba, mas faz. Fez muito mesmo, ninguém fez mais que ele aqui, mas a hora dele vai chegar".

Depois de perder sua última disputa para governador em 2002, foi eleito deputado federal em 2010 e 2014. Não é que a hora premeditada por aquele simples eleitor em 2002 chegou? Em 2017, veio a condenação pelo Supremo Tribunal Federal (STF) pelo crime de lavagem de dinheiro. Ele tinha 86 anos. Em 2018, foi condenado pelo STF por falsidade ideológica eleitoral. Até 2023, o Dr. Paulo cumpriu pena em prisão domiciliar, mas teve suas condenações extintas pelo indulto natalino assinado pelo presidente Bolsonaro. Maluf sempre negou qualquer envolvimento e qualquer conta fora do Brasil.

34 O caso Jersey foi um episódio em que a polícia da Ilha de Jersey, um paraíso fiscal no Canal da Mancha, bloqueou uma série de contas com pelo menos US$ 188 milhões, em nome de Paulo Maluf e de seus familiares. Maluf negou ser dono de todas as contas.

Hoje há quem compare a era do malufismo com a era do bolsonarismo. Só o tempo mostrará as idiossincrasias e diferenças entre ambos. Pessoalmente, mentalmente e "executivamente" eles são bem diferentes.

A última vez em que vi uma imagem do Dr. Paulo foi na televisão. Ele saía de um hospital em uma cadeira de rodas com a saúde bem debilitada. Não era o Maluf que eu conheci. Tive pena. Não sei por que, me veio à cabeça um episódio em que eu estava jantando na casa dele, após um treinamento para o fatídico debate com Marta Suplicy. Ele respondia às perguntas do marqueteiro e eu "palpitava" sobre como os eleitores poderiam reagir. Ele respondia de todas as formas possíveis e imagináveis. Pausa do treinamento. Era hora do almoço, eu estava em plena dieta radical e ele pediu que o mordomo servisse meu prato. Eis que chega meu banquete em um prato coberto com um cloche de prata[35] — meu ovo cozido com uma torrada. Ele olha para mim e diz: "Iracema, não faça essas dietas malucas, seja como eu, sempre fui frugal e estou em plena forma no alto de meus mais de 60 anos!".

Ideologias à parte, eu trabalhei duro, me revoltei e me diverti com esse personagem. Hoje, sinto um misto de admiração pelo brilhantismo de sua cabeça visionária e desafeição pelo que, supostamente, seu outro lado possa representar.

Todos temos dois lados. Todos somos um pouco *O médico e o monstro*.[36]

---

35 Cloche é uma tampa redonda em forma de abóbada que serve para cobrir pratos e mantê-los quentes.

36 STEVENSON, Robert Louis. *O médico e o monstro*. Tradução de Monteiro Lobato. Rio de Janeiro: Francisco Alves, 1927.

O CANDIDATO SEM MISSÃO

Toda campanha eleitoral precisa de uma narrativa forte. Por estar concorrendo, o candidato deve ser capaz de responder de forma simples e convincente. Parece óbvio, mas, acredite, muitas candidaturas começam sem um propósito claro e tentam com desespero encontrar um sentido no meio do caminho. O resultado? Um desastre eleitoral anunciado.

O candidato sem missão geralmente se apoia em platitudes genéricas e se diz "a favor das coisas boas e contra as coisas ruins". Ele promete "mudar o que precisa ser mudado", "abraçar todo o estado" e "trabalhar pela população". O problema é que isso não significa absolutamente nada. Nenhum eleitor é contra coisas boas ou a favor de coisas ruins. Saber o que o candidato representa e por que sua candidatura faz sentido dentro do contexto da eleição é o mais importante. Os eleitores buscam elementos distintivos que permitam identificar valores e propostas claras nos candidatos.

Ao apresentar estudos, Newman e Sheth demonstram que, mesmo em um cenário de alta informação política, os eleitores tendem a simplificar suas escolhas baseando-se na percepção de autenticidade e consistência apresentada pelos candidatos. Quando esse senso de propósito está ausente, uma dissonância cognitiva que prejudica a conexão candidato-eleitor é criada, dificultando a formação de uma base de apoio consistente.

Segundo pesquisa realizada em 2013 por Anthony Downs, em que os eleitores compararam os benefícios e custos das propostas em um processo de avaliação que orienta suas escolhas, essa visão clássica, complementada em seguida por abordagens que incorporam elementos emocionais, oferece uma base teórica para explicar como as decisões podem ser estruturadas mesmo em ambientes de alta incerteza — uma síntese de razão e emoção que marca o comportamento eleitoral.

Na realidade brasileira, essa dinâmica ganha contornos ainda mais complexos. O cientista político Antonio Lavareda aprofundou essa compreensão ao demonstrar de que maneiras as emoções funcionam como atalhos cognitivos fundamentais no processo decisório eleitoral. Segundo seus estudos, quando um candidato não apresenta clareza de propósito, o eleitor experimenta desconforto emocional e tende a buscar alternativas que ofereçam maior segurança psicológica através de narrativas coerentes e significativas. Esse fenômeno explica por que candidaturas sem missão definida despertam com frequência ceticismo e desconfiança, mesmo quando bem estruturadas financeiramente.

O dilema é cruel para os candidatos. Eles podem até ter estrutura, tempo de TV e dinheiro para gastar, mas, sem uma causa que os mova, acabam desperdiçando recursos em mensagens vagas que não criam conexão com o eleitor. A campanha fica morna, sem mobilização. Nem o próprio candidato sabe explicar direito os motivos pelos quais o eleitor deveria escolhê-lo.

Esse problema costuma ocorrer por dois motivos principais. Primeiro, quando a candidatura surge por conveniência, e não por uma motivação real. O candidato entra na disputa por pressão de um grupo; por achar que "sua vez" chegou; ou simplesmente por não querer ficar de fora do jogo político. Segundo, é o que chamamos de "marca política", quando há um medo excessivo de desagradar, e a campanha tenta falar com todo mundo sem desagradar ninguém. A pesquisadora Margaret Scammell, ao analisar a transformação da imagem pública de Tony Blair, demonstrou como candidatos bem-sucedidos constroem uma identidade política reconhecível e consistente ao longo do tempo. A ausência dessa construção identitária resulta em candidaturas que tentam se adaptar a qualquer cenário, tornando-se irreconhecíveis e, consequentemente, incapazes de estabelecer vínculos duradouros com o eleitorado. Nas palavras da autora, "um político sem marca definida é como um produto sem identidade no mercado — facilmente substituível e raramente lembrado".

Como se lê no livro do Apocalipse, "Assim, porque és morno, e não és frio nem quente, vomitar-te-ei da minha boca".[37] A metáfora bíblica da "mornidão" encontra respaldo na sociologia política contemporânea. Podemos argumentar, baseando-nos no estudo de Manuel Castells de 1997, que, na sociedade em rede, o poder político deriva de maneira essencial da capacidade de construir significados na mente das pessoas através de mecanismos de comunicação. Quando um candidato não consegue articular uma identidade clara, ele falha no processo básico de mobilização social necessário para qualquer projeto político relevante. A ausência de um propósito definido não é apenas uma falha estratégica, mas um sintoma de um problema mais profundo: a incapacidade de representar com autenticidade os anseios de um grupo social específico.

A campanha terá dificuldades para crescer nas pesquisas e, pior ainda, para reagir a ataques. Sem uma identidade definida, o candidato fica vulnerável, não tem uma mensagem forte para se contrapor à dos adversários. Na reta final, quando a disputa

37 *Apocalipse*, 3:16.

se acirra, ele se torna irrelevante, pois não conseguiu ocupar um espaço na mente do eleitor. O princípio do posicionamento político, derivado das teorias de marketing eleitoral, explica bem o fenômeno. Jennifer Lees-Marshment reafirma que candidatos bem-sucedidos são aqueles que conseguem ocupar um "território mental" distintivo no mapa cognitivo do eleitorado. Quando um candidato falha em estabelecer esse posicionamento claro, ele não apenas perde espaço para adversários mais definidos, mas também se torna invisível nos momentos decisivos da campanha. Mais uma vez a analogia com o mercado comercial é esclarecedora: assim como produtos genéricos perdem espaço para marcas com personalidade definida, candidatos sem diferenciação clara tendem a ser preteridos nas escolhas finais do eleitorado.

A única saída é encontrar um eixo central de campanha o mais rápido possível. O candidato precisa definir o que representa, quais problemas quer resolver e para quem está falando. Se essa construção for feita depois de já dada a largada, ainda há alguma esperança, mas, se o candidato passar a campanha inteira tentando "descobrir" seu propósito, a única coisa a ser descoberta é como perder uma eleição de forma melancólica.

A história eleitoral brasileira está repleta de exemplos que confirmam essa tese. Analisando campanhas presidenciais e municipais nas últimas décadas, os pesquisadores Oliveira, Romão e Gadelha identificaram que candidaturas inicialmente fracas, mas que encontraram um eixo narrativo convincente ao longo do processo, experimentaram crescimentos significativos nas pesquisas. Em contrapartida, candidaturas que oscilaram entre diferentes posicionamentos ou que nunca definiram com clareza sua razão de ser, mesmo tendo amplo acesso a recursos e tempo de mídia, raramente conseguiram reverter situações desfavoráveis. Isso demonstra que, embora tardio, o encontro com um propósito autêntico pode revigorar uma campanha, desde que seja adotado com convicção e coerência.

Estudos de caso de campanhas vitoriosas, tanto no Brasil quanto internacionais, corroboram essa conclusão. Através de análises detalhadas de estratégias eleitorais bem-sucedidas, Carlos Manhanelli demonstra que o fator diferencial entre vencedores e perdedores muitas vezes não está no volume de recursos ou na sofisticação das táticas empregadas, mas na clareza e consistência do propósito que move a candidatura. Candidatos que conseguem articular de forma simples e poderosa sua razão de existir politicamente criam um efeito de ressonância com o eleitorado que transcende barreiras socioeconômicas e ideológicas. Em última análise, o eleitor não busca apenas propostas, mas significado, e isso só pode ser oferecido por candidatos que sabem por que estão na disputa.

É tentador pensar que a ênfase nos aspectos pessoais dos políticos necessariamente banaliza o debate público e empobrece a qualidade da informação. Mas os estudos empíricos sobre o comportamento eleitoral nos convidam a uma visão mais matizada. Embora preocupante, a influência direta das qualidades pessoais nas escolhas eleitorais é menos decisiva do que se imagina. Pesquisas mostram com consistência que, mesmo quando expostos a informações sobre a vida privada dos candidatos, os eleitores ainda se referem com mais frequência a qualidades de liderança e são mais influenciados por elas do que por traços pessoais.[38]

O desafio, portanto, não é evitar de maneira definitiva a politização da *persona* privada, mas garantir que ela não substitua ou obscureça questões substantivas e programáticas. Afinal, mesmo com sua notável escala e tendência de crescimento, o pessoal não se tornou (ainda) uma característica tão predominante da cobertura política, nem segue uma dinâmica de soma zero, em que sua presença sistematicamente desloca a discussão de atributos de liderança, questões ou políticas.

---

38 Ver, por exemplo, as pesquisas de Bean (1993); Bean e Mughan (1989); Miller, Wattenberg e Malanchuck (1986); Ohr e Oscarsson (2013).

No final das contas, eleição não é sobre quem tem o melhor slogan ou o maior tempo de TV — é sobre quem consegue convencer o eleitor de que tem uma missão real. O candidato sem missão não tem futuro. E, na urna, o eleitor tende a ignorar quem não sabe explicar por que merece estar ali.

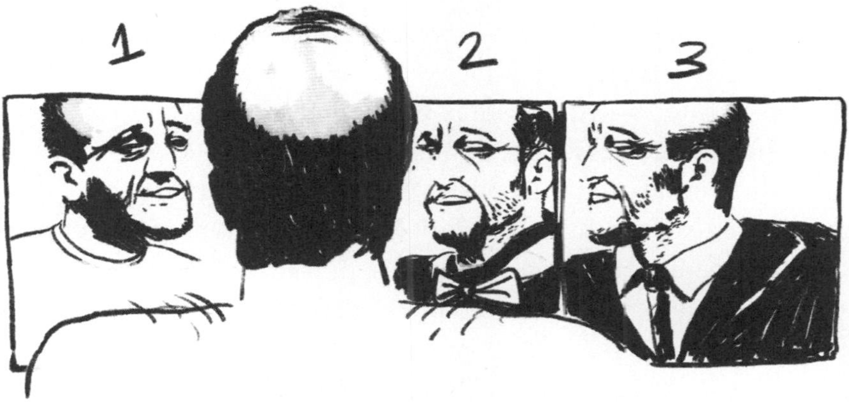

COM QUE ROUPA EU VOU?

Como vimos até aqui, a primeira coisa é a decisão de ser candidato. Resolvendo com o partido, a segunda coisa é contratar uma agência de marketing político. Tudo resolvido com o marketing político, a terceira é contratar um planejamento de pesquisas de opinião pública.

Aí chega a minha vez. Hora de discutir os objetivos da pesquisa, os itens de investigação, estudar o cenário em que aquela eleição se dará, conhecer e conversar com o cliente, enfim, fazer aquele briefing no melhor estilo brainstorming com idas e vindas de versões do roteiro até fechar redondo. Tudo certo? Nem tanto!

Estávamos entrando numa campanha de um candidato pouco conhecido e que, percebíamos, tinha uma personalidade muito forte, era decidido e demonstrava saber o que queria: vencer. Claro!

Mas no início do caminho havia três pedras.

O candidato era um político filiado a um grande partido, embora ele estivesse distante de corridas eleitorais há um bom tempo. Havia percorrido um longo caminho em autarquias e secretarias de estado e tinha *background*. A pedra: elevado índice de conhecimento.

Muito bem relacionado politicamente, transitava bem na direita, no centro e na esquerda, predicado que não é tão peculiar assim. As três correntes poderiam compor colocá-lo como candidato oficial. Em nosso roteiro, dentre tantas coisas inerentes ao cenário que se desenhava e aos personagens que disputariam aquela eleição, iríamos avaliar qual caminho poderia lhe ser mais fértil. Naquele desfile ideológico, estava difícil para ele definir com qual roupa seguir para o baile. A pedra: qual ideologia representar?

O candidato, muito educadamente, mas notadamente ansioso, chegou a me ligar várias vezes perguntando se eu entendera bem sua posição, sua ideologia e suas dúvidas. Afinal, ele tinha sinalização de caminho aberto em três concepções políticas diferentes, mas não tinha convicção sobre qual roupa lhe caberia melhor.

Nós, da pesquisa e do marketing, entendemos sua angústia e observamos um desequilíbrio interno, através do qual não deixava transparecer o estilo que mais lhe agradava. Contudo, compraria a coleção mais adequada da estação e dançaria o baile conforme a conjuntura que melhor lhe vestisse.

A hesitação vira uma corrosão mental para o candidato. Como dizia Sartre: "O homem é um ser condenado a ser livre".[39] Sendo livre para escolher seu caminho, é também responsável por suas escolhas. Aquela escolha não estava sendo nada fácil. E se significasse sua condenação? A pedra: a dúvida lhe parecia insolúvel.

No dia anterior ao início dos grupos de discussão, já tarde da noite, ele me ligou novamente bastante angustiado: "Você entendeu, Iracema? O lado A me quer de líder, o lado B me considera como um possível candidato da chapa e eu ainda posso escolher o lado C, que também parece forte e ainda não definiu quem será o melhor nome". Eu dizia que sim, havia entendido, mas sugeria que ele conversasse com o marketing da campanha depois de receber o resultado da pesquisa para então decidir com mais segurança. A expertise estava nas mãos do marqueteiro e eu não queria nem podia interferir naquela decisão.

---

39 Jean Paul Sartre foi um filósofo e escritor francês. A frase consta de Sartre (1948).

A pesquisa ficou pronta e o resultado indicava que ele deveria seguir com o lado B. Os motivos foram explicados racionalmente, considerando o cenário daquela eleição, o conceito das lideranças envolvidas em cada lado, a adequação de seu perfil à situação do lado B. O marqueteiro ensaiou uma estratégia e a reunião terminou bem.

No dia seguinte, ele me ligou mais uma vez: "Mas e se eu for com o lado A? Ou não seria melhor o lado C? Estão me convocando para uma reunião e eu não consegui me decidir". Era uma aflição do cão. Eu voltava a sugerir que conversasse com o marqueteiro.

Comuniquei ao coordenador da campanha o que estava acontecendo, aquela incerteza cruel, e que eu não queria ultrapassar meu papel. O marqueteiro me deu seu aval e respondeu: "Converse com ele, acho que ele precisa de uma psicóloga!".

Foram algumas "sessões de terapia". Aquele navio pessoal parecia à deriva e ele precisava ajustar o leme, pois queria vencer. Por fim, tive que ser mais dura e mostrar a ele que o sucesso da campanha dependia de escolhas estratégicas claras e decisões certeiras, sem, contudo, abrir mão de sua identidade política, algo ainda em construção. O custo político de uma decisão errada poderia levá-lo ao isolamento político, ao limbo e a dificuldades em sua carreira eleitoral que estava emergindo naquela eleição. Ele parecia ter entendido e se acalmado, mas virava e mexia voltava a perguntar: "E se eu tivesse optado pelo outro lado? Acha que seria diferente? Posso ir para um lado e ser diferente num ou noutro discurso?"; "E se eu não for completamente a cara do que parece que eu tenho, ser um pouco uma coisa e um pouco outra coisa?". Quando pensávamos estar tudo certo em sua cabeça, começava tudo de novo! Não dava para seguir naquele pêndulo. Ele tinha que parar de hesitar e seguir em frente. Virar a chave.

O eleitor percebe as coisas. Um candidato "quimera"[40] pode se dar mal por não conseguir ser entendido pelo público. Como na mitologia, imagine um candidato com cabeça de leão, corpo

40 Quimera é um monstro mitológico com cabeça de leão, corpo de cabra e cauda de serpente.

de cabra e cauda de serpente. Não importa o apoio que tenha, vai haver um choque de identidade e o marketing tem seus limites. O eleitorado tem mais capacidade de discernimento do que muitos podem imaginar, e combinações incongruentes acabam por gerar mais rejeição que simpatia. Dependendo do cenário e dos adversários, o público procurará um candidato mais verdadeiro, que não lhe suscite tantas dúvidas.

Eu me lembrava muito da mistura do "Samba do Arnesto" e "Com que roupa", versão Grooveria, Adoniran e Noel misturados: "Com que roupa, com que roupa eu vou, pro samba que você me convidou! Eu hoje vou pulando como um sapo para ver se escapo dessa praga de urubu, eu já tô coberto de farrapos, eu vou acabar ficar nu, meu terno já virou estopa e agora, com que roupa eu vou pro samba que você me convidou? Ai, meu Deus! Com que roupa eu vou, pro samba que você me convidou?".[41]

Ele não podia cair em praga de urubu; a eleição já estava complicada, polarizada demais no patamar superior, e sua roupa não podia virar farrapo!

O candidato não tinha uma roupagem própria, não tinha imagem consolidada e a estratégia inicialmente definida foi de se ancorar em um forte apoio político. Além disso, o tempo era curto e ele sozinho não conseguiria obter os votos necessários para se eleger. A pesquisa indicou qual seria seu melhor cabo eleitoral, qual o mais adequado à sua trajetória atual e do passado, quais os perigos de rumar para outras vertentes. Às vezes, ele ainda resistia, externava não estar muito à vontade com as indicações do marketing e da pesquisa. Pessoalmente, ainda não tinha "incorporado" o perfil do lado sugerido como o "melhor", mas também não tinha o perfil dos outros lados.

Muita calma nessa hora. A campanha estava colocando os pés na estrada.

---

41 FERRAZ, Tuto (dir.). *Grooveria*: quando Adoniran encontra Noel Rosa. DVD. Avenida Brasil, 2009.

Quando um candidato desconhecido e sem marca robusta perante o eleitorado é escolhido por um partido, um planejamento completo é desenvolvido e a roupagem a ser vestida se define a partir de estudos e estratégias. Todavia, ele era muito ansioso, queria resultados rápidos. Mas a realidade não era bem assim. O botão da "terapia política" foi acionado algumas vezes e ele, enfim, virou a chave!

Pouco a pouco, a campanha foi evoluindo e o candidato entendeu que era hora de dar mais um passo; já não podia ser apenas "o candidato do fulano", porque os eleitores do fulano não iriam votar nele só por essa razão. Essa questão do apoio não funciona sempre da mesma forma. São muitas as interferências e as diferenças entre quem apoia, quem é o apoiado e como se dá a transferência de votos.

Grupos de diferentes espectros eleitorais pediam que ele se apresentasse, que tivesse sua própria roupagem, demandavam saber seu histórico, seus ideais. Afinal, quem era aquele candidato que demonstrava querer tanto vencer e que tinha um apoio respeitável?

Felizmente, o candidato era inteligente e perspicaz. Ufa, entendeu que numa campanha os resultados não se produzem imediatamente. Ao final, a mensagem surtiu efeito em sua cabeça e ele começou a alavancar e destravar. Passou a ter mais cara e não era "apenas um poste". De "candidato Quimera" se transformava em candidato augusto.

Ao passar a ser alguém com narrativa, rosto e nome, se tornar mais conhecido, o jogo começou a melhorar para seu lado e até a se inverter. Quem lhe dava apoio precisou também de seu apoio. Ambos concorriam em esferas diferentes. Criador e Criatura passaram a andar de mãos dadas e algumas vezes a Criatura é quem emprestava apoio para reforçar a campanha do Criador.

Mas, como reza o conhecido ditado popular, "jogo é jogado e o lambari é pescado". Nosso cliente não foi eleito por pouco. Todavia, ventava a seu favor e emplacou um gol e tanto. Acabou por ganhar renome, relevância e projeção política. Após a eleição, "Criador e Criatura" formaram uma dupla forte. Quimera não existe mais. Existe, a partir de então, um político com reconhecimento destacado.

Na próxima eleição a ser disputada, acreditamos que ele apresente novamente o seu nome já como um líder genuíno, sem dúvidas, porém com a mesma vontade de vencer que sempre demonstrou ter! Que seu sonho continue e que "quimeras mil" fique só na música "Fascinação", tão belamente cantada por Elis Regina.

O CANDIDATO SEM IDEOLOGIA: PODE FUNCIONAR?

Da mesma forma que a incerteza, exemplo do capítulo anterior, pode colocar toda uma campanha abaixo, a neutralidade pode ser um tiro no pé de qualquer candidato. Em um cenário político marcado por polarização e embates ideológicos, alguns candidatos tentam se esquivar desse jogo e apostam em campanhas que evitam qualquer posicionamento claro. A estratégia é simples: fugir de rótulos, evitar polêmicas e construir uma imagem pessoal baseada em atributos genéricos, como competência, honestidade e proximidade com o eleitor. A ideia por trás disso é sedutora: se não se comprometer com um lado, o candidato pode atrair eleitores de diferentes perfis e evitar rejeição. Mas será que isso realmente funciona?

Segundo investigação empírica de Tomz e Van Houweling, a ambiguidade ideológica poucas vezes beneficia candidatos. Seu estudo demonstrou que eleitores aplicam um "desconto de incerteza" para candidatos sem posicionamentos claros, preferindo consistentemente aqueles com posturas definidas, mesmo quando discordam em algum grau dessas posições. A pesquisa revelou que eleitores valorizam a previsibilidade política mais do que o alinhamento perfeito com suas próprias visões.

Apostar na neutralidade pode parecer inteligente, mas carrega um risco enorme. Na tentativa de agradar a todos, o candidato pode acabar sem uma base sólida de apoio. Ele pode ser visto como alguém que fala bem, que se apresenta de forma confiável, mas que não defende nada de concreto. Isso gera um problema sério: quando a eleição se afunila e o eleitor começa a escolher seu candidato com base em afinidade política e posicionamento, o candidato que evitou se comprometer pode ser simplesmente ignorado. Ele não conquista ninguém porque nunca disse com clareza a que veio.

É preciso lembrar que o voto não é apenas uma decisão racional, mas também emocional. O eleitor busca um candidato que represente algo para ele — um conjunto de valores, uma visão de mundo, uma forma de governar. Quando um candidato se apresenta apenas como uma figura neutra e moderada, pode até parecer uma escolha segura, mas corre o risco de não despertar paixão ou identificação em ninguém. O eleitor pode até simpatizar com ele, mas isso não significa que vá escolher seu nome na urna.

Por outro lado, há casos raros em que essa estratégia pode dar certo. Candidatos que já são amplamente conhecidos, com um histórico sólido de atuação pública, podem se beneficiar de um discurso mais pragmático e evitar rótulos ideológicos sem comprometer sua viabilidade eleitoral. Isso acontece sobretudo quando a eleição tem um clima de rejeição generalizada à política tradicional, e o eleitorado está mais propenso a buscar alguém que pareça estar "acima" das disputas partidárias.

Além disso, a estratégia de "ficar em cima do muro" pode funcionar quando o candidato se apoia em um evento externo ou em uma marca política consolidada. Se ele consegue convencer o eleitor de que sua candidatura representa continuidade ou uma alternativa técnica, sem se posicionar ideologicamente por obrigação, pode ter chances de sucesso. Mas, mesmo nesses casos, há um limite. Em algum momento, será cobrado a demonstrar qual é sua visão sobre os temas que importam para o eleitorado.

A teoria econômica da democracia de Anthony Downs explica que eleitores utilizam ideologia como um "atalho informacional" para prever comportamentos futuros dos candidatos. Sua análise matemática estabelece que, em eleições competitivas, candidatos sem posicionamento ideológico claro enfrentam o "paradoxo da indefinição": quanto mais tentam agradar a todos, mais dificuldade têm em mobilizar apoiadores intensos, essenciais para criar *momentum* eleitoral. Esse fenômeno explica por que, mesmo em períodos de descrédito partidário, candidatos completamente desideologizados raramente conseguem converter a popularidade inicial em vitórias eleitorais.

O candidato que tenta fugir de qualquer debate ideológico precisa ter muito cuidado para não cair na armadilha do vazio político. Se a campanha for baseada apenas em uma boa imagem e na capacidade de se comunicar bem, sem apresentar uma plataforma clara, pode até conquistar um eleitorado disperso, mas dificilmente mobilizará um grupo de apoio fiel. Como veremos em um capítulo mais adiante, o eleitor vota em quem representa algo. E se um candidato não representa nada, pode acabar ficando pelo caminho.

COMO PODE UM BOBO ALEGRE VIVER DENTRO DA URNA FRIA?

Campanhas eleitorais sempre carregam um certo tom de otimismo — afinal, ninguém vota em quem parece derrotado antes da hora. Mas há uma diferença entre ser um candidato alegre, agradável e de bem com a vida, no melhor estilo bossa nova de Juscelino Kubitschek, e se tornar um mero bobo alegre, alguém que trata a eleição como um eterno carnaval, desconectado da realidade do eleitor.

A estratégia do candidato da felicidade é simples: vender uma imagem positiva, animada e entusiasmada, evitando temas espinhosos e se apresentando como a personificação do alto-astral. Ele está sempre sorrindo, comemorando, transmitindo a ideia de que tudo está indo bem, mesmo quando o eleitor sente o contrário. Isso pode funcionar por um tempo, afinal, ninguém gosta de más notícias, mas há um limite para esse tipo de abordagem. O eleitor pode até se contagiar pelo clima de festa da campanha, mas, na hora do voto, ele vai querer saber como o candidato pretende resolver os problemas reais que ele enfrenta no dia a dia.

O risco do candidato da felicidade é que, se exagerar na dose, pode parecer alienado ou cínico. Se a cidade está mergulhada em uma crise, a economia vai mal e os serviços públicos não funcionam, o eleitor pode ver essa postura como um desrespeito à sua realidade. O tom otimista pode rapidamente se tornar irritante, e a campanha que deveria trazer leveza acaba soando como deboche. Afinal, não há nada mais irritante do que alguém tentando convencer um eleitor insatisfeito de que está tudo maravilhoso.

Isso não significa que a campanha precise ser sisuda e dramática o tempo todo. Uma comunicação leve e agradável pode ser uma grande vantagem, sobretudo quando é natural para o candidato.

A trajetória de Juscelino Kubitschek, por exemplo, vive sendo citada como a do presidente "bossa-nova". Sua campanha, porém, foi baseada no otimismo e na ideia de "50 anos em 5", transmitindo confiança no futuro sem parecer ingênua. A diferença entre essa abordagem e o "bobo alegre" é que, enquanto Juscelino oferecia algo que se parecia com um projeto de desenvolvimento, que os eleitores consideraram real, muitos candidatos hoje se limitam a distribuir frases motivacionais vazias.

Mensagens de entusiasmo, como mostrou o pesquisador Ted Brader, somente aumentam a eficácia persuasiva se forem combinadas com conteúdo substantivo: campanhas baseadas apenas em otimismo sem substância geram ceticismo nos eleitores a respeito da capacidade do candidato para enfrentar desafios reais.

O segredo para equilibrar entusiasmo e seriedade está em entender o contexto e o momento. Há espaço para alegria na política, mas essa alegria precisa ser autêntica e compatível com o sentimento da população. Se o eleitor sente que a campanha ignora suas preocupações e se limita a criar um clima de festa artificial, ele não só rejeita o candidato como passa a enxergá-lo como alguém incapaz de lidar com os desafios do cargo.

De forma similar, há campanhas que investem tanto na performance do candidato que acabam ocultando completamente a falta de conteúdo político real. O discurso se torna genérico, recheado de frases de efeito e apelos emocionais, mas sem propostas concretas ou qualquer clareza sobre o que será feito caso o candidato seja eleito. A ideia é cativar o eleitor pela narrativa, pelo carisma e pela emoção, criando um vínculo forte com ele, sem depender de qualquer discussão sobre governabilidade ou capacidade administrativa.

O problema é que, como ficou eternizado em *O pequeno príncipe*, de Antoine de Saint-Exupéry: "Tu te tornas eternamente responsável por aquilo que cativas". Na política, poderíamos adaptar essa ideia para "tu te tornas responsável no governo pelas loucuras que fazes na campanha". Um candidato que constrói sua candidatura com base em promessas emocionais e gestos teatrais precisará entregar algo compatível quando assumir o cargo. Se prometeu ser um revolucionário, não pode chegar ao governo sem mudar nada. Se se vendeu como alguém que nunca cederia a pressões políticas, não pode lotear cargos logo no primeiro dia. Se construiu uma narrativa de salvador da pátria, o eleitor vai cobrar milagres.

Os eleitores, revelou o pesquisador George Marcus, à parte de preferências partidárias, abandonam candidatos percebidos como meros "animadores" no momento em que são confrontados com a responsabilidade de escolher um governante efetivo. Uma campanha alegre é uma coisa; uma alienada é outra bem diferente. O eleitor pode até gostar da festa por um tempo, mas, em determinados momentos, vai precisar de alguém que saiba governar, e não apenas animar o ambiente.

O DESAFIO DO FINANCIAMENTO DE CAMPANHA

Como mostramos até aqui, para ganhar uma eleição é preciso planejamento, trabalho estratégico e, inevitavelmente, recursos financeiros. Cada etapa tem seus desafios particulares. O modelo de financiamento de campanhas no Brasil, no entanto, passou por transformações significativas nos últimos anos e enfrenta novos desafios que precisam ser superados.

Em 2015, o STF deliberou que pessoas jurídicas não poderiam mais doar para campanhas eleitorais, com o argumento de que apenas pessoas físicas possuem direitos políticos. Essa decisão eliminou as doações empresariais, que até então representavam a maior parte dos recursos das campanhas. O financiamento privado não foi completamente abolido (ainda é permitido que indivíduos contribuam dentro de limites estabelecidos por lei), mas a proibição para empresas abriu uma lacuna relevante no financiamento eleitoral.

Para preencher esse vazio, o Congresso Nacional criou, em 2017, o Fundo Especial de Financiamento de Campanha (FEFC), conhecido como Fundão Eleitoral. O objetivo era garantir uma fonte pública de recursos, distribuída apenas em anos eleitorais, enquanto o Fundo Partidário — já existente — continuaria sendo usado para a manutenção cotidiana dos partidos, com distribuição anual. A lógica inicial era democratizar o acesso às campanhas, reduzindo a influência econômica de grandes doadores privados. Na prática, o sistema trouxe desafios que mudaram não apenas a forma como as campanhas são financiadas, mas também o estado psicológico dos candidatos.

O processo eleitoral começa muito antes do período oficial da campanha. A pré-campanha exige investimentos importantes:

pesquisas para testar nomes ou plataformas, assessoria jurídica para garantir conformidade com a legislação, contratação de marqueteiros e planejamento estratégico. Essas despesas são inevitáveis para colocar qualquer candidatura de pé. A legislação brasileira cria uma situação peculiar: permite gastos na pré-campanha, mas proíbe a arrecadação de recursos nesse período. Candidatos podem gastar, mas não podem pedir dinheiro formalmente, criando um descompasso evidente.

Para financiar essas atividades, muitos candidatos recorrem a fornecedores que aceitam trabalhar "no risco", ou seja, com a expectativa de pagamento futuro. Embora comum, essa prática eleva os custos. No capitalismo, lucro é remuneração pelo risco. Quanto maior a incerteza sobre o pagamento, maior o preço final do serviço. Isso gera um impacto financeiro direto na campanha e aumenta a pressão sobre o candidato. (Aliás, candidatos: um dos grandes motivos de os serviços serem caros é justamente os calotes que alguns de vocês dão, com ou sem fundo.)

O Fundo Eleitoral, embora seja uma fonte importante de financiamento, só chega às campanhas após o registro oficial das candidaturas. Isso significa que os gastos essenciais da pré-campanha já ocorreram antes que o fundo esteja disponível. Em tese, os partidos poderiam usar o Fundo Partidário para cobrir despesas prévias, mas a diferença de valores entre os dois fundos é grande: em 2024, foi distribuído R$ 1,1 bilhão no Fundo Especial de Assistência Financeira aos Partidos Políticos, denominado Fundo Partidário, e R$ 4,9 bilhão no Fundo Eleitoral.[42] Além disso, a maior parte do Fundo Partidário é consumida na manutenção regular das siglas. Essa dinâmica obriga os candidatos a buscarem outras formas de financiamento para cobrir os custos iniciais, muitas vezes colocando em risco a legalidade de suas campanhas. Além disso, como os critérios de distribuição

42 Sobre esses dois fundos, ver Tribunal Superior Eleitoral (TSE, 2024a, 2024b).

são definidos pelos diretórios nacionais, os candidatos tornam-se mais dependentes das diretrizes partidárias. O controle do partido sobre o candidato aumenta, especialmente em campanhas menores, nas quais o fundo representa a principal fonte de recursos. Como dizem, "quem paga a banda escolhe a música". Quando o dinheiro vem em sua maioria do partido ou de grandes doadores, a influência desses agentes sobre o candidato aumenta. Isso pode limitar sua liberdade para estabelecer prioridades de campanha, comunicar propostas de forma autêntica ou até mesmo tomar decisões estratégicas.

Esse mecanismo de dependência financeira às estruturas partidárias configura o que Angelo Panebianco conceitua como "poder organizacional", ou seja, a capacidade das lideranças partidárias de controlar recursos vitais e, consequentemente, influenciar comportamentos. Em seu estudo comparativo sobre organizações políticas, o autor demonstra como o controle sobre recursos financeiros constitui uma das principais "zonas de incerteza" que definem relações hierárquicas dentro dos partidos. No contexto brasileiro pós-reforma, essa dinâmica ganhou novos contornos, com evidências de concentração de poder nas executivas nacionais e estaduais. Para candidatos que aspiram a cargos eletivos, essa realidade impõe um importante dilema emocional: a necessidade de alinhamento estratégico com lideranças partidárias muitas vezes entra em conflito com convicções pessoais e compromissos assumidos com o eleitorado, gerando tensões identitárias e dilemas éticos que marcam profundamente a experiência subjetiva do processo eleitoral.

Pedir recursos, seja ao eleitorado, ao partido ou a outros financiadores, é uma tarefa desafiadora e emocionalmente desgastante. Muitos candidatos sentem vergonha ou desconforto ao pedir dinheiro, sobretudo em um contexto em que o eleitor médio já vê a política com desconfiança. Essa resistência em buscar recursos entre eleitores cria uma dependência maior de partidos e financiadores. Não é surpresa que a constante pressão por financiamento, somada à burocracia e às restrições legais, exige uma resiliência psicológica ainda maior dos candidatos, que nem sempre a possuem.

Para o eleitor, compreender como as campanhas são financiadas é fundamental. A política não acontece no vazio, e cada centavo gasto em uma eleição tem uma origem. Se não é o eleitor quem financia as campanhas, pode ser o partido, grandes financiadores ou, em casos mais graves, até mesmo o crime organizado.

O candidato, por sua vez, precisa lidar com um eleitorado que muitas vezes se incomoda com o pedido de doações. E o descompasso entre o desconforto do eleitor em contribuir e a necessidade do candidato em buscar recursos reflete uma falta de cultura de participação direta no processo político.

Justamente pelo dilema abranger tantos aspectos é que ele não é apenas uma questão técnica ou legal. Essa questão impacta de forma direta a psique do candidato, que precisa lidar com a pressão financeira, os desafios da pré-campanha e a dependência de recursos externos, além de, claro, reduzir as suas chances de ser eleito. A relação entre financiamento e sucesso eleitoral é bem documentada. No Brasil, candidatos com mais recursos têm três vezes mais chances de se eleger, segundo estudo de Samuels.[43]

Pesquisas recentes de Emerson Cervi e outros cientistas políticos demonstram que essa correlação entre recursos e sucesso eleitoral varia bastante conforme o contexto institucional e regional. Em municípios pequenos, fatores como reconhecimento pessoal e redes sociais locais podem superar em parte desvantagens financeiras, enquanto em grandes centros urbanos e eleições para cargos maiores, a dependência de recursos financeiros torna-se mais determinante. Essa variação contextual adiciona uma camada de

---

43 SAMUELS, David. Money, elections, and democracy in Brazil. *Latin American Politics and Society*, v. 43, n. 2, p. 27-48, 2001.

complexidade à experiência psicológica dos candidatos, que precisam avaliar continuamente a adequação entre suas estratégias de financiamento e as características específicas de seu eleitorado. Para candidatos com menor acesso a recursos tradicionais, essa realidade impõe um desafio cognitivo relevante: desenvolver estratégias alternativas que compensem assimetrias financeiras, através de mobilização de capital social e engajamento comunitário.

O modelo de financiamento de campanhas no Brasil, ainda que você o considere bem-intencionado, cria uma série de desafios práticos e psicológicos para os candidatos. A proibição de arrecadação na pré-campanha, a chegada tardia do Fundo Eleitoral e a dependência de partidos tornam o processo eleitoral mais complexo e desgastante. Essa complexidade institucional do financiamento eleitoral brasileiro ilustra o que Douglass North definiu como "dependência de trajetória" em processos de mudança institucional. Segundo o economista institucionalista, reformas incrementais muitas vezes criam cenários híbridos, em que velhas práticas e novos arranjos formais coexistem em tensão permanente. No caso específico do financiamento eleitoral brasileiro, essa hibridez normativa manifesta-se psicologicamente como uma condição de "liminaridade permanente", um estado de transição que se estabiliza com os atores políticos navegando em simultâneo entre lógicas institucionais distintas e parcialmente contraditórias. Estudos em psicologia política indicam que essa condição de ambiguidade normativa impõe um "custo cognitivo adicional" aos candidatos, que precisam desenvolver competências específicas para gerenciar as contradições do sistema sem comprometer a viabilidade de suas campanhas. Aqueles que não desenvolvem essas habilidades enfrentam não apenas desvantagens estratégicas, mas também níveis elevados de estresse e ansiedade que podem comprometer seu desempenho durante o processo eleitoral.

Para os eleitores, é essencial entender que a política não acontece sem recursos. Alguém sempre paga pela campanha, e esse financiamento define, em parte, as prioridades e a independência do candidato. Para os candidatos, lidar com esses desafios exige resiliência, paciência, acompanhamento psicológico e um planejamento estratégico cuidadoso.

INFINITA INDIGENTIA INGENII: A FALTA DE CARÁTER SEM LIMITES

Ainda sobre o lado financeiro de uma campanha: sim, políticos às vezes nos dão o cano. É preciso fazer contratos bem-feitos, ter uma boa assessoria jurídico-financeira e bons advogados. Não caia em cantos de sereias. Nesse quesito, confesso, já falhei.

Por falar em cabeça de candidatos, gostaria de pedir a cabeça de alguns candidatos para os quais já trabalhei. Ao longo dos anos passei por situações muito constrangedoras. Cobrar nunca foi o meu forte, e esse papel cabia também a mim na minha empresa. Levei dez calotes ao todo. Se foi pouco para quem não me pagou, foi muito para mim. Imaginando-se que alguns clientes ficaram a me dever em torno de 50% da campanha, quem está no meio pode imaginar que não foi pouco.

Aqui, não direi nomes. Sinto náuseas até hoje quando penso nas situações vividas. E digo: cano não tem ideologia, esquerda, direita, centro, volver. "Me tira o tubo!" Tiraram-me o sono, o sossego, me provocaram dívidas. No pior deles, pensei: "Para o mundo que eu quero descer" e sair dessa profissão, ou pelo menos abandonar esse meio. E foi o que fiz por um pequeno período. A desconfiança e o descrédito para com tais personagens estava igual ao que eu ouvia o eleitor dizer em minhas pesquisas qualitativas: "Não confio mais em nenhum político, eles só querem levar vantagem, nos usar e depois sair de fininho com os bolsos cheios". Senti-me usada nessas campanhas, entreguei o melhor, meus relatórios foram de grande valia na execução de etapas e fiquei a ver navios. Não foi bom.

Muitas vezes, o político tem má fama, não sem razão! Os canos que levei não passaram em vão e foram aprendizados em vários aspectos: desenvolver contratos mais bem elaborados e assinados antes de tudo começar, não confiar em marqueteiros que garantem que farão o intermédio diante de tal possibilidade ou até que te pagarão caso o cliente não te pague, não acreditar na palavra, juramentos e no jogo emocional dos candidatos em relação às questões financeiras, não ter pena, ter a coragem de interromper o trabalho seja em que etapa ou nível de importância estiver, não ser boba, não acreditar no apelo banal que tantos te fazem: "Se eu ganhar, você será recompensado e terá quatro anos de trabalho garantidos", nunca entrar no risco! Confiar desconfiando é um chavão que funciona aqui.

Quem é do meio sabe o que significa e o quão complexo é planejar e montar uma estrutura de pesquisas ao longo de uma campanha inteira, o quão alto é o custo de meses de um trabalho sério, a contratação de equipes, a logística para fazer acontecer, as empresas terceirizadas, os equipamentos, os seres humanos envolvidos, a organização fora de sua cidade, a coleta e "decapagem" de dados, a responsabilidade, o sigilo, a fidelidade ao cliente, entre outros aspectos. Além disso, tudo e todos ali dependem de você. E você depende do político — este ser nem sempre bacana.

Sim, fui ingênua e medrosa na maioria das vezes. Cobrar é um negócio desgastante. Passar de credora a cobradora não era minha praia. O jogo só ficou mais equilibrado quando aprendi a contratar pessoas responsáveis por isso.

Era sempre a mesma história. A lista de frases prontas é infinita:

"O dinheiro vai entrar amanhã, por favor, não pare o trabalho!" O dinheiro não chegou, o candidato perdeu a eleição, todas as pesquisas contratadas foram feitas e o cliente não pagou — toma, distraída!

"O recurso está entrando nesta semana e você é a prioridade número um, acredite em minha palavra." E mentiroso tem palavra?

"Aceite este cheque meu, pessoal, como garantia." Tenho cheques sem fundo até hoje guardados para os anais dos calotes.

"A verba está vindo de Brasília e será liberada em 24 horas." Essa é velha, nunca foi liberada!

"O partido teve um problema com o caixa de campanha!" Mas você já pagou os impostos municipais, porque o mês já virou, e está para pagar os federais.

"Tive que usar o seu subsídio para pagar outros fornecedores que não são tão compreensivos como você." Tolinha...

"Depois da campanha, você vai receber com os juros contratuais!" Eu fiquei mais de nove anos com uma dívida na Receita Federal por causa dessa promessa.

"Vou pedir para um empresário amigo meu pagar e você emite uma nota, inventa um projeto e um relatório e recebe, isso é muito comum, você nunca fez isso?" Tá achando que eu vou cair nessa, rapaz?

"Pensei que você já tivesse recebido esse valor, fulano falou que te pagou." Agora conta a da vovozinha!

"Vou tentar uma outra forma, você conseguiria um desconto?" Sem constrangimento algum, ainda te falam rindo.

Desculpas de todos os tipos não param de chegar. Eles não esgotam a fonte. E nunca te pagam. Uma m.....

Suas notas fiscais emitidas, seus credores te cobrando, seus funcionários se esgotando na compreensão, você fazendo milagres para pagar os terceirizados que já não querem mais trabalhar com você, seus "amigos marqueteiros" — que te puseram nessa — te abandonam e falam para você contratar um advogado ("Tenho um advogado especialista que posso te indicar, você quer o contato?"), os políticos te ameaçam ("Quem falou que eu te devo? Quais são as suas provas? Sabe com quem você está lidando? Sabe que sabemos onde seus pais moram? Aceite essa quantia menor e pare de me importunar"). Golpes baixos!

Por fim, você, que tem um nome a zelar, quer dormir tranquila, paga a todos os envolvidos, negocia sua dívida com a Receita Federal por anos a fio e quer morrer. Mas sobrevive. Você gosta do que faz e faz bem! Sim, em dez campanhas levei calote de políticos. Uma candidata e nove candidatos. A cara de pau é a mesma e enorme. E pasmem: a maioria detinha imagem boa perante o eleitorado, quem diria.... Como diriam as crianças: "Bem-feito, os desgraçados perderam". Alguns estão eleitos novamente e fingem que não me devem. Perante mim, não valem nada e não sentem vergonha ou culpa alguma. Como canta Gaby Amarantos: "Se botar na vitrine, não vai valer nem 1,99, tudo vira-latas". E volto a reforçar: cano não tem ideologia.

Dois clientes me pagaram depois de algum tempo. Não fazem parte dessa lista que citei. Retirei-os. Um deles, após perder uma eleição para governador (ainda detinha o mandato de senador), assumiu a presidência de uma CPI que envolvia contas de uma autarquia de destaque. Poucos dias após assumir tal incumbência, me ligou pessoalmente, convocou-me a Brasília, recebeu-me galantemente em sua sala, pagou-me, pediu desculpas e nunca mais o vi. Estaria ele com medo de ser cobrado ou processado em pleno exercício de uma CPI que envolvia finanças públicas? O que se passou naquela cabeça que me devia há alguns meses e não me atendia? Jamais saberemos.

Tudo tem seu lado engraçado, e gosto dessa parte! Por ironia do destino, ele era baixo e eu muito mais alta. E, ainda por cima da carne seca, estava de salto alto naquele dia. Meu salto quebrou e adentrei em seu gabinete mancando. Todo educado, pediu que eu retirasse meu calçado e mandou arrumar na engraxataria do Senado ou do Congresso — já não me lembro mais. Uma cobradora de pés descalços. Usai as sandálias da humildade que tudo dará certo! Fiquei triste quando soube de seu falecimento. Fizemos uma bela campanha.

O outro demonstrava gostar de mim, valorizava nosso trabalho, adorava ir assistir aos grupos de discussão, não podia ver um espelho que se mirava: "Espelho, espelho meu, existe alguém mais belo do que eu?" — era garboso esse meu cliente! E as salas de observação de pesquisa geralmente têm enormes espelhos! Sempre ouvia meus relatórios e seguia à risca o comando da campanha. A campanha não foi vitoriosa; meu temor aumentou. O danado respondia a muitos processos e passava por um período de desgaste para com o eleitorado de seu município. Após ser cobrado por mim algumas vezes, e sob a hipótese de eu paralisar sua pesquisa, me olhou na sala de observação e para si diante do espelho e perguntou-me: "Já sei, você ouviu falar que eu não paguei à empresa tal e carrego a fama de mau pagador! Você está com medo de eu não te pagar?". Eu nem sabia de tal fama. Pediu mais um tempo e, mesmo tendo perdido a eleição, me pagou meses depois. O perdoei, mas não sei se pagou à tal outra empresa. Está no exercício de seu mandato em Brasília.

Eu fico pensando o que se passa na cabeça desses políticos que não pagam a seus credores. E digo mais: credores que mantinham relação muito próxima com eles. Imagino em relação aos mais distantes. Como psicóloga, penso que estes, que jamais me pagaram ou me propuseram qualquer acordo aceitável, são verdadeiros psicopatas, frios e calculistas. A cara não ficava vermelha, não sentiam nenhum constrangimento diante de minhas cobranças, disfarçavam quando se encontravam comigo em situações futuras e alguns já chegaram a me pedir novos orçamentos. A falta de caráter não tem limite. Muitos deles continuam "soltos" pelo Congresso. Fazem jus aos ditados "jamais largar o osso" ou, ainda, "os fins justificam os meios".

Felizmente, a lei eleitoral mudou e as coisas estão melhores no momento. Infelizmente, alguns ainda tentam te passar o "caô". *Character est omnia* — caráter é tudo.

VENDEDORES DE SOLUÇÕES MÁGICAS

Não é preciso repetir: campanhas eleitorais são processos intensos, complexos e caros. Quando o Fundo Eleitoral finalmente chega às contas dos candidatos, o cenário muda. Com a chegada do tão esperado orçamento, acontece também um fenômeno inevitável: os vendedores de soluções mágicas.

Oportunistas não aparecem antes, na fase de pré-campanha, quando as contratações importantes já foram feitas. Nessa etapa, marqueteiros, advogados e outros profissionais essenciais já foram recrutados, geralmente "no risco" ou a custo pessoal do candidato. Mas, assim que o cheiro dos recursos do fundo bate na porta, surgem ofertas de ferramentas e serviços revolucionários, cada uma prometendo ser a chave para a vitória.

A tese aqui é simples: as campanhas podem gastar bem ou mal. Para o candidato, porém, o problema vai além de gastar mal. O maior perigo dos vendedores de soluções mágicas é que eles desviam o foco estratégico da campanha.

O candidato não é uma criatura mítica. É um bicho humano. Um animal da espécie *Homo sapiens*. E, durante a campanha, ele é um animal fragilizado: vulnerável, ansioso, cheio de preocupações e pressionado por todos os lados. Essa fragilidade o torna uma presa fácil para qualquer promessa de vida fácil. Os vendedores conhecem bem esse comportamento. Eles chegam com palavras mágicas, *pitches* perfeitos e promessas irresistíveis. Não importa qual seja a solução da vez — softwares milagrosos, inteligência artificial que resolve tudo, listas mágicas de eleitores ou ferramentas de disparo de mensagens. Sempre há algo novo que promete transformar a campanha em um passeio tranquilo rumo à vitória.

É exatamente o que o candidato gostaria de ouvir: que o problema da campanha não é estratégico, mas técnico. Não se trata da falta de uma mensagem política relevante, nem de articulação com os eleitores. É só que ele ainda não contratou a ferramenta certa. E, nesse momento, a campanha, que já é complexa por natureza, entra em um terreno perigoso.

Muitas dessas ferramentas e serviços oferecidos são reais e até úteis. Há softwares de disparo de mensagens que funcionam, sistemas de mapeamento eleitoral e estratégias baseadas em inteligência artificial que têm potencial para melhorar o alcance e a eficiência da campanha. O problema é quando essas ferramentas passam de acessórios a protagonistas. Campanhas bem-sucedidas são feitas com base em mensagens políticas claras, propostas consistentes e estratégias alinhadas aos interesses do eleitorado. Nada disso pode ser substituído por tecnologia.

O vendedor de soluções mágicas faz o candidato acreditar que o acessório é suficiente. E, ao acreditar nisso, o candidato perde o foco. Ele começa a desviar sua atenção das prioridades reais da campanha — como ajustar o discurso, fortalecer a capilaridade da base ou resolver problemas logísticos. O candidato começa a acreditar que existe um atalho. E não existe.

Nenhuma tecnologia ou ferramenta de mercado é capaz de substituir a essência de uma campanha eleitoral: conectar-se ao eleitor. Você pode ter o melhor software, a melhor lista de eleitores ou o mapeamento mais avançado da região, mas, se não tiver algo importante para dizer, nada disso será suficiente.

O mercado sabe disso, mas também sabe que há muito dinheiro envolvido. E, onde há dinheiro, há pressão para criar necessidades que nem sempre são reais. Gastar mal o Fundo Eleitoral não é, necessariamente, uma preocupação do marqueteiro ou da equipe estratégica. Quando o candidato perde o foco, isso se torna um problema sério. A cada minuto que o candidato passa ouvindo promessas milagrosas, ele deixa de pensar em estratégias que poderiam fortalecer sua posição real na disputa. No final, o prejuízo não é apenas financeiro, mas estratégico.

Campanhas eleitorais são trabalhosas, e não há como escapar disso. Os vendedores de soluções mágicas continuarão existindo, porque campanhas movimentam muito dinheiro, e sempre haverá quem tente aproveitar essa fragilidade do sistema. Mas o candidato que entende o jogo e mantém o foco tem mais chances de superar essas distrações e seguir competitivo. Afinal, para vencer uma campanha é preciso oferecer para o eleitor, o chefe e o cliente, o que eles precisam. Isso é feito com resiliência e trabalho duro, não com tapetes voadores.

ESTRATÉGIA, COMUNICAÇÃO E O ELEITOR

A ILUSÃO DO CONTROLE: O QUE OS MARQUETEIROS CONSEGUEM OU NÃO FAZER

Muitos candidatos entram em uma campanha com a expectativa de que o marketing político pode resolver qualquer problema. Acreditam que um bom marqueteiro pode transformá-los em líderes carismáticos, reverter rejeições sólidas e, no limite, fazer com que o eleitor enxergue uma nova realidade, completamente diferente da que está diante dos seus olhos. Essa crença na onipotência da propaganda eleitoral, que lembra os terríveis anúncios de perfumes sedutores com feromônios nas revistas do século passado, não poderia estar mais errada. Marketing político não é mágica. Ele pode potencializar qualidades, minimizar fraquezas e estruturar uma narrativa eficaz, mas não pode transformar qualquer candidato em imbatível, nem criar do zero uma imagem que não condiz com a realidade.

Esse limite da comunicação política encontra respaldo na teoria dos efeitos mínimos, desenvolvida por Joseph Klapper. A teoria entende como a propaganda tem efeito limitado quando confrontada com predisposições, experiências e percepções previamente consolidadas no eleitorado. Segundo o autor, mensagens políticas têm maior probabilidade de reforçar atitudes existentes do que de convertê-las radicalmente, em especial quando contradizem a experiência direta dos eleitores.

A propaganda tem limites claros quando confrontada com a percepção do eleitor. Um governo mal avaliado não se torna excelente só porque sua comunicação melhora. Um candidato sem carisma não se transforma em um grande orador apenas porque foi bem treinado. Uma trajetória política fraca não se converte em uma história de liderança inspiradora apenas porque foi bem roteirizada. O eleitor pode ser influenciado, mas não é burro. O marketing político pode ajudar um candidato a se apresentar da melhor forma possível, mas não pode inventar qualidades que não existem.

O maior erro que um candidato pode cometer é tentar contratar um marqueteiro para criar uma fantasia confortável, em vez de ajudá-lo a vencer de verdade. Quando um político começa a trocar estrategistas porque "eles não entendem" o que ele quer ou porque não dizem o que ele gostaria de ouvir, ele não está buscando um profissional — está procurando um bajulador. E bajuladores não vencem eleições, como bem vimos nos capítulos anteriores. Eles apenas enrolam o cliente, vendendo falsas promessas e evitando contrariá-lo, mesmo quando sabem que ele está indo pelo caminho errado.

O marqueteiro sério não está ali para agradar ao candidato. Está ali para dizer a verdade, analisar a realidade política com frieza e tomar decisões que aumentem as chances de vitória, ainda que isso signifique contrariar o próprio cliente. O candidato que entende esse papel tem mais chances de sucesso, porque se permite ser orientado por profissionais que estão olhando para a campanha de forma estratégica. Essa dinâmica psicológica é analisada por Philip Tetlock em seus estudos sobre prestação de contas cognitiva. O pesquisador demonstra como líderes que não se submetem a esse processo tendem a desenvolver estilos cognitivos simplificados e autocongratulantes. Em contextos eleitorais, essa tendência manifesta-se na resistência a evidências contraditórias e na persistência em narrativas descoladas da realidade percebida pelo eleitorado, comprometendo a capacidade adaptativa da campanha.

O marketing político é uma ferramenta poderosa quando usada da forma correta, mas tem limites que não podem ser ignorados.

Ele não vence eleição sozinho, não cria líderes do nada e não altera realidades profundamente consolidadas. Um candidato que entende isso e usa o marketing para potencializar suas verdadeiras qualidades tem mais chances de vencer. Já aquele que tenta contratar um marqueteiro para vender uma ilusão está fadado a uma derrota anunciada.

O eleitor percebe quando está sendo enganado e tende a reagir com rejeição. A narrativa se torna insustentável e, ao invés de melhorar sua imagem, o candidato se torna alvo de chacota ou repulsa. Essa dinâmica ilustra o conceito de "autenticidade percebida" elaborado por Richard Peterson. Ele analisou como eleitores avaliam a genuinidade de figuras públicas, demonstrando que incongruências entre comportamento, histórico e discurso são detectadas sem demora pelo eleitorado e geram desconfiança, especialmente em contextos de alta exposição midiática. O estudo identifica a consistência narrativa como fator determinante na credibilidade política, explicando por que campanhas baseadas em *personas* artificiais frequentemente desmoronam quando submetidas ao escrutínio público prolongado.

Além disso, a política impõe limites à comunicação. O marqueteiro pode ter uma ideia genial, mas, se ela não fizer sentido dentro do contexto eleitoral, se não for executável dentro das regras da política real, se torna inútil. O candidato não é um ator interpretando um personagem, e o eleitor não é um espectador passivo. A comunicação eficaz precisa considerar a credibilidade, a viabilidade e a coerência da mensagem com a trajetória e o momento da disputa.

O marqueteiro competente entende que seu trabalho é instrumental. Ele não é o protagonista da campanha, e sim um facilitador. Seu papel é lapidar a imagem do candidato, estruturar sua comunicação e garantir que a mensagem chegue ao eleitor da melhor forma possível. Mas quem carrega o peso da política, quem precisa construir alianças, conquistar apoios e enfrentar a realidade da disputa, no final das contas, é o próprio candidato. Quando a comunicação se sobrepõe à estratégia política, o resultado, quase sempre, é uma campanha vazia, com muito impacto visual e pouca conversão real de votos.

O sucesso eleitoral não vem apenas de campanhas mais criativas, mais bonitas ou mais inovadoras, mas daquelas que melhor conseguem conectar o candidato ao eleitor. O marqueteiro serve à política, e não o contrário. Quando essa ordem se inverte, a campanha se transforma em um show vazio, que pode até impressionar por um momento, mas dificilmente se traduzirá em vitória nas urnas. É o que chamamos de "pseudopolítica", conceito elaborado por Meyer e Hinchman, para analisar a teatralização do processo político contemporâneo. Os autores demonstram como campanhas que priorizam a estética sobre a substância criam um paradoxo: quanto mais investem em técnicas sofisticadas de encenação política, menos eficazes elas se tornam, pois, ao mesmo tempo, o público desenvolve maior capacidade de detectar artificialismos. Esta "colonização da política pela lógica midiática" pode gerar campanhas visualmente impactantes, mas eleitoralmente frágeis, pela incapacidade de estabelecer vínculos substantivos com as preocupações concretas do eleitorado.

Um candidato inteligente entende que a comunicação deve estar alinhada com a realidade. Se há problemas na gestão, o foco deve ser em reconhecê-los e apresentar soluções críveis, não tentar fingir que eles não existem. Tentar usar a comunicação para suprir falhas de governo é o que se chama de "salgar carne podre". A comunicação política é como uma joalheria. É possível refinar e lapidar, mas é preciso extrair algo do mundo real. Caso contrário, citando os pensadores britânicos Reginald Kenneth Dwight e Bernard John Taupin, seria como "tentar encontrar ouro em uma mina de prata, tentar beber whisky de uma garrafa de vinho".[44] Não dá para

---

44 *Trying to find gold in a silver mine, trying to drink whiskey from a bottle of wine.* TAUPIN, Bernard John. Honky Cat. *In*: Elton John. *Honky Château*. Londres: DJM Records, 1970.

esperar encontrar em prestadores de serviço algo que simplesmente não está na sua realidade. E, mais uma vez, o maior erro que um político pode cometer é subestimar a inteligência do eleitor.

A COMUNICAÇÃO DA SIMPLICIDADE: FALAR FÁCIL GARANTE VOTOS?

O desafio fundamental de toda campanha é ser compreendida pelo eleitor. O candidato pode ter as melhores propostas, as estratégias mais bem elaboradas e um plano de governo tecnicamente impecável, mas, se não conseguir comunicar de forma acessível, de nada adianta. Por isso, muitos políticos adotam uma linguagem simples e coloquial, tentando se aproximar do eleitor de maneira direta, sem parecer distante ou elitista. Entretanto, há uma diferença entre falar de forma clara e acessível e simplesmente reduzir a comunicação a frases vazias ou a um populismo exagerado.

A ideia de usar uma linguagem popular em campanhas muitas vezes é associada à "Dona Maria metafórica", essa figura imaginária que representaria o eleitor médio, supostamente desinteressado em política e que só entende discursos simplificados. Políticos e marqueteiros usam essa referência para justificar o uso de frases curtas, bordões repetitivos e simplificações excessivas. Mas há um perigo nessa abordagem: ao tentar ser "didático", o candidato pode acabar parecendo superficial, repetitivo ou até mesmo ridículo. O eleitor pode até gostar de um discurso simples, mas isso não significa que ele aceita ser tratado como alguém incapaz de compreender temas mais complexos. A simplificação excessiva baseada em estereótipos sobre a incapacidade cognitiva do eleitorado, como demonstrou a pesquisa de Arthur Lupia, pode ser contraproducente ao subestimar a sofisticação dos mecanismos compensatórios que os eleitores desenvolvem para navegar ambientes informativos complexos.

A simplicidade na comunicação pode ser um trunfo quando usada de maneira correta. Candidatos que conseguem traduzir conceitos complicados de forma clara e objetiva tendem a gerar maior identificação com o eleitorado. Mas a linha entre ser acessível e ser raso é muito fina. Quando a linguagem se torna genérica demais, o discurso perde força. Frases como "vou cuidar das pessoas", "o povo precisa de respeito" ou "a cidade tem jeito" podem soar bem no palanque, mas, se não forem acompanhadas de propostas concretas, rapidamente perdem credibilidade. Analisando conteúdo de campanhas presidenciais nos Estados Unidos, William Benoit demonstrou que declarações políticas podem ser classificadas em um espectro de especificidade, desde afirmações vagas de valor até propostas detalhadas com mecanismos de implementação. Seus dados indicam que, embora afirmações genéricas possam gerar identificação imediata, candidatos que conseguem equilibrar apelos valorativos com propostas específicas demonstram maior resistência a ataques adversários e maior capacidade de sustentação de apoio ao longo da campanha.

O erro de muitos candidatos é achar que falar fácil significa falar para gente burra. Na tentativa de simplificar, acabam esvaziando a própria mensagem. O povo pode ser inculto, mas não é burro: falta de conhecimento intelectual não significa falta de inteligência. Mesmo a falta de educação formal não afasta a sagacidade instintiva — ela não é nem mesmo exclusiva dos humanos, aliás. O eleitor pode não entender de política, mas percebe quando tentam enganá-lo. Ele pode até ser convencido no princípio por um discurso direto que o envolva, mas, se perceber que não há substância por trás das palavras, sua adesão pode se transformar em frustração. O pesquisador Lloyd Bitzer definiu o conceito de "déficit de resposta retórica" aplicado a mensagens que inicialmente ressoam com o eleitorado por sua acessibilidade, mas que falham em oferecer soluções substantivas para problemas concretos, tendendo, então, a perder potência persuasiva com o tempo.

Por outro lado, há candidatos que caem no erro oposto: falam de forma excessivamente técnica, acreditando que demonstrar conhecimento significa despejar dados, estatísticas e termos difíceis. Esse tipo de discurso afasta o eleitor, ao sentir que o candidato está falando apenas para especialistas, e não para a população em geral. O ideal está no equilíbrio: um discurso que seja claro, mas que demonstre conteúdo real, sem parecer simplista ou desconectado da realidade.

A boa comunicação política não é sobre falar difícil ou falar fácil, é sobre falar certo. Uma linguagem acessível não pode ser uma desculpa para falta de profundidade, assim como o discurso sofisticado não pode ser um escudo para evitar o contato real com o eleitorado. A campanha que encontra esse equilíbrio conquista a confiança do eleitor sem o subestimar, e isso, mais do que qualquer bordão ensaiado, é o que realmente garante votos.

SERÁ MESMO GENTE COMO A GENTE?

E não estamos falando só de discurso; toda a imagem do candidato segue essa mesma lógica. Em tempos de desconfiança generalizada na política, muitos candidatos tentam se diferenciar apostando na proximidade com o eleitor. O discurso se afasta do tom institucional e formal, e passa a ser mais coloquial, recheado de referências do cotidiano. A ideia é clara: parecer com "gente como a gente", um político comum, acessível, que enfrenta os mesmos desafios que o cidadão. Essa estratégia pode ser um trunfo poderoso quando bem aplicada, mas também pode gerar um efeito contrário se for percebida como algo forçado ou artificial.

Esse fenômeno foi comprovado pelos pesquisadores Enli e Rosenberg, ao investigarem as percepções de autenticidade política. Seu estudo demonstrou que candidatos percebidos como genuínos em sua aproximação com o eleitorado obtiveram índices de confiança superiores aos que adotaram posturas semelhantes, mas foram julgados como artificiais. Os pesquisadores identificaram que a inconsistência entre comportamento público e privado é detectada com rapidez pelos eleitores, gerando o que denominaram "déficit de autenticidade" — uma desconfiança persistente que compromete qualquer tentativa futura de conexão.

Durante a campanha eleitoral, é comum ver candidatos se apresentando como figuras acessíveis, simples, humildes, próximas do povo. Andam de ônibus, comem pastel na feira, abraçam trabalhadores e fazem discursos emocionados sobre suas origens. Tudo cuidadosamente planejado para criar uma conexão com o eleitor e reforçar a ideia de que aquele candidato é "um deles". Mas o que acontece depois que a eleição acaba? Em muitos casos, o político que prometeu ser próximo desaparece dentro dos gabinetes, cercado por assessores, distante da realidade que antes dizia representar.

A diferença entre um marketing político bem planejado e o populismo vazio está justamente no que vem depois do voto. Campanhas que exploram a ideia de proximidade precisam ser sustentadas por ações concretas no governo. O eleitor pode até ser cativado por uma narrativa emocional durante a disputa, mas sua paciência tem limite. Se aquele candidato que dizia que "governaria nas ruas" se torna inacessível, se os mesmos cidadãos que ele abraçava na campanha agora são barrados por agendas lotadas e portas fechadas, a frustração é inevitável.

Um fenômeno particularmente relevante nesse contexto é o que David Owen identificou como a "síndrome de húbris": um quadro em que líderes políticos desenvolvem uma visão inflada de sua própria capacidade, uma incapacidade de aceitar críticas, uma preocupação desproporcional com sua imagem e confiança excessiva. O paradoxo dessa síndrome, pouco reconhecido no debate público, é que certas qualidades consideradas positivas e adaptativas em momentos de crise são vistas como negativas e mal adaptativas em períodos de estabilidade. Pesquisas recentes no Reino Unido[45] sugerem que os traços de personalidade e valores elementares dos políticos são frequentemente mais motivados por pensamento independente, ação autônoma e níveis mais altos de ambição do que os encontrados na população geral. O problema é quando essas características, que podem ser úteis para chegar ao poder, se transformam em um obstáculo para governar com sensibilidade às necessidades reais da população.

Esse tipo de desconexão é um dos motivos pelos quais a política enfrenta tanta descrença. O eleitor se sente enganado quando percebe que a imagem vendida na campanha era apenas um artifício para conquistar votos. Pior ainda, essa percepção não afeta apenas

45 Por exemplo, J. Weinberg (2017); Caprara *et al.* (2010); e Best (2011).

o candidato que praticou o estelionato eleitoral, mas mina a credibilidade de toda a classe política. O discurso da "proximidade" passa a ser visto como mais uma mentira de campanha, e o eleitorado se torna ainda mais cínico e desconfiado nas próximas eleições.

O verdadeiro político do povo não é aquele que se mistura com ele somente na campanha, mas sim aquele que mantém essa postura no exercício do mandato. A comunicação pode e deve ser usada para aproximar o candidato do eleitorado, mas essa aproximação precisa ser genuína e sustentada no longo prazo. Quem constrói sua imagem apenas na encenação corre o risco de se tornar um símbolo da decepção.

A humanização do candidato não é um fenômeno novo, mas se intensificou com a ascensão das redes sociais e o declínio do modelo tradicional de autoridade política. O eleitor já não responde mais da mesma forma a políticos distantes e inacessíveis. Ele quer sentir que o candidato entende seus problemas e que, de alguma maneira, faz parte do seu universo. Isso se reflete na forma como os políticos aparecem em público, se vestem, falam e interagem nas redes. O candidato de terno e discurso rebuscado cede espaço para o político que veste camiseta, anda de transporte público e faz lives improvisadas enquanto toma café em um boteco.

Essa transformação estética da representação política, analisada por Dick Pels, revela mudanças fundamentais de "políticos distantes" para "políticos estilizados". Seu estudo evidencia que essa transição reflete alterações estruturais na democracia midiática, em que a performance de proximidade torna-se tão importante quanto propostas concretas. O pesquisador demonstra que candidatos que equilibram autenticidade performática com substância política conquistam mais credibilidade do que aqueles que investem com exclusividade na imagem ou no conteúdo isoladamente.

No entanto, há uma linha tênue entre parecer próximo e parecer oportunista. O eleitor pode até gostar da ideia de um político mais acessível, mas também tem um radar afiado para detectar forçação de barra. Se o candidato nunca teve uma postura simples e, de repente, decide adotar um tom populista para conquistar votos, o efeito pode ser desastroso. Há algo constrangedor em ver um político que claramente não faz parte de um determinado grupo social tentando se inserir nele de maneira artificial. Quando a encenação é evidente, a tentativa de parecer próximo se transforma em motivo de piada e rejeição.

Como sugere o pesquisador Darren Lilleker, eleitores aplicam um "teste de autenticidade" para analisar inconsistências entre biografia, comportamento histórico e performance atual do candidato. Políticos flagrados em comportamentos artificiais de proximidade sofrem queda em índices de confiabilidade, com impacto persistente que ultrapassa ciclos eleitorais.

Além disso, a proximidade exagerada pode comprometer a autoridade do candidato. Se ele se coloca como um cidadão comum, sem nenhuma diferenciação em relação ao eleitor, o eleitor pode se perguntar: por que, então, confiar a ele um cargo de liderança? O candidato precisa encontrar um equilíbrio entre se mostrar acessível e demonstrar que tem qualidades que o tornam apto para governar ou legislar. Ser próximo não significa ser igual. O eleitor não quer alguém com quem só se identifique, mas também alguém que demonstre competência e preparo.

Em última análise, a melhor estratégia de proximidade não é tentar parecer "gente como a gente" de maneira ensaiada, mas sim encontrar dentro da própria trajetória elementos que criem essa conexão de forma natural. O eleitor não quer ser enganado. Ele quer acreditar. E isso só acontece quando o candidato tem coerência entre sua imagem e sua essência. Há vários exemplos de campanhas que fracassaram porque tentaram forçar uma imagem incompatível com o candidato. Políticos que nunca haviam tido um perfil popular de repente passaram a postar vídeos engraçados e descontraídos, acreditando que isso os aproximaria do eleitor. O resultado? Perderam a credibilidade e viraram motivo de piada. Da mesma forma, candidatos que sempre tiveram um perfil conciliador tentaram adotar um tom agressivo e acabaram rejeitados por seu próprio eleitorado, que não reconhece aquela figura que sempre apoiou.

O segredo para uma campanha eficiente não é copiar fórmulas de sucesso alheias, mas sim encontrar a melhor maneira de potencializar as qualidades autênticas do candidato. O eleitor não busca perfeição, mas sim coerência. Quando um candidato se apresenta de forma verdadeira, respeitando seu próprio estilo e sua trajetória, ele conquista um apoio mais sólido. Citando o pensador britânico Gordon Matthew Thomas Sumner, "seja você mesmo, não importa o que digam".[46]

---

46 SUMNER, Gordon Matthew Thomas. Englishman in New York. *In:* STING. *...Nothing Like the Sun*. Londres: A&M Records, 1987. Faixa 3.

FAMA NÃO SUBSTITUI TRABALHO POLÍTICO

A ideia de que a fama pode garantir uma eleição já seduziu muitos candidatos ao longo da história. Artistas, esportistas, apresentadores e influenciadores digitais entram na política acreditando que sua popularidade e seu rosto conhecido serão suficientes para conquistar votos. À primeira vista, pode até parecer que estão em vantagem, afinal, são figuras que já despertam interesse e que, muitas vezes, já têm milhões de seguidores nas redes sociais. Mas, quando o período eleitoral avança, a notoriedade sozinha não sustenta uma campanha.

Ao analisar trajetórias de celebridades na política, John Street revelou que candidatos que dependeram exclusivamente de sua popularidade prévia experimentaram queda de intenção de voto durante a campanha. O fenômeno, que o autor denomina "efeito novidade decrescente", reflete a transição do eleitorado da curiosidade inicial para uma avaliação mais crítica das capacidades políticas reais.

Notoriedade e credibilidade são coisas muito diferentes no contexto eleitoral. A primeira pode atrair atenção, mas a segunda é o que transforma essa atenção em votos. Um candidato famoso pode ser muito conhecido, mas, se não apresentar propostas concretas e um discurso coerente, o eleitor tende a enxergá-lo como uma figura superficial, uma espécie de personagem que não tem preparo real para o cargo que está disputando.

Isso acontece porque a eleição, sobretudo em cargos majoritários, envolve um processo de amadurecimento do voto. No início, muitos eleitores se deixam levar pelo nome conhecido e pelo apelo emocional que figuras famosas costumam gerar. Mas, conforme a campanha avança e os debates se aprofundam, o voto tende a migrar para candidatos que oferecem consistência, clareza e viabilidade política. É comum ver "candidatos celebridades" liderando pesquisas no começo da disputa, apenas para despencar na reta final, quando o eleitor passa a levar mais a sério sua decisão.

Outro erro típico desses candidatos é achar que sua base de fãs ou seguidores nas redes sociais se traduz automaticamente em uma base eleitoral. Curtidas e visualizações não são votos. Uma pessoa pode seguir um artista ou influenciador digital porque gosta do conteúdo que ele produz, mas isso não significa que confie nele para gerir uma cidade, um estado ou um país. Além disso, o candidato que aposta apenas na própria fama pode enfrentar dificuldades em construir alianças políticas, algo essencial para viabilizar uma campanha e, posteriormente, governar. Enquanto outros candidatos estão dialogando com lideranças comunitárias, partidos e grupos de interesse, o famoso pode se ver isolado, confiando apenas na sua popularidade — que, como vimos, tende a ser efêmera se não for sustentada por um trabalho de base.

Isso não significa que candidatos famosos estejam fadados ao fracasso. Se souberem usar sua notoriedade como ponto de partida, mas tiverem humildade para construir uma base política real e apresentar propostas consistentes, podem, sim, ser bem-sucedidos. O erro está em achar que o nome conhecido é suficiente por si só. O eleitor pode se entusiasmar com a fama no começo, mas, na hora de decidir seu voto, busca algo mais concreto.

A política não é um palco de celebridades — é um espaço de poder e decisão que exige preparo e responsabilidade. Quem ignora isso corre o risco de terminar a eleição descobrindo que ser famoso pode até abrir portas, mas não garante vitória. Afinal, em uma eleição o que importa não é ser conhecido, mas ser confiável.

ATENÇÃO DURADOURA, ATENÇÃO IMEDIATA E SATURAÇÃO

Como abordado no capítulo anterior, números e popularidade por si só não significam sair vitorioso das eleições. Muitos candidatos caem na armadilha de acreditar que, quanto mais chamativa e espalhafatosa for a campanha, melhor será o resultado. Mas, assim como a diferença entre o remédio e o veneno é a dose, não custa nada lembrar que é prudente aplicar o medicamento certo para o tratamento desejado. Quando a comunicação não reflete a realidade nem do candidato, nem do eleitorado, o efeito pode ser o oposto do desejado. O que era para ser um trunfo vira um desastre, um tiro no pé. O marketing, que deveria ajudar, acaba jogando contra.

A saturação acontece quando uma campanha exagera na dose e termina transformando o candidato em motivo de piada ou em uma figura artificial. Isso ocorre quando a estratégia de comunicação busca viralizar a qualquer custo, sem considerar se a mensagem está realmente fortalecendo a imagem ou se é condizente com a personalidade do candidato. O eleitor percebe a inconsistência e, ao invés de se aproximar, se distancia. Em alguns casos, isso gera até uma rejeição mais forte do que a que existiria caso a comunicação fosse mais sóbria.

A busca por atenção imediata se tornou um dos maiores vícios da comunicação política moderna. Muitos candidatos, seduzidos pelo desejo de viralizar, acabam baseando toda a sua estratégia na tentativa de surfar tendências momentâneas. No curto prazo, isso pode gerar visibilidade e até engajamento digital, mas a política não se constrói com base em picos de atenção efêmeros. Quem aposta apenas no *hype* se torna refém dele e, inevitavelmente, se enfraquece quando a onda passa.

O erro está na ilusão de que a popularidade na internet se traduz em votos. O candidato se empolga com números altos de curtidas e compartilhamentos e começa a acreditar que sua estratégia está funcionando. O problema é que a grande maioria dessas interações não tem nenhuma relação real com a política. Um vídeo engraçado pode explodir, um comentário polêmico pode gerar engajamento, mas, se isso não estiver sustentado por um projeto político consistente, não gera capital eleitoral duradouro. A atenção estável, construída por meio de um discurso consistente e um posicionamento firme, cria um vínculo mais forte com o eleitor, tornando a candidatura mais robusta e resistente a oscilações.

A distinção entre os tipos de atenção encontra fundamento nas pesquisas de Bennett e Iyengar sobre comunicação política na era digital. Os autores identificam um fenômeno em que candidatos podem obter visibilidade momentânea sem necessariamente construir identificação duradoura com o eleitorado. O pesquisador Daniel Kreiss também atenta para a chamada "falácia da métrica", o cenário no qual candidatos confundem indicadores de engajamento online com influência política efetiva.

Uma estratégia baseada apenas em viralizar nas redes sociais é perigosa. Primeiro porque o ambiente digital é volátil. O que hoje está em alta amanhã pode ser esquecido. Segundo, e mais importante, porque uma base de seguidores não significa uma base de eleitores. As redes sociais são apenas uma ferramenta, não um fim em si mesmas. Se o candidato não usa essa visibilidade para fortalecer sua imagem pública e consolidar sua mensagem, ele se torna apenas mais um portal de notícias, uma página de memes ideológicos ou um influenciador temporário, e não um líder político de fato. É algo que pode até funcionar a curto prazo, em eleições proporcionais, mas que dificilmente é efetivo para cargos majoritários ou como base para carreiras políticas longas e sólidas.

Atualmente, o simples ato de captar a atenção já não basta para mobilizar o eleitor. A eficácia comunicacional passa pela construção de vínculos mais profundos e autênticos. A transição da "era da atenção" para a "era da intimidade", como aponta Marcello Natale, redefine os pilares da comunicação política. Enquanto antes o foco era conquistar olhares através de slogans bombásticos e eventos midiáticos, hoje o eleitor exige conexões autênticas e diálogos que transcendam a superficialidade. Plataformas digitais, como TikTok e WhatsApp, evidenciam essa mudança: vídeos informais e respostas diretas a perguntas de eleitores geram mais engajamento do que discursos tradicionais. Essa mudança de paradigma revela que, para conquistar o eleitor, é necessário ir além do espetáculo, cultivando relações baseadas na intimidade e na proximidade emocional.

Uma transformação fundamental nas expectativas do eleitorado digital foi identificada em pesquisa realizada por Koc-Michalska e Lilleker. Por meio de metodologias mistas aplicadas em contextos eleitorais europeus e americanos, os pesquisadores documentaram como interações personalizadas em plataformas como TikTok e Instagram geram níveis de confiança superiores a conteúdos produzidos por profissionais com maior produção visual.

Adicionando outra perspectiva, Chadwick e Stromer-Galley mostraram que candidatos que canalizaram de maneira sistemática picos de atenção em ações concretas de mobilização (doações, voluntariado, cadastramento) superaram consistentemente aqueles que têm maior visibilidade digital, mas não se prepararam para isso. É um conceito similar ao do "funil de vendas", de Kotler e Keller, que representa as etapas que um consumidor percorre desde o primeiro contato com a marca até a conversão final.

O candidato que entende essa diferença usa a comunicação de forma inteligente. Ele sabe que pode utilizar o entretenimento para capturar a atenção, mas sempre com um propósito: reforçar sua identidade política, suas propostas e seus diferenciais. Ele não depende apenas de curtidas e compartilhamentos, mas investe na construção de um discurso coerente e confiável. Porque, afinal, atenção imediata pode ser útil, mas a atenção duradoura é o que realmente define quem vai ter força eleitoral no diagnóstico implacável das urnas.

"SUA HORA VAI CHEGAR!"

Essa campanha tinha algo de redenção, de virar a mesa, dar a volta por cima e esquecer as três derrotas consecutivas que ficariam para trás.

Reza a lenda que Duda Mendonça havia se oferecido para fazer a campanha de Lula de graça. Dizem que não existe almoço grátis. A estrutura de uma campanha presidencial é mega, foi e sempre será. Aqui ou acolá.

Era a quarta disputa à presidência da República de Luiz Inácio Lula da Silva. Duda já estava consagrado por vitórias mais ao campo da direita, mesmo que tivesse feito a última campanha a governador de Miguel Arraes (PSB) em 1998. Estavam unidos ali dois mestres nas suas artes. Desnecessário descrevê-los. O amadurecimento batia à porta de todos os envolvidos — candidato, partido, marketing político. Todos empenhados em vencer aquela eleição. Havia muita vontade de fazer o gol de placa e tirar Lula do estigma de morrer na praia. Isso não poderia acontecer.

O time da campanha era o melhor. Duda montou uma equipe de craques. Após três eleições perdidas, Lula estava mais preparado do que nunca. O candidato absorvera os erros anteriores, estava na flor da idade política — 56 anos —, tinha o couro da resiliência, uma vontade maluca de vencer e os adversários já eram bem conhecidos. A paixão política saudável e equilibrada se apresentava aos eleitores. Ou era a vitória naquela campanha, ou talvez nunca mais. Um é pouco, dois é bom, três é demais. Quatro é mais que demais!

Fora isso, havia uma confluência de fatores que também favorecia a vitória de Lula sobre o candidato da situação, José Serra. O país passava por um período de amadurecimento, Lula já não era o sindicalista que assustara parte da sociedade no passado, o governo FHC passava por uma crise de popularidade com a desvalorização do real (segundo a pesquisa Datafolha de julho de 2002, avaliavam o governo como ruim e péssimo: 34%; como ótimo/bom: 25%). Veio a crise do apagão, o desemprego estava alto, a economia brasileira apresentava vulnerabilidades, a inflação voltara a subir e o crescimento não estava lá essas coisas. Uma mudança poderia ser bem-vinda.

A pré-campanha começou cedo. Lembro-me que eu estava grávida e fiz meus últimos grupos com oito meses de gestação. Já não podia viajar de avião. Rodei algumas capitais de carro. Fizemos um diagnóstico pesado, mais de oitenta grupos de discussão Brasil afora.

Embora os problemas que as campanhas anteriores enfrentaram fossem conhecidos, era preciso acertar nos alvos, ajustar os discursos, transformar "o velho Lula de 89, 94 e 98" em um candidato mais palatável, menos radical, tirar um "ranço" que havia em determinados segmentos.

Toda a campanha era muito alinhada, as mensagens e estratégias testadas e depuradas, tudo tinha que ficar claro e bem entendido para o eleitor, os alvos eram estudados minuciosamente, as arestas aparadas, as propostas tinham que ter consistência e credibilidade.

A conexão com o eleitor era grande e havia um novo Lula naquele ano. Lula, a missão.

O diagnóstico qualitativo da pré-campanha apresentava o potencial de Lula em 2002 maior que nas outras eleições, mas a pesquisa apontou fendas, principalmente no universo feminino (que vinha ganhando mais importância no eleitorado), nos mais velhos, nos que não rejeitavam Lula, mas também não viam nele o traquejo necessário e temiam um radicalismo que pudesse piorar uma situação mais crítica do que aquela que se desenhava no momento. Parcelas mais radicais, que rejeitavam Lula com veemência, seriam deixadas de lado nos momentos iniciais da campanha. Era dar murro em ponta de faca. Duda iria trabalhar onde houvesse qualquer brecha para aumentar a capilaridade de seu cliente e não perder os simpatizantes cativos, que não eram poucos.

Duda era um craque e gostava de assistir aos grupos de discussão, levava a equipe para entender o processo, jingles eram compostos durante as falas de convidados. Ele não parava de pensar no que preparar mais para frente. Acho que, ali dentro, sua cabeça entrava em elevado estado de ebulição. Dizia gostar de assistir às pesquisas qualitativas porque já saía dali com a ideia pronta, só faltando o ajuste fino.

Tudo bem que, uma vez, assistiu a um grupo em São Paulo e saiu de si. Entrou no grupo fingindo ser meu anotador porque a sala principal, com espelho, estava em obras. De repente, um participante falou uma coisa que realmente era uma asneira, mas participantes estão ali livres e podem falar o que lhes vier à cabeça. Duda não conseguiu aguentar e falou: "Rapaz, em que mundo você vive? Isso que você falou não tem cabimento, é uma insanidade!". Fez-se o silêncio, eu pedi que ele saísse da sala e tudo voltou ao normal. Foi um dia de Duda-exaltação. Nunca mais isso voltou a ocorrer e ele, ao fim daquela reunião, entrou na sala e pediu desculpas ao participante.

Concluída a pesquisa e analisadas as possibilidades, Duda achou a veia cava, a aorta e todo o seio coronário! Agora era trabalhar muito e levar o sangue do "novo Lula" para todas as mulheres do

Brasil, e todos os brasileiros que acenavam com alguma chance de lhe dedicar o voto.

Tudo estrategicamente pensado e com o aval do candidato. Tudo pré-testado antes de ir ao ar. Veio o comercial das grávidas e mulheres com crianças de colo caminhando ao ar livre em plano aberto ao som do *Bolero* de Ravel e narrado por Chico Buarque: "Você não pode escolher se seu filho será menino ou menina, não pode escolher a sua cor ou a sua altura, nem a cor de seus olhos, muito menos o que ele vai ser quando crescer, mas uma coisa você pode escolher, que tipo de país você vai querer para ele. Se você não muda, o Brasil também não muda".

Nascia o lema "Lulinha paz e amor", o slogan "Quero um Brasil decente, quero Lula Presidente", veio a "Carta ao Povo Brasileiro",[47] a garantia para aqueles que temiam o PT e seu radicalismo e aos empresários de que Lula honraria com os compromissos assumidos, os contratos firmados por Fernando Henrique Cardoso. Veio o vice-empresário, José Alencar.[48]

Era a "cartada" de confiança. Brasileiros poderiam confiar nele. Veio até o terno Armani. Segundo Duda, Lula não precisava se apresentar mais como um sindicalista se estava concorrendo ao cargo de presidente da República. Alegava que não seria um terno que lhe tiraria a simplicidade e a humanidade, suas marcas. Tudo foi repaginado na campanha. E Lula acatou bem.

Existia um clima diferente nesta campanha. O jingle composto em 1989 por Hilton Acioli, "Lula lá, sem medo de ser feliz",[49] era canta-

---

47 A "Carta ao Povo Brasileiro" foi um texto assinado em junho de 2002 pelo então candidato à presidência da República, Luiz Inácio Lula da Silva, e lido no dia 22 de junho de 2002 durante encontro sobre o programa de governo do PT, assegurando que, em caso de vitória, o PT respeitaria e honraria os contratos nacionais e internacionais vigentes. O documento foi interpretado como um marco de conciliação da campanha de Lula a presidente, sendo entendido como uma indicação de apoio ao setor econômico-financeiro do país.

48 José Alencar (1931-2011) foi empresário, político e ex-vice-presidente do Brasil (2003–2011).

49 "Lula lá", jingle de 1989, do cantor e compositor brasileiro Hilton Acioli, foi concebido a partir de um slogan criado pelo marqueteiro Paulo de Tarso da Cunha Santos.

rolado nas ruas. Grande parte dos brasileiros havia perdido o medo do candidato Lula.

No dia 27 de outubro de 2002, Lula venceu a eleição em segundo turno com 61,27% dos votos válidos contra José Serra, do PSDB, com 38,75%. Foi a glória para Lula e Duda. Como dizia meu avô, no mundo de Deus, não existem coincidências: era o dia do aniversário de Lula, completando 57 anos. O melhor presente que ele poderia receber!

Em 2006 Lula foi reeleito, campanha sob a batuta do marqueteiro João Santana, ex-sócio de Duda. Lula com 60,83% e Geraldo Alckmin, do PSDB, com 39,17%.

Ah! O almoço de 2002 não era grátis. Com o passar dos tempos, veio uma conta alta.

Veio o mensalão, veio o depoimento fatídico de Duda na CPI do Congresso Nacional, quando resolveu abrir o game obscuro de contas de campanha, veio a Lava Jato, veio a prisão de Lula por 580 dias. Ocorreram desastres em cascata para ambos no decorrer de duas décadas. Lula e Duda tiveram a mesma doença. Duda, com uma mente brilhante, foi acometido por um câncer na cabeça e se despediu de nós em 2021. Lula, um excelente mestre da oratória, sofreu um câncer na garganta, mas felizmente se curou. Ao presidente dispenso elogios; os feitos econômicos, sociais e internacionais dos governos Lula 1 e 2 serão lembrados para sempre.

Lula foi eleito para seu terceiro mandato em 2022 após uma extenuante batalha contra o bolsonarismo — 50,9% dos votos válidos contra Bolsonaro, com 41,10%. Alckmin, do PSB, ex-adversário voraz, se tornou vice-presidente da República.

Seu marqueteiro foi Sidônio Palmeira, que acabou retornando para ser também seu ministro-chefe da Secretaria de Comunicação Social na mudança ministerial de janeiro de 2025. Sidônio foi convocado de volta quando todos os institutos de pesquisa apontavam aumento nos índices de reprovação do governo federal. A nova era Lula. Agora, a história ainda terá mais capítulos a serem escritos.

A ENCARNAÇÃO DE TODO O MAL

Um candidato não pode tratar o seu adversário como o mal absoluto. Além do componente bizarro, a demonização política é uma armadilha perigosa. O "significante vazio", termo cunhado por Ernesto Laclau, exemplifica como candidatos políticos podem se transformar em símbolos. Eles conseguem unir diferentes demandas sociais, mesmo que sejam contraditórias. O conceito se consolida como uma armadilha no processo eleitoral pois um candidato demonizado não apresenta propostas concretas. Ele se torna um símbolo do que os apoiadores projetam. Em tais casos, críticas factuais costumam falhar. O que realmente mobiliza o eleitorado é a capacidade simbólica de unir diferentes insatisfações.

O significante vazio é um adversário perigoso para qualquer candidato. Quando um concorrente se transforma num significante vazio, ele deixa de ser julgado pelo que de fato é e passa a representar tudo o que seu eleitorado deseja que ele seja. Ele não é mais um candidato com um programa, uma trajetória ou uma ideologia específica, mas um avatar no qual cada eleitor projeta seus próprios valores e esperanças. Esse fenômeno pode lembrar a polissemia, termo linguístico que descreve palavras com múltiplos sentidos relacionados, mas é ainda mais radical: enquanto a polissemia parte de significados já existentes, o significante vazio é totalmente aberto, permitindo até mesmo interpretações contraditórias entre si.

Isso acontece quando a crítica a um adversário é exageradamente abstrata, carregada de símbolos e pouco fundamentada em argumentos concretos, retirando do eleitor a necessidade de se preocupar com a realidade. Tal eleitor passa a apoiar esse candidato só por ele ser o adversário do seu inimigo. A lógica é simples: se o adversário que eu odeio ataca alguém, então esse alguém deve ser meu aliado. Se o "sistema" rejeita esse candidato, então ele deve ser a resposta para combatê-lo. O conteúdo real das propostas já não importa — ele virou um símbolo, e símbolos não podem ser refutados com argumentos racionais. Em contextos de alta polarização, como demonstram as pesquisas de Murray Edelman, candidatos podem transcender sua materialidade política para se tornarem significantes vazios, ou seja, símbolos cujo significado original foi esvaziado, permitindo múltiplas projeções contraditórias por parte dos eleitores. Quando isso ocorre, o debate político abandona a esfera da racionalidade argumentativa para entrar no domínio do ritual e da identificação emocional, em que refutações factuais perdem a eficácia persuasiva.

A principal forma de cair nessa armadilha é demonizando o adversário. Em vez de debater suas propostas, trazer para o campo da realidade e questionar concretamente seu desempenho ou suas promessas, o candidato somente o define como o mal absoluto. Essa abordagem pode parecer catártica, pode gerar engajamento entre os convertidos, mas no final fortalece ainda mais o oponente.

O efeito da demonização é simples: cria uma *casca de lixo* ao redor do adversário. Quando o ataque é apenas simbólico, repetitivo e exagerado, ele perde a força e passa a se acumular sem penetrar na narrativa. É como se o candidato estivesse envolto em um escudo de lama: já foi tão atacado, já jogaram tanta coisa sobre ele, que qualquer nova crítica simplesmente não gruda mais. Ele não precisa mais explicar suas ações, porque o eleitor já entendeu que "falam mal dele o tempo todo" e, portanto, deve haver algo bom ali. O cientista político David Redlawsk comprovou em um experimento que eleitores comprometidos com um candidato reinterpretam informações negativas como confirmação positiva com frequência, num fenômeno denominado "racionalização motivada". Por ironia, quanto mais intensos e generalizados os ataques, mais robustos tornam-se esses mecanismos de defesa cognitiva.

A blindagem simbólica dessa estratégia é extremamente perigosa. Quando um político chega nesse estágio, ele se torna imune a críticas reais. Não importa quantas provas ou dados concretos sejam apresentados, o eleitor que já se convenceu de que ele representa uma luta maior simplesmente ignorará qualquer fato inconveniente. Ele não vota mais em uma pessoa, nem no que o candidato representa; ele vota em um símbolo.

O caminho para evitar que um adversário atinja esse status é simples, mas exige disciplina estratégica: trazê-lo de volta para o mundo real. Em vez de atacar sua mera existência, é preciso atacar as causas de sua conexão com o eleitorado. Voltamos, assim, ao reenquadramento proposto por Chong e Druckman, que evidencia que argumentos baseados em evidências específicas resistem melhor a contra-argumentação do que ataques generalizados à identidade ou caráter.

Mantenha o debate no plano concreto. Isso é mais fácil se o adversário já ocupou um cargo público; nesse caso é possível comparar resultados reais. Mostre números, ações, impactos práticos. Se ele nunca governou, exponha as contradições entre o que promete e o que pode ser feito.

Não transforme a campanha em uma guerra de símbolos. Quando a eleição se torna apenas uma batalha de narrativas abstratas, o eleitorado se divide em torcidas organizadas e a política real desaparece. Isso favorece justamente quem tem mais apelo simbólico. A pesquisadora Lilliana Mason demonstrou que, quando disputas políticas transcendem questões concretas para tornarem-se confrontos entre identidades grupais, os eleitores passam a derivar satisfação emocional da própria hostilidade contra o grupo adversário, de maneira independente de ganhos políticos concretos. Esse alinhamento entre identidades sociais e identidades partidárias explica por que debates simbólicos tendem a cristalizar preferências prévias em vez de persuadir indecisos, favorecendo candidatos que conseguem mobilizar sua base através da polarização afetiva com eficiência.

Ataque as causas, não os sintomas. Se um adversário está crescendo, há um motivo. Ele pode estar explorando um sentimento de revolta contra o sistema, um coletivo de eleitores insatisfeitos ou uma promessa sedutora. Identifique essa raiz e ataque o que o torna viável, e não apenas sua presença na disputa. Nesses casos, autocrítica faz bem. Analisando as campanhas eleitorais americanas, John R. Petrocik demonstrou como candidatos eficazes não apenas criticam adversários, mas efetivamente "roubam" os temas em que estes são percebidos como fortes, neutralizando vantagens comparativas. Para conseguir isso, porém, é necessário reconhecer e responder de forma significativa às preocupações legítimas que impulsionam o apoio ao adversário. Essa abordagem exige humildade estratégica, mas permite disputar diretamente o eleitorado que, de outra forma, seria cativo do oponente.

Evite o ódio cego. Quando a rejeição a um adversário se torna irracional e obsessiva, a campanha perde eficiência. O candidato deixa de disputar votos e passa a apenas reafirmar a indignação de quem já está convencido. E a eleição não se ganha com quem já está do seu lado — se ganha conquistando quem ainda não decidiu. Como evidenciaram os autores Baron e Jost, campanhas baseadas em indignação moral podem até aumentar o engajamento entre apoiadores já consolidados, no entanto, reduzem, ao mesmo tempo, a capacidade de persuasão entre eleitores indecisos ou moderadamente favoráveis ao adversário. Isso cria um cenário em que táticas que maximizam a mobilização frequentemente minimizam a conversão. Em sistemas eleitorais nos quais a mobilização faz mais diferença, pode até ser uma dúvida. Em eleições majoritárias, ainda mais em cenários de comparecimento obrigatório do eleitor, não é preciso pensar duas vezes para determinar qual o caminho mais adequado.

Política é feita de realidade. Um candidato que se torna um significante vazio se blinda contra qualquer argumento, porque símbolos vazios não podem ser desconstruídos no debate racional. Mas políticos, sim. E a única maneira de impedir que um adversário se torne uma entidade abstrata, intocável, é se recusando a jogá-lo nesse campo.

O JOGO POLÍTICO E O ELEITOR

O ELEITOR PLÁSTICO

Uma das grandes ilusões que muitos candidatos carregam é a ideia de que o eleitor já entra na campanha com ideias fixas. Políticos costumam enxergar o eleitorado como um bloco rígido, dividido entre grupos ideológicos fixos e imutáveis. Para consertar essa informação equivocada que costuma vir de fábrica no candidato, é preciso conectá-la à mentalidade do eleitor — que está longe de ser fixa. Podemos dizer que o eleitor "é plástico", isto é, as suas preferências moldam-se durante a campanha. Muitos só vão definir o seu voto nos últimos dias — e, em alguns casos, nas últimas horas antes de ir à urna. As preferências políticas não são gravadas em pedra, mas sim maleáveis, sujeitas à influência, ajustes e mudanças ao longo do processo eleitoral.

A teoria da recepção, de John Zaller, explica que os eleitores assimilam mensagens políticas conforme o seu repertório prévio, o que torna a decisão de voto altamente maleável. O candidato que não compreender que o eleitor pode mudar de ideia durante a campanha arrisca ser pego de surpresa.

No Brasil, a Pesquisa Eleitoral 2022 do Datafolha confirmou o que já vinha sendo notado por profissionais de marketing político: quase metade dos eleitores decide o seu voto na última semana da campanha. Isso evidencia a importância de estratégias de comunicação que mantenham o candidato relevante até o fim. E reforça a necessidade de campanhas dinâmicas, capazes de ajustar mensagens conforme o humor do eleitorado.

Esse fenômeno pode ser desconfortável para candidatos que gostam de certezas. Se as pesquisas indicam um quadro favorável no início da campanha, eles tendem a acreditar que a eleição já está ganha. Se o cenário é negativo, alguns entram em desespero antes mesmo da disputa começar. Mas política é dinâmica. O eleitorado não é um bloco fixo; é um material plástico, que pode ser moldado conforme a comunicação e os eventos da campanha evoluem.

Em seus experimentos sobre *agenda-setting*, Iyengar e Kinder demonstraram como a importância atribuída pelos eleitores a diferentes temas flutua significativamente durante o período eleitoral, sendo muito influenciada pela cobertura midiática e pelos eventos de campanha. Quando um tema ganha proeminência, eleitores tendem a reavaliar seus posicionamentos e preferências, favorecendo candidatos percebidos como mais competentes naquela área específica. Essa fluidez temática explica por que campanhas aparentemente consolidadas podem, repentinamente, perder terreno quando novas questões emergem no debate público.

O marketing político tem exatamente esse papel: influenciar, persuadir, corrigir percepções e consolidar apoios. Não basta expor o candidato e suas propostas: a campanha precisa se adaptar a como o eleitor está reagindo a cada movimento, buscando ajustar a mensagem e a estratégia conforme o humor da população muda.

Muitos políticos entram na campanha acreditando que já sabem tudo, que o eleitor deve enxergar as coisas do jeito que eles enxergam. Quando as pesquisas mostram um cenário diferente, alguns reagem com teimosia ou frustração, achando que o problema está no eleitorado e não neles. Mas o eleitor é soberano. Se a mensagem não está chegando da forma certa, o erro nunca é do eleitor — é do candidato e de sua equipe.

Essa soberania manifesta-se em um contexto no qual o processo decisório não é inteiramente analítico, mas permeado por uma resposta emocional imediata. Conforme expõe Daniel Kahneman, o pensamento humano se divide em dois sistemas: um que opera automática e rapidamente, e outro mais lento, com escolhas subjetivas e concentração. Na arena eleitoral, muitos eleitores acabam por adotar narrativas emocionalmente carregadas, mesmo quando as informações disponíveis são escassas. Essa dinâmica reforça a ideia de que o voto, por vezes, é determinado mais pelo sentimento do que por uma análise minuciosa dos argumentos.

O político que entende essa dinâmica tem uma vantagem enorme. Ele não se prende a fórmulas fixas, não se ilude com bons números prematuros e não entra em pânico com oscilações naturais das pesquisas. Ele sabe que a campanha é um processo de conquista e convencimento constante. Assim como um escultor molda sua obra, a campanha precisa moldar a percepção do eleitor, respeitando sua soberania, mas conduzindo-o à decisão almejada.

Ao final de uma campanha, o que define a vitória não é o estado inicial da disputa, mas a capacidade do candidato e de sua equipe de adaptar sua estratégia ao longo do caminho. O eleitor não está com sua decisão fechada — e é isso que torna a campanha um jogo tão desafiador e, ao mesmo tempo, cheio de oportunidades.

O POBRE METAFÓRICO

É comum que, na atividade de campanha eleitoral, pessoas estranhas à equipe de estratégia, mas próximas do candidato ou de seu núcleo político, queiram contribuir com peças de comunicação ou oferecer orientações sobre o que fazer. Essas contribuições, ainda que bem-intencionadas, muitas vezes partem de percepções limitadas, baseadas mais em preconceitos pessoais do que em uma leitura real do eleitorado.

A contribuição de qualquer agente é bem-vinda, desde que esteja alinhada com os objetivos da campanha. Para isso, é fundamental especificar com clareza quem é o público-alvo de cada peça de comunicação ou ato político e entender o custo de cada ação. Por "custo", não nos referimos apenas à despesa financeira, mas ao custo de oportunidade (tempo, por exemplo) e ao custo político: a alienação de um grupo em detrimento de outro. É inevitável que existam escolhas conflitantes durante uma campanha eleitoral. Algumas derivam da própria plataforma política do candidato; outras são decisões estratégicas tomadas no calor da campanha.

Entender o custo político de cada ação de comunicação requer uma análise que vá além dos números, incorporando as distinções culturais presentes no eleitorado. Segundo Bourdieu, as diferentes formas de capital cultural influenciam profundamente como as mensagens são recebidas e interpretadas, o que evidencia o risco de reduzir o público a estereótipos.

O trabalho de um marqueteiro político passa por despir-se de opiniões pessoais e preconceitos para efetivamente se conectar com o público-alvo. Isso exige humildade. Não basta agradar ao círculo interno do candidato ou reproduzir discursos que refletem o pensamento da equipe. É preciso lembrar que o voto da equipe, dos contratados e dos aliados próximos já está conquistado. Querido candidato: o seu voto a gente já tem. O desafio é expandir o alcance e conquistar os outros.

No entanto, é muito comum que, para justificar um ponto de vista pessoal, pessoas próximas ao candidato recorram ao exercício do "pobre metafórico". Nesse modelo, cria-se um discurso projetado no que se acredita que "o povão" quer ouvir. O recurso é quase sempre utilizado para validar preconceitos ou crenças que a própria pessoa não quer assumir abertamente. É mais fácil dizer "o eleitor simples pensa assim" do que admitir: "Eu penso assim, mas tenho medo de dizer".

A "Dona Maria metafórica" mencionada na introdução é o exemplo clássico. Sempre existe essa figura genérica, construída com base em ideias preconcebidas e frequentemente distorcidas, que serve como escudo para validar discursos simplistas. A tal Dona Maria nunca é consultada diretamente, mas, na narrativa, ela é descrita como alguém que "não entende de política", "só se importa com o básico" e "quer ouvir soluções simples". Por trás dessa caracterização, está a visão de que o eleitor comum é ignorante, limitado e previsível.

Contudo, estudos acadêmicos revelam que o comportamento do eleitor é um processo complexo, no qual a decisão de voto se constrói a partir de uma interação entre aspectos emocionais e estratégias cognitivas. Pesquisas como a de Samuel Popkin demonstram que, mesmo diante de pouca informação, os eleitores utilizam atalhos mentais que conciliam sentimentos e julgamentos racionais para formar uma opinião — uma síntese que ultrapassa o estereótipo simplista e ressalta a importância da confiança e identificação pessoal na escolha do voto.

A postura de tratar o eleitor como o pobre metafórico, além de subestimá-lo, é perigosa, porque alimenta estratégias baseadas em suposições erradas. As pessoas não são monolíticas. O que o "povão" pensa, sente ou deseja é muito mais complexo do que a visão estreita de quem se apega a preconceitos pessoais. Mais grave ainda: essa abordagem ignora o fato de que o público percebe quando é tratado de forma condescendente ou manipuladora. Quando a figura do pobre metafórico domina as discussões de campanha, o impacto é desastroso. Discursos e peças publicitárias passam a ser direcionados a um eleitor fictício, baseado mais nos preconceitos do núcleo político do que em dados concretos. Isso gera desconexão com o público real. Quando essa figura domina as discussões de campanha, o impacto é desastroso. Discursos e peças publicitárias passam a ser direcionados a um eleitor fictício, baseado mais nos preconceitos do núcleo político do que em dados concretos. Isso gera desconexão com o público real.

Por exemplo, uma campanha pode insistir em reforçar mensagens simplistas, acreditando que esse é o único nível de comunicação que "o povão" entende. No entanto, pesquisas qualitativas mostram com frequência que as pessoas desejam propostas mais elaboradas e consistentes, sobretudo em temas que afetam diretamente suas vidas, como saúde, educação e segurança. Outro erro comum é recorrer a estereótipos de comportamento ou linguagem que "soam populares". Isso inclui jingles forçados, frases de efeito desconectadas do candidato ou ações que reduzem o eleitor ao papel de espectador passivo. Essas estratégias são feitas sob o pretexto de atingir o "povão", mas acabam soando artificiais e desrespeitosas.

Ao tratar o público-alvo, especialmente os mais pobres, como um bloco homogêneo, a campanha aliena não apenas parte do eleitorado, mas também grupos intermediários, que poderiam se conectar à mensagem se ela fosse apresentada com mais autenticidade. A busca por conquistar o "povão" através do pobre metafórico muitas vezes aliena outros segmentos, como a classe média baixa ou eleitores urbanos mais escolarizados, que não se enxergam nos estereótipos utilizados.

Além disso, essa abordagem coloca o próprio candidato em uma posição desconfortável. Quando pressionado a assumir discursos ou posturas que não refletem sua personalidade ou seus valores, ele se torna menos autêntico. O eleitor percebe essa falta de consistência, e a desconexão entre candidato e público se aprofunda.

O caminho para evitar esse erro é simples: substituir as suposições pessoais por dados concretos. Pesquisas qualitativas e quantitativas são ferramentas indispensáveis para entender o que o público realmente pensa. Essas informações ajudam a moldar a comunicação de forma estratégica, sem reduzir o eleitor a estereótipos. É fundamental também que o candidato e sua equipe reconheçam a complexidade do eleitorado. As pessoas não votam apenas com base em uma questão única, mas considerando um conjunto de fatores emocionais, sociais e econômicos. Tratar o eleitor como uma figura genérica não só limita a campanha, como também prejudica a relação de confiança necessária para conquistar votos.

Por fim, é preciso humildade. O candidato e sua equipe devem se lembrar de que eles não são os protagonistas do processo eleitoral — o eleitor é. A melhor estratégia de campanha é aquela que coloca o público no centro da mensagem, respeitando suas necessidades, expectativas e inteligência.

Para construir uma comunicação eficaz que respeite a complexidade do eleitorado, é indispensável substituir suposições e preconceitos por análises fundamentadas. Conforme John Creswell, a aplicação de métodos de pesquisa mista possibilita uma compreensão mais abrangente dos anseios e comportamentos dos eleitores, permitindo que a campanha desenvolva mensagens autênticas e alinhadas com a realidade. Essa abordagem não apenas evita a armadilha dos estereótipos simplistas, mas também fortalece a credibilidade e a conexão com um público diversificado.

O eleitor, em sua pluralidade e complexidade, precisa ser tratado como protagonista do processo eleitoral. Afinal, a comunicação eficaz começa com a humildade de reconhecer que o voto não se conquista com base em preconceitos, mas no diálogo sincero e no entendimento genuíno das demandas do público.

UMA BATALHA PELA MENTE E PELO CORAÇÃO DO ELEITOR

Muitos candidatos entram em uma campanha eleitoral acreditando que estão travando uma guerra no sentido clássico da palavra: um conflito direto entre facções políticas. Há pouco tempo vencia quem tinha mais aliados, mais dinheiro ou mais tempo de TV. Essa visão está ultrapassada. A política contemporânea não é mais um confronto de exércitos. É uma disputa de narrativas. O campo de batalha não está nos comícios nem nas estruturas partidárias, está na mente e no coração do eleitor. E, para vencer essa guerra, não basta ter boas propostas ou um currículo invejável: é preciso saber convencer.

A transformação do espaço político em arena narrativa reflete o que Castells demonstrou em suas pesquisas. Em sua obra *Ruptura*, o autor buscou entender como a legitimidade política contemporânea depende menos de estruturas institucionais tradicionais e mais da capacidade de estabelecer ressonância emocional com o eleitorado por meio de narrativas que conectam biografia, valores e aspirações coletivas. Candidatos bem-sucedidos, para o autor, são aqueles que conseguem traduzir posicionamentos políticos em narrativas pessoais autênticas, criando pontes de identificação que transcendem divisões ideológicas formais.

O erro mais comum dos candidatos é acreditar que o eleitor "deveria" enxergar as coisas da forma como eles veem. O político chega à campanha carregando suas certezas, sua visão de mundo e sua trajetória, e presume que isso será suficiente para conquistar votos. Quando isso não acontece, ele reage com irritação, frustração ou até ressentimento. Mas a verdade é dura: o eleitor nunca está errado.

Para um candidato autocentrado, pode parecer absurdo que alguém não reconheça seu preparo, sua experiência ou seu histórico.

Mas a percepção do eleitor não se baseia em dados frios. Ela é moldada por emoções, valores e experiências pessoais. E, se a campanha não souber traduzir a mensagem de forma que faça sentido para o eleitor, o problema não está no eleitorado — está no candidato e em sua equipe. Não adianta embirrar e ficar triste porque a população não enxerga o que ele julga óbvio. O eleitor não tem obrigação de se interessar por política nem de entender a fundo a biografia de cada candidato. É o candidato que precisa encontrar uma forma de se tornar relevante na vida das pessoas.

Essa perspectiva alinha-se ao conceito de "racionalidade de baixa informação" desenvolvido por Lupia e McCubbins. Os pesquisadores demonstraram como os eleitores, mesmo com conhecimento político limitado, desenvolvem estratégias eficientes para tomar decisões, em certa medida, consistentes com seus interesses e valores. Utilizando "atalhos informativos" e heurísticas simplificadoras, o eleitorado avalia candidatos não através de análises exaustivas de propostas, mas por sinais de confiabilidade, competência e alinhamento valorativo. Essa dinâmica explica por que candidatos tecnicamente preparados com frequência falham quando não conseguem traduzir sua competência em linguagem acessível e emocionalmente significativa para o eleitor médio.

Dieu et mon droit. Deus e meu direito. A frase é em francês, mas é o lema do brasão da monarquia britânica.[50] Michael Jackson também usou a expressão nos portões do rancho *Neverland.*[51] Vamos combinar de deixar essa só para eles, ok? Afinal, um

---

50 A expressão *Dieu et mon droit* foi utilizada pela primeira vez como grito de guerra por Ricardo I em 1198, durante a Batalha de Gisors. Posteriormente, Henrique V adotou-a como lema oficial da monarquia inglesa. O uso do francês reflete a influência da língua normanda na corte inglesa após a conquista normanda. O lema simboliza o direito divino dos reis, indicando que o monarca governa por vontade de Deus e por direito hereditário (Wikipédia, [*s. d.*]).

51 Michael Jackson incorporou o lema *Dieu et mon droit* em seu brasão pessoal, que estava presente nos portões de entrada do Neverland Valley Ranch. Essa escolha reflete a admiração de Jackson por símbolos de nobreza e realeza, além de representar sua visão pessoal de direito e propósito divino (Michael Jackson Chosen Voices, [*s. d.*]).

candidato deve saber que não tem direito divino a um cargo público. Ser eleito não é um prêmio por uma trajetória bonita ou um reconhecimento automático pelo que já fez. Política não é sobre merecimento, é sobre convencimento. E, goste ou não, o candidato é alguém que mendiga votos. Ele não está em posição de impor sua visão de mundo ao eleitor — está em posição de pedir, de negociar, de oferecer algo que seja visto como vantajoso.

Em uma análise que transcende os modelos tradicionais de avaliação política, Drew Westen argumenta que os apelos emocionais são, na verdade, os verdadeiros motores por trás do sucesso eleitoral. Ao demonstrar, por meio de evidências neurocientíficas, que os eleitores respondem de forma mais intensa a estímulos afetivos do que a argumentos puramente racionais, Westen reforça a necessidade de campanhas que se conectem com o coração do eleitor, construindo uma narrativa que vá além da mera proposição de políticas. Nesse sentido, não adianta apenas ser a sua hora, mas se esforçar para tocar o coração de quem está do outro lado da urna. Essa perspectiva reconfigura o entendimento sobre o papel das emoções, transformando a campanha em uma experiência vivencial.

É um choque de realidade que muitos políticos demoram a aceitar. Eles confundem autoridade com persuasão. No cargo, podem tomar decisões, assinar decretos, mandar e desmandar. Mas, na eleição, estão em situação de total vulnerabilidade. Dependem do voto do eleitor, e o eleitor só dá esse voto se quiser. Nenhuma campanha se vence à força.

Essa inversão hierárquica entre políticos e cidadãos é teorizada por Pierre Rosanvallon como uma característica definidora da "contrademocracia" contemporânea. O historiador político identifica o surgimento de um eleitorado cada vez mais cético, vigilante e empoderado, que exerce sua soberania não apenas pelo voto positivo, mas também através de mecanismos de veto, vigilância e julgamento contínuo dos atores políticos. Essa transformação reconfigura fundamentalmente a relação entre candidatos e eleitores, exigindo dos primeiros uma postura de prestação de contas permanente e humildade estratégica que reconheça a reversibilidade constante do apoio popular. No contexto brasileiro, essa dinâmica é ampliada pela fragilidade dos vínculos partidários e pela cultura política personalista, em que a confiança no indivíduo supera frequentemente a identificação programática.

Na prática, isso significa que não adianta ter um governo bem avaliado se a comunicação não for eficaz. Não adianta ter um excelente plano de gestão se o eleitor não se conectar emocionalmente com ele; não adianta ser experiente se a campanha não souber transformar essa experiência em uma narrativa que faça sentido para as pessoas.

O candidato que compreende isso sai na frente. Ele entende que a disputa eleitoral não acontece apenas no campo da realidade objetiva, mas também na percepção do eleitor. O candidato eficiente não comete o erro de ver o eleitorado como um grupo ignorante que "não entende nada de política", mas como um público que precisa ser conquistado; ele não encara a eleição como um referendo sobre seu passado, mas como uma oportunidade de convencer as pessoas sobre o que ele pode fazer no futuro.

Contrariando o que candidatos com longa trajetória gostariam, Morris Fiorina argumenta que avaliações do passado funcionam principalmente como preditores do desempenho futuro. Eleitores não recompensam ou punem candidatos por performances anteriores como um fim em si mesmo, mas utilizam essas informações como heurísticas para projetar expectativas sobre o que podem esperar no futuro. Essa dinâmica explica por que mesmo governantes bem avaliados podem perder eleições quando falham em traduzir realizações passadas em visões convincentes para o futuro, ou por que *outsiders* políticos muitas vezes conseguem superar a falta de experiência quando apresentam narrativas prospectivas que ressoam com as aspirações do eleitorado.

Ao fim e ao cabo, a política não é uma batalha de números, nem de estruturas, nem de nomes. É uma guerra de percepções. Quem entende isso tem chance de vencer. Quem ignora, perde antes mesmo de o primeiro voto ser contado.

O ERRO DE IGNORAR A LEGITIMIDADE DO ADVERSÁRIO

Não reconhecer a legitimidade adversária é um dos piores erros que um candidato e sua equipe podem cometer. Esse erro pode se manifestar de várias formas: desqualificando completamente o oponente, atribuindo a ele apenas intenções malignas ou até mesmo se recusando a aceitar que ele tem algum nível de conexão real com parte do eleitorado. Essa postura não apenas enfraquece a estratégia política do candidato como também prejudica sua própria capacidade de crescimento.

Reconhecer a legitimidade do adversário não significa normalizá-lo ou validar seu discurso. Significa apenas aceitar um fato básico da democracia: se alguém está competindo e tem apoio de uma parcela da população, existe um motivo para isso. Pode ser um motivo ideológico, emocional, histórico ou mesmo circunstancial, mas ignorar essa conexão entre ambos é um erro grave. Quem se recusa a entender essa dinâmica perde qualquer chance de desconstruir efetivamente o oponente.

Política não se ganha no grito e não se vence deslegitimando o direito do outro de existir no processo democrático. Se um candidato acredita que seu adversário só tem apoio porque "as pessoas são burras" ou porque há uma "grande manipulação", ele está se cegando para a realidade. A negação da legitimidade do outro leva a um isolamento que torna a campanha ineficaz. Como diriam Paula Toller e Leoni: "Os vizinhos devem rir por trás do jornal. Eu desconfio de um complô, o maior que já se armou, uma conspiração internacional".[52] O candidato que pensa assim não consegue sequer compreender por que seu adversário fala com as pessoas, muito menos traçar uma estratégia para disputar esses mesmos eleitores.

O ataque político faz parte do jogo. Outro erro recorrente é a incapacidade de lidar com ataques políticos. Apanhar faz parte da política. Ser criticado, ter suas decisões questionadas e enfrentar adversários agressivos não é um desvio do processo — é o próprio processo. Muitos candidatos, ao sofrerem ataques, entram em estado de indignação paralisante, como se o simples fato de serem criticados invalidasse a legitimidade da eleição.

Se o ataque for legítimo, deve ser respondido politicamente. Se for falso, deve ser combatido com a verdade. E, se for ilegal, deve ser tratado no campo jurídico. Mas em nenhum desses casos se pode perder tempo esperneando sobre o fato de que o ataque aconteceu. A campanha precisa continuar. O planeta continua girando e o eleitor não tem paciência para candidatos que passam a eleição inteira se fazendo de vítimas. Amanda Bittner indica que, embora a empatia por figuras políticas possa aumentar de forma temporária após ataques percebidos como injustos, a persistência na postura de vítima erode rapidamente a percepção de competência e capacidade de liderança — atributos fundamentais para a conversão de simpatia em intenção concreta de voto.

Há ainda aqueles que, ao serem atacados, assumem uma postura de negação absoluta. Em vez de enxergarem o impacto real das críticas, preferem acreditar que tudo se trata de um complô midiático, uma manipulação de pesquisas ou uma conspiração internacional. Esse tipo de pensamento leva a dois caminhos: o candidato para de responder com efetividade aos ataques, porque acredita serem irrelevantes ou orquestrados, ou perde toda a

52 TOLLER, Paula.; LEONI. Conspiração internacional. *In*: KID ABELHA. *Educação sentimental*. Rio de Janeiro: WEA, 1985. Faixa 3.

conexão com a realidade eleitoral e só descobre o erro quando vê o resultado nas urnas.

Ignorar pesquisas porque "elas estão erradas", desconsiderar críticas porque "são só difamação" e desprezar o crescimento adversário porque "as pessoas estão sendo manipuladas" não são estratégias políticas — são receitas para o fracasso.

Não adianta culpar o mensageiro; não adianta vender o sofá.[53] Um candidato que foca apenas o adversário perde de vista o que realmente importa: o eleitor. Se uma parte significativa do eleitorado acredita em algo, é um erro ficar apenas batendo no adversário e desqualificando sua narrativa. O foco deve ser entender por que esse eleitor pensa dessa forma e o que pode ser feito para recuperar sua confiança.

Essa concepção reflete o que William Riker conceitua como *heresthetic*: a arte de estruturar situações políticas de modo que as escolhas feitas por outros resultem em desfechos favoráveis a si mesmo. Ao contrário de abordagens centradas na desqualificação adversária, a heresthetica envolve compreender profundamente as motivações e preferências do eleitorado para então reorganizar a competição política em termos mais vantajosos. Analisando casos históricos de viradas eleitorais improváveis, o autor demonstra como candidatos bem-sucedidos conseguem transformar a dinâmica da disputa não atacando frontalmente seus oponentes, mas introduzindo novas dimensões de debate que reorganizam as preferências do eleitorado de maneira favorável a suas candidaturas.

---

53 A anedota do "marido que vendeu o sofá" é frequentemente usada como metáfora para decisões simbólicas porém ineficazes diante de um problema estrutural. Na piada, um homem traído reage vendendo o sofá onde ocorria o adultério, acreditando resolver a infidelidade eliminando apenas o local do ato. Em termos analíticos, trata-se de um caso clássico de dissonância cognitiva e resposta substitutiva, em que o sujeito evita confrontar a causa real (a infidelidade em si) e opta por uma ação paliativa com forte valor emocional, mas baixa eficácia prática. A expressão tornou-se, portanto, um recurso crítico para ilustrar políticas públicas ou decisões pessoais que atacam sintomas sem enfrentar causas.

Se um eleitor acredita em algo falso sobre um candidato, o problema não é só a mentira do adversário — é a falha na comunicação da própria campanha. Por que essa informação falsa foi mais convincente do que a verdade? O erro não está no eleitor, e sim na incapacidade de tornar a narrativa correta mais forte do que a errada. Estratégias de correção baseadas apenas na contraposição de fatos, como os estudos de Brendan Nyhan e Jason Reifler indicam, podem produzir o efeito bumerangue mencionado anteriormente, em que a tentativa de correção acaba reforçando a crença original. Campanhas eficazes, portanto, precisam ir além da contraposição factual, desenvolvendo narrativas alternativas que não apenas corrijam informações errôneas, mas também atendam às necessidades psicológicas e valorativas que tornam certas desinformações atraentes para determinados segmentos do eleitorado.

O mesmo vale para eleitores que rejeitam um candidato mesmo quando ele está dizendo a verdade. Em vez de simplesmente repetir os mesmos argumentos esperando que, em algum momento, sejam aceitos, é necessário investigar por que essa credibilidade se perdeu e reconstruí-la de maneira estratégica.

Demonizar o adversário não resolve o problema. Se um candidato não enxerga a raiz da legitimidade do adversário, nunca conseguirá desconstruí-lo de forma eficaz. Em vez de combater as causas do crescimento do oponente, ele fica somente reagindo aos sintomas.

Isso não significa que um adversário não possa ser duramente atacado. O que significa é que os ataques precisam ter propósito. Bater em um adversário apenas para reforçar a ideia de que ele "não deveria estar ali" não convence o eleitor — sobretudo aqueles que já simpatizam com ele. Se o candidato quer desconstruir seu rival, precisa entender o que torna esse adversário forte e quais são suas fraquezas reais. A desconstrução eficaz de um adversário quase nunca ocorre por meio de ataques diretos à sua pessoa, mas sim pela capacidade de redefinir os termos do debate de forma que exponha naturalmente suas fraquezas ou torne suas forças irrelevantes para a decisão eleitoral.

Uma campanha não se ganha apenas com a rejeição ao outro. Ela se vence com uma conexão forte com o eleitorado. O candidato que entende essa regra básica da política joga o jogo com inteligência. O que se recusa a aceitar a realidade se torna irrelevante — e descobre, demasiado tarde, que ignorar o adversário não faz com que ele desapareça.

QUANDO A ELEIÇÃO VIRA UM PLEBISCITO

Em uma eleição ideal, os candidatos debatem ideias, comparam propostas e disputam o voto do eleitor com base em um conjunto de temas que afetam a população. Nem sempre é assim. Em algumas disputas, a eleição deixa de ser sobre políticas públicas, economia ou qualquer outro assunto relevante e se transforma em um plebiscito sobre um candidato específico. A pergunta central passa a ser: "Essa pessoa deve ganhar ou perder?". Quando isso acontece, o candidato em questão já larga com vantagem — gostem dele ou não.

Esse fenômeno ocorre principalmente em dois cenários: o natural é quando há um candidato à reeleição. Esse é um plebiscito óbvio, e até desejável. Quem já está no cargo naturalmente se torna o ponto central da disputa, porque a eleição passa a ser um julgamento da sua gestão. O adversário tenta convencer o eleitorado de que a mudança é necessária, enquanto o incumbente usa sua posição para consolidar apoio e minimizar rejeição. O outro caso é quando um candidato se torna grande demais para ser ignorado. Isso pode acontecer por ele já ser muito conhecido, por ser controverso ou por ter um estilo agressivo que força os adversários a reagirem a ele o tempo todo.

A teoria do *agenda-setting*, de McCombs e Shaw, demonstra que candidatos que conseguem definir os temas centrais da campanha têm mais engajamento do eleitorado. Além disso, segundo Robert Entman, a forma como os temas são enquadrados nos meios de comunicação exerce um papel decisivo na percepção da população votante. Por meio do processo de enquadramento, não só se define o que é discutido, mas também se orienta a interpretação das informações, reforçando a centralidade do candidato.

O enquadramento enfatiza certos aspectos enquanto minimiza outros, o que pode transformar críticas em argumentos que fortalecem a presença do candidato na disputa, mesmo quando a intenção é desestabilizá-lo.

Quando um candidato se torna o centro da eleição, ele pode crescer ainda mais. Toda crítica, todo ataque, toda menção ao seu nome reforçam sua presença na disputa. Mesmo os que o odeiam acabam falando dele. Nesse momento, o jogo muda: os adversários não estão mais disputando espaço com um nome entre vários. Eles estão disputando espaço contra a principal figura da eleição.

Isso coloca os outros candidatos diante de um dilema estratégico. Atacar ou ignorar? Se ignoram, correm o risco de deixar o candidato dominante ocupar todo o debate. Se atacam, precisam tomar cuidado para não cair na armadilha de apenas fortalecer quem já tem atenção.

A parte mais interessante desse fenômeno é entender que, quando um candidato é atacado, seus eleitores não migram automaticamente para o adversário. O eleitor que já gosta desse candidato pode até se apegar ainda mais a ele. Mas e aqueles que já tinham alguma antipatia? São esses que estão em disputa. A desconstrução de um adversário precisa ser feita pensando também nesses eleitores "soltos", e não apenas nos votos já fidelizados ao candidato.

É um erro comum em campanhas. Quando um candidato X se torna o centro da disputa, seus adversários muitas vezes partem para o ataque com o objetivo de desmoralizá-lo. Mas o efeito prático pode ser de rebote. Quem já gosta desse candidato só se irrita e fecha ainda mais o apoio. Quem não gosta já não gostava antes — e não precisa de tanto convencimento assim. O resultado é que o ataque até pode reduzir os votos do adversário, mas não necessariamente transfere esses votos para quem fez o ataque.

A melhor estratégia para lidar com esse tipo de eleição não é ignorar o adversário, mas sim buscar saber como atacá-lo sem fortalecer sua presença. Se a eleição virou um plebiscito sobre uma figura específica, é preciso disputar essa narrativa, trazendo-a para um terreno onde a campanha faça sentido. Em vez de apenas bater no candidato dominante, a campanha precisa conquistar o eleitor que já tem dúvidas sobre ele, mas ainda não encontrou uma alternativa.

Uma estratégia eficaz para reverter esse efeito consiste em reconfigurar a agenda política de modo a enfatizar questões de interesse coletivo, e não apenas centralizar o debate na personalidade do adversário em questão. Ao adotar o reenquadramento, a atenção dos eleitores pode ser direcionada para tópicos substantivos e evitar que a disputa se transforme em um plebiscito sobre um único indivíduo. Essa abordagem estimula, segundo Chong e Druckman, uma avaliação mais crítica das propostas e diminui a tendência de reforçar, inadvertidamente, a figura dominante, criando assim uma narrativa mais ampla e orientada para as políticas públicas.

Quando a eleição vira um plebiscito, a pior coisa que um adversário pode fazer é reforçar a lógica do plebiscito, fazendo com que tudo continue girando em torno de uma única pessoa. O caminho certo é disputar o espaço, trazer novos temas para o debate e não permitir que o centro da campanha seja apenas um nome, mas sim um projeto político.

Se a discussão já está orbitando em torno de um candidato, quem quer vencer precisa mudar essa lógica. Caso contrário, só estará alimentando a candidatura de quem já entrou na disputa com meio caminho andado.

ALIANÇAS FORÇADAS E O INIMIGO COMUM

Se subestimar um adversário é um grave erro, não entender a força das alianças pode ser ainda pior. Campanhas eleitorais nem sempre começam com alianças naturais. Às vezes, dois grupos que se veem como rivais precisam, por força das circunstâncias, compor uma chapa. Isso pode gerar um ambiente instável, carregado de desconfiança e tensão interna. Mas há um fator que, muitas vezes, acelera o processo de coesão: o surgimento de um inimigo comum.

A política tem um jeito peculiar de fazer com que adversários circunstanciais se tornem aliados estratégicos. A presença de uma ameaça externa intensifica a identidade coletiva, afirmam Tajfel e Turner, minimizando diferenças internas que antes pareciam irreconciliáveis. Em contextos eleitorais, isso se traduz na redefinição do "nós" contra "eles", em que antigas rivalidades são subordinadas à necessidade de enfrentar um adversário comum mais ameaçador. Muitas vezes, o que começa como uma aliança desconfortável, motivada por necessidade, se transforma em algo sólido justamente pela ameaça externa exigir um alinhamento interno.

Em campanhas, principalmente as de oposição, que enfrentam ataques diretos do grupo político no poder, é comum que as diferenças internas sejam postas de lado. O instinto de sobrevivência política fala mais alto. Se antes havia disputa por protagonismo dentro da chapa, um ataque vindo de fora pode reconfigurar as prioridades e fazer com que os envolvidos percebam que, sozinhos, estão vulneráveis.

O mais interessante nesses casos é que a coesão não surge de reuniões estratégicas ou discursos inspiradores. Ela vem da prática, da necessidade real de confiar no outro para superar um obstáculo imediato. Quando titular e vice, por exemplo, se veem encurralados, com suas próprias vidas políticas em risco, é natural que a dinâmica interna mude. Aqueles que antes disputavam espaço começam a operar como uma unidade.

O compromisso político coletivo se fortalece sob pressão externa, segundo a pesquisadora Leonie Huddy, criando o que ela chama de "solidariedade emergente". Em seu estudo, observou-se que grupos políticos expostos a ataques diretos desenvolvem mecanismos psicológicos de defesa coletiva, que não apenas impulsionam a coesão interna, mas também aumentam a disposição para ações coordenadas de resposta. Nas campanhas eleitorais, isso frequentemente se manifesta como uma sincronização espontânea de discursos e estratégias entre aliados que, até então, mantinham agendas distintas.

O desafio, para uma campanha nessas circunstâncias, é fazer com que essa união de emergência não desapareça quando a crise passa. Muitas alianças feitas sob pressão se desmancham quando o perigo imediato desaparece. Cabe à liderança da campanha encontrar maneiras de manter essa coesão ao longo de toda a eleição.

CANDIDATOS QUE FOGEM DO CONFLITO

Assim como saber modificar o tom do embate, é preciso saber quais conflitos devem ser evitados ou não. Em toda eleição, há candidatos que constroem suas campanhas no confronto direto, atacando adversários e assumindo posições firmes sobre os temas mais polêmicos. Mas há também aqueles que optam pelo caminho da neutralidade, evitando embates e mantendo um discurso mais diplomático. Essa escolha estratégica pode ser lida de duas formas: como um sinal de maturidade e inteligência política ou como pura covardia, um medo de desagradar eleitores e perder apoios. A questão central é: quando evitar o conflito é uma jogada inteligente e quando se torna um erro fatal?

Há momentos em que a neutralidade pode ser um diferencial positivo. Em eleições em que o eleitorado está cansado de brigas políticas, um candidato que se apresenta como alguém equilibrado e que busca unir, em vez de dividir, pode ter um grande apelo. Em cenários de polarização extrema, muitas pessoas procuram uma alternativa que não esteja mergulhada no caos da disputa e, nesses casos, fugir do conflito pode ser uma estratégia acertada. Isso funciona especialmente para candidatos que já possuem uma imagem consolidada, quando o eleitor já sabe o que ele representa, mesmo sem ouvir ataques diretos a adversários.

Por outro lado, a neutralidade também pode ser vista como uma falta de firmeza. Fridkin e Kenney comprovaram empiricamente essa ambiguidade. O estudo realizado pelos pesquisadores demonstrou que, embora alguns eleitores critiquem campanhas negativas, eles simultaneamente avaliam candidatos "pacíficos demais" como menos competentes para lidar com crises. Os pesquisadores identificaram um paradoxo fundamental: o mesmo eleitorado que rejeita o conflito excessivo também interpreta a ausência total de combatividade como sinal de fraqueza, em especial nas questões percebidas como fundamentais.

Se o candidato evita se posicionar em temas centrais do debate político, pode passar a impressão de que não tem opinião própria ou de que teme desagradar aos eleitores. Esse tipo de postura muitas vezes gera frustração. O eleitorado quer saber o que o candidato realmente pensa sobre questões importantes. Quando a campanha é baseada apenas em discursos genéricos e promessas vagas, sem tomar lados claros, o eleitor pode acabar optando por outro candidato que demonstre mais convicção.

Outro risco de evitar conflitos é permitir que o adversário domine a narrativa. Se um candidato está sendo atacado e não reage, pode parecer fraco ou culpado. Em política, nem sempre o silêncio é uma demonstração de serenidade — às vezes, ele apenas reforça a narrativa do opositor. Quando um político evita responder a críticas ou acusações relevantes, pode estar, na prática, abrindo espaço para que sua campanha seja moldada pelos outros.

O cientista político John Geer apresentou evidências convincentes desse fenômeno ao analisar campanhas presidenciais americanas. Sua pesquisa demonstrou que candidatos que evitaram responder a ataques sofreram queda nas intenções de voto nas semanas seguintes. Conforme o autor argumenta, o conflito em política não é meramente destrutivo, mas serve à função democrática de esclarecer diferenças e forçar o debate sobre temas controversos que candidatos evasivos prefeririam ignorar.

De acordo com os pesquisadores Banda e Windett, candidatos que evitaram qualquer forma de confronto tiveram menos cobertura midiática e, por consequência, menor reconhecimento de nome. O estudo revela que o silêncio como estratégia quase nunca favorece os desafiantes, beneficiando principalmente incumbentes já conhecidos. Os dados sugerem que, para candidatos menos estabelecidos, momentos calculados de assertividade podem ser essenciais para romper o anonimato e estabelecer presença no imaginário público.

O equilíbrio ideal está na leitura correta do cenário. Há momentos em que bater de frente pode ser desnecessário ou até prejudicial, mas há momentos em que fugir do embate pode custar caro. A diferença entre inteligência e covardia está na estratégia: quem evita o conflito por cálculo político pode se sair bem, mas quem foge dele por medo pode acabar sendo atropelado pelos adversários. O eleitor não quer um candidato brigão o tempo todo, mas também não quer ninguém que pareça incapaz de se posicionar quando necessário. No fim das contas, quem se esconde demais corre o risco de ser esquecido.

O CANDIDATO QUE BRIGA COM SEU PRÓPRIO ELEITOR

Se tem uma coisa que um candidato não pode fazer é entrar em conflito com quem já está do seu lado. Tudo que vimos até aqui nos mostra que isso não é tão óbvio quanto parece. Em todas as eleições, há políticos que sabotam a própria base ao tentar mudar de imagem, adotar discursos contraditórios ou simplesmente ignorar aqueles que os apoiaram desde o começo. O resultado? O eleitorado fiel se sente traído, os novos públicos que o candidato tenta conquistar não confiam na mudança e, no final, ele perde votos dos dois lados.

A identidade política e a coerência são fundamentais para manter uma base de apoio sólida. Quando um candidato tenta se reinventar durante a campanha, precisa ter muito cuidado para não parecer oportunista. Eleitores não gostam de se sentir descartados ou enganados. Se um político construiu sua carreira com um discurso forte sobre determinado tema e, de repente, começa a suavizá-lo ou abandoná-lo para atrair um novo público, corre o risco de alienar aqueles que sempre estiveram ao seu lado.

É mais uma vez o grave erro de tentar agradar a todos. O candidato começa a suavizar posições, a evitar temas polêmicos ou até a adotar discursos que contradizem sua trajetória. Mas a política não perdoa incoerência. Quem tenta falar para todo mundo muitas vezes acaba não falando para ninguém. Essa ambiguidade, como bem identificado pelos pesquisadores Tomz e Van Houweling, gera um "desconto de credibilidade" que reduz drasticamente a confiança do eleitor, efeito particularmente pronunciado entre eleitores politizados que valorizam a previsibilidade ideológica.

Outro problema comum é quando o candidato se sente desconfortável com a própria base. Em alguns casos, ele entra na campanha já incomodado com a forma como sua imagem foi construída ao longo dos anos e tenta fazer de tudo para se distanciar dela. Esse esforço de reposicionamento, quando feito de maneira brusca ou artificial, pode gerar um efeito devastador: os antigos apoiadores se sentem rejeitados e os novos eleitores não confiam na mudança. É um caso clássico de autossabotagem política.

A verdade é que o eleitorado perdoa muitos defeitos, mas não perdoa traição. A base pode até aceitar que um candidato ajuste sua comunicação ou amplie seu discurso para alcançar novos públicos, mas não tolera ser deixada de lado. Um político que não valoriza quem já está com ele desde o início dificilmente conseguirá construir uma campanha vitoriosa.

Anthony Downs, em 1957, afirmou que as mudanças de posição devem ocorrer dentro de um "raio de credibilidade" limitado pela trajetória prévia do candidato. Tentativas de reposicionamento que ultrapassam esse raio provocam dissonância cognitiva entre os eleitores, resultando em perda de votos, já que os eleitores originais perdidos superam os conquistados em outros segmentos.

O segredo está no equilíbrio. É possível ampliar o eleitorado sem abandonar a base original, mas isso precisa ser feito de maneira estratégica e gradual. O candidato deve encontrar formas de dialogar com novos segmentos sem entrar em conflito com seus apoiadores mais fiéis. Quem ignora essa dinâmica corre o risco de terminar a campanha sozinho, sem os eleitores antigos e sem os novos. Na política, quem briga com o próprio eleitor já começa a eleição perdendo.

REJEIÇÃO, FAVORITISMO E ISOLAMENTO

CADA UM QUE CUIDE DO SEU

Política é um jogo coletivo, mas, dentro desse jogo, cada jogador precisa cuidar da própria sobrevivência. Grupos políticos se formam com base em interesses comuns, alianças estratégicas e objetivos compartilhados, mas, quando um candidato se torna um problema maior do que um ativo, a lógica da sobrevivência se impõe: ou ele resolve seus próprios prejuízos ou será descartado pelo grupo.

Esse é um princípio fundamental da política. Ninguém carrega um peso morto por muito tempo. Quando um candidato acumula rejeição, cria crises desnecessárias, afasta aliados e compromete as chances eleitorais do grupo, aqueles que estão ao seu redor começam a fazer cálculos pragmáticos. A pergunta que guia esses cálculos é simples: vale a pena continuar associado a ele? Se a resposta for não, o isolamento é apenas questão de tempo.

Como demostrado em pesquisa por Mesquita e seus colaboradores, líderes políticos permanecem no poder apenas enquanto mantêm o apoio de uma coalizão vencedora dentro do grupo que os seleciona. Quando um candidato passa a ameaçar os recursos ou a sobrevivência política do grupo, a teoria prevê um rápido realinhamento das forças internas para preservar o coletivo em detrimento do indivíduo.

O erro clássico de candidatos problemáticos é acreditar que os aliados políticos devem lealdade incondicional. Mas a lealdade, na política, é sempre condicional ao sucesso ou, no mínimo, à viabilidade. Um candidato pode ter apoio irrestrito enquanto for competitivo, mas, se sua imagem se deteriora a ponto de comprometer os planos do grupo, a relação muda. O instinto de sobrevivência coletiva entra em cena, e os aliados começam a buscar formas de se descolar antes que o dano seja irreversível.

Os sinais de que um candidato está prestes a ser descartado pelo próprio grupo são sutis no começo, mas ficam evidentes à medida que a situação piora. Os primeiros indícios são a perda de protagonismo na campanha, agendas canceladas sem explicação e aliados que começam a demonstrar menos entusiasmo. Depois, surgem os distanciamentos públicos, declarações vagas de apoio e, em alguns casos, até críticas discretas de figuras que antes estavam ao lado do candidato. No estágio final, vem o abandono completo: quando o grupo percebe que permanecer ao lado daquele nome só traz prejuízos, corta os laços de vez.

Esse processo não é uma questão de traição — é sobrevivência. Política é feita de alianças, mas cada um precisa garantir sua própria posição. Se um candidato não consegue defender sua própria imagem, não pode esperar que outros façam isso por ele. Se ele se tornou um prejuízo permanente, seus antigos aliados não pensarão duas vezes antes de seguir em frente sem olhar para trás.

A única maneira de um candidato pesado evitar o descarte é provar que, apesar dos problemas, ele ainda faz falta. Política não é caridade, e ninguém mantém um aliado problemático se ele não trouxer vantagens concretas para o grupo. Se o candidato não quer ser abandonado, ele precisa deixar claro que sua ausência traria um prejuízo ainda maior. É preciso mostrar que ainda tem capital eleitoral. Se o candidato tem votos, ele tem valor. Mesmo que sua imagem esteja desgastada, se ele ainda tiver força entre segmentos estratégicos do eleitorado, será mais difícil para os aliados descartá-lo. Pesquisas internas, demonstrações de apoio público e mobilização de bases podem ser usadas como argumento para provar que ele continua relevante.

Também não se deve descartar criar custos para o rompimento. Se o grupo político perceber que o abandonar trará consequências negativas (como a perda de votos, desorganização da base ou até mesmo retaliações políticas futuras), pensará duas vezes antes de isolá-lo. Um candidato que controla um grupo forte ou que tem influência sobre determinados segmentos pode usar isso a seu favor.

Se a sua candidatura está fragilizada, ele pode negociar sua permanência oferecendo algo em troca: articulação nos bastidores, apoio a outros candidatos do grupo ou influência dentro do partido. Se ele demonstrar que ainda pode ser um ativo, mesmo sem estar na linha de frente, pode evitar ser descartado. Candidatos que desabam emocionalmente quando começam a perder apoio tendem a ser descartados mais rápido. Se, em vez disso, ele se mantiver firme, mostrar capacidade de reação e continuar trabalhando para fortalecer sua posição, pode reverter a percepção de fragilidade e se tornar indispensável de novo.

Negociar sua própria saída com dignidade: se não há mais como sustentar a candidatura, o pior erro é sair de cena de forma passiva e humilhante. Em vez de esperar pelo abandono completo, um candidato inteligente antecipa a situação e negocia uma saída que preserve sua relevância para o futuro. Isso pode incluir um apoio estratégico a outro nome do grupo, garantindo espaço político para um retorno posterior. Essa estratégia de reposicionamento é respaldada por David Samuels, que estudou padrões de ambição política no Brasil. Sua pesquisa revela que políticos habilidosos frequentemente aceitam recuos estratégicos temporários, mantendo sua influência nos bastidores mesmo quando afastados dos holofotes. Essa capacidade de adaptação — que o autor chama de "ambição progressiva-regressiva" — permite a sobrevivência no longo prazo, demonstrando como o capital político pode ser preservado mesmo durante crises de imagem.

Política é uma construção coletiva, mas ninguém pode depender exclusivamente de terceiros para se manter de pé. Se um candidato quer continuar relevante, precisa cuidar do próprio nome, da própria trajetória e da própria viabilidade. Porque no final, quando o prejuízo se torna grande demais, até os aliados mais fiéis escolhem salvar a si mesmos. Em resumo, ninguém se mantém na política apenas por boas relações ou por insistência. Se um candidato não quer ser descartado, ele precisa provar, na prática, que sua presença ainda é necessária. Se não conseguir fazer isso, a política seguirá sem ele, e seguirá rápido.

O CHOQUE DA CANDIDATURA MAJORITÁRIA

Ser candidato a um cargo majoritário é uma experiência completamente diferente de disputar uma eleição proporcional. Enquanto em uma eleição para vereador ou deputado o candidato se apoia em estruturas coletivas (seja um partido forte, um puxador de votos ou uma base consolidada), na disputa majoritária ele descobre sem demora que, no final das contas, está sozinho.

Muitos candidatos fazem essa transição sem estarem preparados. Eles vêm de trajetórias em que sempre operaram em grupos, a responsabilidade era dividida e nunca precisaram liderar de fato. Quando finalmente se lançam a um cargo executivo (prefeito, governador, presidente), acreditam que a campanha funcionará da mesma forma que antes. Mas a campanha majoritária não permite esse tipo de conforto.

O primeiro impacto dessa mudança é financeiro. Em eleições proporcionais, o candidato pode dividir custos com a estrutura partidária, receber apoio de outros candidatos e se beneficiar de campanhas coletivas. Já em uma eleição majoritária, ele descobre que levantar recursos é uma tarefa solitária. Doadores não investem em um nome apenas por amizade ou lealdade; eles querem viabilidade, estratégia e segurança. Se o candidato não souber demonstrar essas qualidades, verá que o dinheiro simplesmente não vem.

O segundo choque vem com a comunicação. Na disputa majoritária, ele precisa construir uma mensagem clara para toda a população e sustentar essa mensagem ao longo de meses. Não basta mais ser uma figura conhecida em um grupo restrito; ele precisa convencer um eleitorado inteiro de que está pronto para comandar.

O terceiro impacto vem com os ataques. Candidatos a cargos proporcionais sofrem oposição, mas raramente são alvo central das disputas. Já na eleição majoritária, todo candidato relevante será atacado. A máquina adversária, a imprensa, os opositores menores — todos testam a resiliência do candidato. Quem não está preparado para ser alvo acaba reagindo mal, entrando em espirais destrutivas ou tomando decisões erradas no calor do momento.

Ao analisarem o comportamento de candidatos majoritários em doze países, Mainwaring e Shugart evidenciaram as consequências psicológicas desse cenário. Seu estudo revela que candidatos com experiência exclusivamente legislativa demonstraram deterioração de desempenho após o primeiro grande ataque adversário, comparados àqueles com experiência prévia em posições executivas.

Por fim, há a questão emocional. A solidão da candidatura majoritária não é apenas política ou estratégica — ela é pessoal. Muitos candidatos que sempre foram parte de grupos políticos descobrem, da pior forma possível, que precisam assumir as rédeas sozinhos. Na hora do aperto, quando as pesquisas oscilam, quando os aliados hesitam e quando a campanha enfrenta crises, a única pessoa que pode manter a candidatura viva é o próprio candidato.

O sistema político brasileiro, como demonstra David Samuels, apesar de sua fragmentação partidária, impõe às candidaturas majoritárias uma "personalização necessária" que exige do candidato a capacidade de transcender as estruturas que inicialmente o projetaram. Aqueles que compreendem essa realidade antes da eleição têm mais chances de sucesso. Eles entram na disputa sabendo que precisarão liderar, buscar recursos, manter a calma sob pressão e carregar o peso da campanha nos ombros. Já os que entram achando que a estrutura partidária ou a equipe fará tudo por eles descobrem tarde demais que, na eleição majoritária, ninguém segura a candidatura de quem não aprendeu a caminhar sozinho.

Um aspecto muito ignorado nesta discussão é o chamado "contrato psicológico" que se estabelece entre o político e seus eleitores.

Esse conceito, estudado por pesquisadores como De Jong e seus colaboradores, pode, por analogia, se associar às expectativas não escritas que se formam entre o candidato e diversos grupos: o eleitorado, o partido e até mesmo o parlamento. Quando essas expectativas não são atendidas — algo quase inevitável na complexidade da política moderna —, o resultado é uma profunda violação desse contrato tácito. Essa quebra gera uma tempestade emocional de preocupação, ansiedade, sentimentos de inadequação, impotência, confusão e até traição.

São poucos os candidatos mentalmente preparados para esse choque. Estudos comparativos, como o de Roberts e Weinberg, revelam um dado curioso: políticos que escolhem voluntariamente se afastar do cargo relatam uma diminuição significativa dos sintomas de estresse após a eleição, enquanto aqueles que perdem suas cadeiras continuam apresentando níveis elevados de tensão psicológica. O controle sobre o próprio destino parece um fator decisivo na saúde mental de quem opta pela vida pública.

A MALDIÇÃO DO FAVORITO

Toda eleição tem campanhas que começam com um impacto estrondoso. O candidato aparece bem nas pesquisas, os vídeos de campanha viralizam, os eventos são cheios e o entusiasmo da equipe é contagiante. Mas, conforme a eleição avança, algo começa a dar errado. O apoio que parecia consolidado desaparece, os votos esperados não se concretizam e, no fim, o resultado nas urnas é uma decepção. Isso acontece porque a candidatura, que parecia sólida, na verdade não passava de um castelo de areia: bonito por fora, mas sem nenhuma base para se sustentar.

A política não se ganha apenas com visibilidade. A campanha pode estar na boca do povo, dominar debates e ocupar espaço na mídia, mas, se não houver uma estrutura real de apoio, tudo pode desmoronar. Sofrem desse mal candidatos que investem muito na estética da campanha e pouco na sua base política. Eles apostam em grandes atos, boas peças publicitárias e um discurso bem alinhado, mas esquecem do essencial: construir conexões concretas com o eleitorado.

A diferença entre visibilidade e viabilidade eleitoral reside exatamente nesse ponto. Ter notoriedade não significa ter votos. Um candidato pode ser conhecido por toda a cidade e ainda assim perder a eleição porque não construiu uma rede de apoio consistente. A viabilidade eleitoral depende de fatores como alianças políticas, apoio comunitário, militância ativa e estratégia de campo. Sem isso, a campanha pode se tornar apenas um grande evento midiático sem lastro real.

A queda de um castelo de areia eleitoral geralmente acontece quando chega a reta final da campanha e as escolhas se consolidam. O eleitor pode até ter simpatia por um candidato carismático, mas, quando percebe que ele não tem força política real para vencer ou governar, tende a migrar para opções mais estruturadas. Na eleição, não basta ser uma alternativa interessante — é preciso demonstrar que há uma base de sustentação para viabilizar a vitória e a governabilidade.

Uma explicação para o fenômeno de candidatos que inicialmente são favoritos, mas pedem vantagem com frequência, sugerida pelos pesquisadores Box-Steffensmeier e Kimball, é que o momento de decisão efetiva do voto ocorre de fato quando campanhas promissoras no início já perderam *momentum* ou enfrentam desgaste acumulado. O primeiro erro do candidato que lidera as pesquisas é o comodismo. Ao ver números favoráveis, ele passa a acreditar que não precisa se esforçar tanto quanto os adversários. Enquanto os concorrentes correm atrás de cada voto, ele começa a evitar agendas desgastantes, deixa de preparar discursos com o mesmo afinco e trata a campanha como uma formalidade. Em vez de manter a intensidade, reduz o ritmo, acreditando que sua vantagem é inabalável. Indivíduos em posição de vantagem inicial desenvolvem uma tendência sistemática a subestimar riscos e superestimar a estabilidade de sua posição. Esse comportamento cria um segundo problema: a campanha do favorito tende a se tornar excessivamente defensiva. Candidatos em liderança reduzem seus esforços após a primeira pesquisa favorável, criando vulnerabilidades exploradas por adversários mais atentos às dinâmicas de mudança de opinião. Quem está na frente geralmente evita polêmicas, foge de debates e recusa confrontos diretos com os adversários para não correr riscos desnecessários. Isso pode parecer uma estratégia segura, mas também dá ao eleitorado a sensação de que aquele candidato não tem energia, que não luta pelo cargo e talvez nem mereça tanto assim a vitória.

Enquanto o favorito se retrai, os adversários aproveitam para crescer. Candidatos que começaram atrás sabem que precisam atacar, se diferenciar e mobilizar seus eleitores para reverter o cenário. Eles criam narrativas novas, exploram vulnerabilidades do líder e muitas vezes conseguem virar o jogo justamente porque estavam mais dispostos a batalhar. A história política está cheia de casos de favoritos que foram ultrapassados porque subestimaram a capacidade de reação dos adversários.

É o que defende a teoria da "adaptação estratégica assimétrica" da pesquisadora Diana Mutz. A autora argumenta que candidatos que começam atrás tendem a inovar bem mais na comunicação — investindo muito mais em narrativas alternativas e diferenciação temática — do que os favoritos. Ou seja, desafiantes frequentemente conseguem estabelecer narrativas alternativas persuasivas que deterioram a vantagem inicial dos líderes, particularmente nas fases avançadas da campanha.

Outro risco para quem lidera as pesquisas é a arrogância. Alguns candidatos começam a tratar a campanha como um ritual burocrático, ignorando os alertas da equipe e menosprezando sinais de desgaste. Passam a rejeitar sugestões de ajustes na estratégia, acreditando que o cenário inicial favorável se manterá até o fim. Esse comportamento afasta aliados, desmotiva a equipe e, pior, faz com que o próprio candidato perca o senso de urgência necessário para manter a vantagem. Candidatos experientes sabem que liderança em pesquisa não é garantia de vitória. Para sustentar a posição até o dia da eleição, é preciso continuar crescendo, mobilizando e conquistando apoios. Quem lidera precisa agir como se estivesse atrás, sem jamais cair na armadilha do salto alto. A campanha só termina quando as urnas são abertas.

A maldição do favorito não está em liderar as pesquisas, mas, sim, na forma como o candidato lida com essa liderança. Se ele se acomoda, se torna arrogante ou joga apenas na defensiva, corre um grande risco de ser ultrapassado. Política é dinâmica, e quem não continua se movendo acaba ficando para trás.

QUANDO A IMAGEM PÚBLICA JÁ VEM MARCADA

A política é, antes de tudo, um jogo de percepção. Alguns candidatos entram na disputa com a vantagem de uma imagem positiva já consolidada, enquanto outros começam a campanha carregando um fardo difícil de reverter: a alta rejeição. Quando a candidatura nasce marcada por polêmicas, escândalos ou simplesmente por uma percepção negativa do eleitorado, a luta para mudar essa realidade pode ser uma tarefa quase impossível.

Eleitores processam informações de forma seletiva, aceitando rapidamente dados que confirmam impressões negativas preexistentes enquanto rejeitam evidências contrárias. Foi o que os pesquisadores Taber e Lodge conseguiram comprovar. Eleitores rejeitam informações contrárias a impressões iniciais negativas, um fenômeno que dificulta a recuperação de candidatos com alta rejeição, pois o público filtra evidências positivas de forma cética.

O problema da rejeição é que ela não precisa ser racional. Muitas vezes, o eleitor não consegue explicar exatamente por que não gosta de determinado candidato, mas a sensação já está enraizada. Isso pode acontecer devido a sua postura pública, de falas impopulares, de sua associação com grupos políticos desgastados ou de sua trajetória pessoal. Seja qual for a origem, uma vez que essa rejeição se instala, ela se torna um fator determinante na eleição.

O erro mais comum de candidatos com alta rejeição é acreditar que podem simplesmente ignorar o problema. Muitos apostam que, se focarem apenas suas propostas, os eleitores esquecerão suas resistências. Mas a política não funciona assim. A rejeição, quando não é enfrentada, se fortalece. O adversário sabe disso e explorará cada fragilidade para reforçar o sentimento negativo no eleitorado.

Impressões negativas não abordadas se consolidam como "traços de caráter" na percepção do eleitor, tornando-se resistentes a esforços posteriores de reabilitação. Segundo uma pesquisa de Carolyn Funk, candidatos que enfrentaram suas vulnerabilidades nas fases iniciais da campanha de maneira direta conseguiram reduzir rejeição, enquanto aqueles que tentaram ignorá-las viram suas taxas de rejeição aumentarem.

Outra estratégia falha é o candidato tentar rebater diretamente sua rejeição com explicações longas ou justificativas detalhadas. Isso quase nunca funciona. Na maioria dos casos, o eleitor já está emocionalmente convencido e qualquer tentativa de explicação soa como desculpa. O problema da rejeição não é apenas de narrativa, mas de sentimento. E sentimento não se muda com palavras, e sim com ações e, principalmente, com uma nova postura pública.

Os casos de candidatos que conseguiram reverter uma rejeição significativa tiveram algo em comum: não fugiram do problema, mas também não ficaram presos nele. Eles entenderam que, para mudar a percepção do eleitor, era preciso apresentar algo novo, uma mudança de atitude, um gesto inesperado que quebrasse a imagem consolidada. Já vimos candidatos que entraram na disputa com uma rejeição altíssima, devido a um escândalo passado, mas que conseguiram se reeleger após uma virada de percepção, enfrentando publicamente as acusações e adotando uma postura humilde, pouco a pouco recuperando parte da confiança popular.

Mas essa mudança exige tempo e estratégia. Se o candidato insistir em comportamentos que reforçam a visão negativa que já existe sobre ele, qualquer tentativa de renovação será vista como falsa. O eleitor precisa sentir que a mudança é real, não um truque de campanha.

As pesquisas de Cwalina, Falkowski e Newman confirmam que campanhas de reposicionamento sem modificações comportamentais correspondentes são rejeitadas por serem vistas como "manipulativas" ou "não sinceras". A rejeição só pode ser efetivamente revertida quando o candidato demonstra, mediante ações consistentes, uma ruptura genuína com os comportamentos que originaram a avaliação negativa.

Para um candidato altamente rejeitado, o caminho até a vitória é estreito. Não basta ter boas ideias ou um discurso bem estruturado. Ele precisa criar um choque positivo na percepção pública, algo que faça com que o eleitor repense, mesmo que por um instante, sua visão negativa. Sem isso, a rejeição se mantém inabalável e a campanha se torna apenas um esforço para confirmar uma derrota que já estava anunciada.

Reflexões finais

Ao longo deste livro, exploramos como é a cabeça de um candidato: suas motivações, seus medos, suas batalhas internas e suas estratégias de sobrevivência. Muito do que compartilhamos vem de nossa experiência direta com políticos ao longo de décadas de trabalho. Mas e se pudéssemos, além disso, quantificar o impacto que a vida política tem na saúde mental daqueles que se dispõem a enfrentá-la?

Em 2019, um grupo de pesquisadores britânicos conseguiu fazer exatamente isso. Em um estudo pioneiro conduzido por membros do Parlamento britânico, os pesquisadores Daniel Poulter (ele próprio um parlamentar) e outros colegas realizaram o primeiro levantamento científico para avaliar a saúde mental de políticos usando instrumentos validados. O que encontraram apenas confirma o que já suspeitávamos há muito tempo: a política cobra um preço significativo de quem a escolhe como profissão.

A revelação dos números

Os dados são impressionantes: 34% dos parlamentares britânicos apresentaram sinais de um provável transtorno mental comum — quase o dobro da taxa encontrada em grupos populacionais comparáveis, como executivos de alto nível (17%). Problemas como não conseguir se concentrar, perder o sono por preocupação, sentir-se constantemente sob pressão, não conseguir superar dificuldades e perder a confiança em si mesmo foram significativamente mais prevalentes entre os políticos.

O que vemos aqui é a confirmação científica daquele fenômeno que já observamos em nossos clientes: o candidato ou político em exercício enfrenta uma pressão psicológica extraordinária. Como vimos ao longo dos capítulos, as críticas, a exposição constante, a necessidade de estar sempre interpretando um papel e o escrutínio ininterrupto criam um ambiente propício para o desenvolvimento de problemas de saúde mental.

A solidão do político

Talvez o achado mais perturbador do estudo em questão não seja a alta prevalência de problemas mentais, mas a relutância dos políticos em buscar ajuda. Mais da metade (52%) dos parlamentares não se sentia confortável para discutir problemas de saúde mental com colegas políticos, e 77% sequer conheciam os serviços de suporte psicológico disponíveis no próprio parlamento. Isso nos remete ao que discutimos sobre a candidatura majoritária, mas se aplica a todos. A política, ironicamente, é uma profissão feita para conectar-se com multidões, mas com frequência deixa seus praticantes profundamente isolados. Como confiar em adversários potenciais? Como expor vulnerabilidades em um ambiente onde qualquer fraqueza pode se tornar munição? O resultado é aquele político que vimos tantas vezes: sofrendo em silêncio, resistindo a buscar ajuda, temendo que qualquer sinal de fragilidade emocional possa ser explorado politicamente.

O perigo do isolamento informacional

Voltando à seção sobre "Os bajuladores e a nudez do rei", podemos agora entender melhor por que o isolamento informacional é tão perigoso. O estudo britânico revelou que políticos que conseguiam discutir seus problemas de saúde mental tinham uma probabilidade muito menores de desenvolver transtornos mentais. Em outras palavras, o político que se cerca apenas de bajuladores, que vive em uma bolha, de forma que ninguém se atreve a trazer más notícias ou confrontá-lo com a realidade, não está somente prejudicando sua estratégia política — está minando sua própria saúde mental. Aqueles "homens do rei" que temem dizer que ele está nu estão, sem intenção, contribuindo para seu possível colapso psicológico.

O *downgrade* emocional comprovado

Particularmente interessante para nossa discussão sobre o "*downgrade* emocional" é a comprovação de que os parlamentares sofrem desproporcionalmente com perda de confiança e sentimentos de inutilidade. No estudo, os políticos relataram taxas muito mais altas de "sentir-se menos úteis" e "perdendo confiança em si mesmos" do que grupos populacionais comparáveis.

Isso valida nossa observação de que, quando o poder vai embora, o político frequentemente enfrenta não apenas a perda de status e influência, mas uma crise existencial profunda. Como discutimos, a identidade de muitos políticos se funde com profundidade aos seus cargos, que, quando desaparecem, instauram uma crise de identidade. Agora temos evidências quantitativas desse fenômeno.

Candidatos mais jovens são mais vulneráveis?

O estudo do Parlamento britânico também revela algo que temos observado em campanhas recentes: parlamentares mais jovens e do sexo feminino apresentaram taxas mais altas de problemas de saúde mental. Entre as mulheres parlamentares, 41% apresentavam sinais de transtornos mentais comuns, em comparação com 30% entre os homens. Isso pode sugerir que o ambiente político, tradicionalmente dominado por homens mais velhos, apresenta desafios adicionais para mulheres e jovens políticos.

A necessidade de um novo olhar

O que todos esses dados nos comprovam é que precisamos com urgência de uma nova abordagem para a saúde mental na política. Não estamos falando apenas de campanhas mais civilizadas ou de menos ataques pessoais, embora isso certamente fosse de ajuda. Estamos falando da necessidade de: 1) reconhecer que políticos são seres humanos, sujeitos ao estresse e ao sofrimento psicológico como qualquer outro; 2) criar estruturas de apoio que sejam acessíveis e livres de estigma; 3) desenvolver uma cultura política que não veja a busca por ajuda como fraqueza; 4) preparar candidatos não apenas para ganhar eleições, mas para preservar sua saúde mental ao longo do processo.

Como profissionais que trabalham diretamente com candidatos, temos uma responsabilidade especial aqui. Além de ajudarmos a vencer eleições, talvez devêssemos também ajudar nossos clientes a preservarem algo ainda mais valioso: sua saúde mental e seu equilíbrio emocional.

Os números não mentem: a política, como está estruturada hoje, é uma atividade de alto risco para a saúde. O candidato que entra nesse mundo sem preparação adequada está, como vimos, montando sem proteção num touro bravo. Pode até conseguir se segurar por algum tempo, mas as chances de queda — e uma queda dolorosa — são altíssimas.

THE END

NUNCA DEIXE UM "BODE NA SALA"!

Passamos aqui por teoria, prática e casos das coxias. Esperamos ter dado uma enriquecida nesse universo das campanhas eleitorais, e que cada vez mais todas as cabeças envolvidas — candidatos, marqueteiros e pesquisadores — possam propiciar e elaborar campanhas profícuas e, como diz um ditado em latim que trago numa antiga apresentação da IRPesquisas, "*Cuilibet in arte sua perito est crededum*" ("Convém ouvir sobre qualquer matéria aos que são mais competentes"). Cabeças competentes pensando junto têm mais chances de chegar ao sucesso. Em campanha, formamos UM TODO em torno da estrela maior, que é o candidato.

Fechamos este livro com a crença na valorização de nossas profissões, que já são muito bem estimadas. Também esperamos com isso prestigiar ainda mais os nossos clientes passados, presentes e futuros. Sem dúvida alguma, dependemos deles, e nós gostamos do que fazemos.

Descontraindo com um *backstage* engraçado e deixando uma mensagem: "Nunca deixar o bode dentro da sala". No máximo, um "bichinho de estimação". Muitas vezes, quando um político contrata um marqueteiro e uma pesquisa eleitoral, ele não faz ideia da engenhosidade e do grau de dificuldade do trabalho que se desenvolverá.

No que tange sobretudo à pesquisa qualitativa, que é minha área de especialização e de maior atuação no mercado, ela requer mais compreensão e profundidade na leitura e análise que a pesquisa quantitativa. Esta última é bem difundida, fácil de entender e dispensa apresentações. Hoje destaco, nessa modalidade, o Felipe Nunes, da Quaest, estrela maior que tão bem nos representa nas diversas mídias dos anos 2020 e que não me deixa mentir! Cito também Cila Schulman e Maurício Moura, do Instituto de Pesquisa Ideia, Márcia Cavallari, do Ipec Inteligência em Pesquisa, Antônio Lavareda, do Ipespe, e Francisco Meira e Marcos Coimbra, do Vox Populi, todos ases que transpuseram as barreiras da pesquisa de opinião e tanto enriquecem o entendimento da pesquisa quantitativa com suas análises sobre a política de nosso país. Tive e ainda tenho experiências com alguns deles, mantendo parcerias profícuas entre a qualitativa e a quantitativa.

Ao solicitar um orçamento de pesquisa qualitativa, muitas vezes o candidato ou seus assessores demoram a aprovar a proposta, se alongam na aprovação dos roteiros, procrastinam o pagamento, nem sempre leem os contratos na íntegra e, em geral, querem os preciosos resultados para ontem! Quantas ocasiões, nem uma semana após aprovada, me ligaram para saber se a pesquisa estava pronta? Tudo bem, embora não seja uma situação muito confortável. E eles são "os clientes"! Os verdadeiros donos da pesquisa contratada. Mas a complexidade do processo existe!

Esclareço aos nossos candidatos que a pesquisa qualitativa tem várias etapas que antecedem aos famosos grupos de discussão:

coleta de informações e dados secundários sobre o cenário que está em estudo, desenvolvimento e aprovação do roteiro, treinamento de recrutadores, que são cruciais na boa seleção dos representantes dos perfis que compõem a pesquisa, logística de viagens e escolhas de salas para a realização de grupos (é muito raro encontrar boas salas: em locais no interior do Brasil, encontrá-las é uma verdadeira caça ao tesouro!), treinamento de moderadores, moderação, análise dos dados, elaboração do relatório — até chegar ao produto final. Isso requer um tempo que nem sempre o cliente imagina. E brinco: isso aqui não é PlayStation, onde você aperta o botão e pronto: o jogo está disponível e termina em minutos!

Para compreender em profundidade a "caixola" do eleitor, precisamos de profissionais com elevado nível de formação acadêmica. Às vezes, os clientes reclamam: "Nossa, mas a pesquisa qualitativa é cara!". Se soubessem de todo o processo, deixariam de repetir essa frase e de contratar pesquisas qualitativas de baixo custo, sem a *expertise* que a modalidade requer. Peço atenção aos candidatos e às respectivas equipes: o barato pode custar caro.

Uma vez, um candidato acabou por convencer o seu marqueteiro a contratar uma pesquisa bem mais "em conta" que as demais que ele havia solicitado em uma tomada de preços. Era de uma empresa recém-chegada ao mercado, formada por pessoas advindas de uma equipe de campo (não as desmerecendo, pois são fundamentais nas pesquisas) que achavam que fazer quali era fácil — só reunir dez pessoas e conversar sobre a eleição e os candidatos! Muito mais barata mesmo. Não pagava nem a etapa do recrutamento usual, porém pertencia a um grupo de conhecidos de um assessor dele.

Apresentado o relatório, o marqueteiro me chamou e disse: "Gostaria que você desse sua opinião sincera e me ajudasse a extrair alguma coisa desse relatório de 'amebas' que o candidato contratou". O candidato não havia entendido o relatório, e o marqueteiro já tinha a resposta dentro do pedido que me fizera. Eticamente, eu optei por não comentar aquele relatório, no entanto, solicitei uma cópia e tirei o nome da empresa. Em treinamentos internos, eu mostrava o *maledetto* para minha equipe aprender "o que nunca fazer" e "o que não era um relatório analítico". Tiveram que contratar outra pesquisa qualitativa. De fato estava muito aquém do que se podia minimamente entregar para uma campanha. Fica aqui mais um dito popular: "Quando a esmola é demais, o santo desconfia". *Data venia!*

E chego aqui, ao final deste livro, com um case engraçado para o deleite de quem nos lê.

Certa feita, fui fazer uma pesquisa no Amazonas. Eu nunca havia trabalhado naquele estado e foi um desafio e tanto. As equipes de campo e recrutamento penaram. Calor, chuva, cidades de difícil acesso, viagens longas, deslocamentos até de barco, hotéis caquéticos, eleitores bem retraídos, resistentes e temerosos em responder aos questionários de filtro e em participar de grupos de discussão. Uma peleja! Todavia, ao mesmo tempo, eram pessoas muito acolhedoras e, passado o primeiro momento de desconfiança, se abriam. E o sotaque? Maravilhoso, um português perfeito e muito bem conjugado! Eu ali para fazer a pesquisa e vivenciar uma experiência ímpar no meu Brasil tão rico. Meu Brasil brasileiro, minha Aquarela do Brasil. João Gilberto sabia tanto! Um verdadeiro mergulho etnográfico. A pesquisadora, quase uma estrangeira, se delicia com seu país ainda parcialmente desconhecido.

Para lá voei, levando meu bebê de poucos meses e minha mãe para me apoiar. Pesquisador não tem dessas coisas. Não tem licença-maternidade. Tem trabalho, lá vamos nós! E foi uma aventura. A comida era muito diferente do que estávamos acostumados: umas coisas boiando numa água que parecia "de rio barrento", mas que, ao entrar em minha boca desconfiada, se revelavam um delírio gourmet de tão deliciosa que a iguaria era! Virei fã! Toda vez que ali voltava, queria comer caldeiradas, tacacás, pirarucus em suas diversas modalidades, tapioca com tucumã, cupuaçu. Passei a ficar viciada na comida do Norte. São prêmios que minhas pesquisas me dão!

Em uma viagem a um dos destinos de difícil acesso, deixei minha bebê com minha mãe na capital e embarquei num barco simples e exótico. Na cidade, não havia um hotel com uma sala onde pudéssemos realizar as reuniões de pesquisa. A solução? "Gente, arruma um local onde consigamos montar uma mesa com alguma privacidade para fazer as reuniões!" Realizei a pesquisa debaixo de uma frondosa árvore ao som de passarinhos. Conhecem uma andiroba? Foi maravilhoso. Os eleitores e eu nos fins de tarde, com o rio pertinho e a conversa rolando solta. Até hoje tenho saudade daquela experiência!

A pesquisa qualitativa não exige uma mesa com toalha ou pompa, ela exige pesquisados dentro do perfil e um moderador antenado ao roteiro e ao que surja fora dele, seja debaixo de uma andiroba, dentro de uma Kombi ou em uma sala com espelho *one-way*. A pesquisa qualitativa é viva e vibra. O bom pesquisador sabe disso.

Chega o dia da apresentação da pesquisa. Casa do candidato. Casa não, mansão em plena floresta amazônica. Ele, o marqueteiro e euzinha. O lugar era inacreditável. Parecia que eu estava no filme *Fitzcarraldo*! Juro que tinha uma floresta no quintal! Em meio à apresentação, eu começo a escutar um barulho forte chegando perto de mim. *Tum, tum, tum*. Eu fingi estar tudo normal. O marqueteiro de olhos arregalados! O candidato ficou muito concentrado no resultado, que, por sinal, era muito bom para ele. Um candidato sereno, educado, ponderado, atento aos detalhes, próximo do eleitor e com grande potencial para vencer aquela eleição. E o *tum, tum, tum* chegando cada vez mais perto dos meus ouvidos. Já estava passando o momento de manter minha serenidade profissional!

De repente, sinto um cheiro estranho e algo quente encostando em meu braço. Um bafo e uma cosquinha. *Help me!* Um bicho de quase dois metros e mais de 200 kg. Juro! Dei um grito e o candidato me acalmou. "Calma que é a..." — já me esqueci o nome de seu bichinho de estimação! Acho que era "Mariinha", uma anta gigante! Uma "Inha"?! Socorro, como reagir? Aquele focinho comprido mexendo em minha direção. Aquelas patas dianteiras e traseiras diferentes ali bem ao meu lado. Como manter a pose?

Ele chamou o bichinho, que chegou bem perto e ganhou um carinho de seu dono. Fofo! E eu só pensava: "Como uma pessoa de um estado tão 'ecológico' pode ter um animal desse domesticado em sua casa?". Era seu pet! Acabei a reunião e o bicho ficou ali nos rondando. De perto ninguém é normal!

O candidato era bom, do bem, aliado do trabalho contratado, *mas colocou uma anta na sala!* Nunca mais eu quis apresentar pesquisa na casa dele. Só em seu escritório na cidade. Ele ouvia as pesquisas, ponderava, acreditava, os eleitores gostavam dele e ele dos eleitores, a campanha não teve sobressaltos e ele se reelegeu sem dificuldades. Eu continuo com a pergunta: "O que leva uma pessoa, no caso, um político candidato, a ter uma anta de estimação?".

Em localidades ribeirinhas de estados de floresta, não é incomum que a população cultive e domestique animais considerados "silvestres", pois estão inseridos em outra realidade, diferente dos moradores que vivem em grandes cidades. Felizmente, a lei brasileira hoje está mais rígida e as normas do Instituto Brasileiro de Meio Ambiente e Recursos Renováveis (Ibama) mais respeitadas, embora a Lei de Crimes Ambientais vigente (Lei n.º 9.605) não proíba expressamente a criação desses animais. Todavia, ele não era um representante da população ribeirinha, era uma autoridade, um exemplo. Eu deixaria o bicho na natureza, mas quem sou eu para julgar ou impor que pets amazônicos sejam os mesmos dos sudestinos?

Candidatos, por favor: exemplos, só aqueles a serem seguidos! Aquele foi demais para minha cabeça ecológica! Para o eleitorado, nem tanto. Estavam acostumados com aquela realidade e gostavam tanto do *tutor sine qua non*!

IN MEMORIAM

Iracema Rezende

Meu pai foi um executivo reconhecido de uma importante estatal de Minas Gerais. Ao longo de sua exitosa carreira profissional, passou por algumas empresas privadas e outras autarquias também. Todos ao meu redor me diziam: "Seu pai é um gênio, nasceu para ser ministro de Estado!", "Seu pai ainda vai ser um embaixador do Brasil, fala quatro idiomas além do português e tem uma das mentes mais brilhantes que eu já vi. É um desperdício ficar no governo". Pós-doutor em energia nuclear na Alemanha, era uma "sumidade"!

Quando criança, criança mesmo, em ocasiões na escola nas quais perguntavam o que nossos pais eram, eu respondia com orgulho, sem saber direito o que aquilo significava: "Meu pai é engenheiro civil, eletricista e nuclear". Tinha decorado aquilo e achava o máximo a profissão, que não fazia ideia do que era.

Tínhamos uma terra numa cidade pequena na Zona da Mata mineira. Aquilo lá era seu idílio. Meu pai era muito querido na nossa região. O "tô *Accaci*!", como o pessoal da roça costumava chamá-lo. Papai era um excelente orador, e as conversas no curral e ao redor da mesa grande não tinham fim. E não era um chato, não! Quem o conheceu pode confirmar o que esta filha está dizendo! Era uma conversa boa, daquelas que a gente quer ficar ali por horas a fio. Tinha grande humildade e tinha a sabedoria de conversar deliciosamente com todos os níveis sociais. Na mesona de sua fazenda, na velha e boa cozinha mineira... já dá para imaginar, né?

Nos fins de semana, tinha gente na roça o dia inteiro. Era visita para tomar um cafezinho, comer um queijinho, tomar uma pinguinha (que ele adorava), bater uma prosa, pedir um conselho, chamá-lo para ser padrinho do rebento que ia nascer em breve, ver os cavalos e o gado, tomar leite no curral, vender um produto rural, pedir uma ajuda na luz da casa deles, pedir uma ajuda nas contas, um bezerrinho, um emprego na capital, fumar um cigarrinho de palha, pedir um dinheirinho. Papai emprestava até o que não tinha. Eu tinha pena dele, mas ele achava que o povo gostava muito dele, e gostava mesmo! Mas tudo tem limite. Ele dizia saber a hora certa de dizer não. Não sabia!

Além de tudo, meu papai era enfronhado na política mineira desde a juventude: foi amigo, colega de faculdade e conterrâneo do ex-presidente Itamar Franco. Foi diretor de uma grande estatal, secretário do governo de Newton Cardoso, secretário adjunto dos governos de Aécio Neves e Antonio Anastasia, presidente do Instituto de Desenvolvimento Integrado de Minas Gerais (INDI/MG), presidente da Companhia de Desenvolvimento Industrial/MG (CDI/MG), algo mais do estado e, por fim, resolveu se candidatar a prefeito da tal cidadezinha. Foi voraz defensor da abertura do país, teve uma irmã presa política na ditadura, admirava o Dr. Ulysses Guimarães, defendia a democracia, bradava por maior igualdade social, mas transitava muito bem na iniciativa privada. Sabia dosar o que era bom em cada lado.

Papai era desses homens movidos por uma causa. Ele veio de uma família de doze filhos, daquelas em que a roupa do irmão mais velho vai passando para os mais novos, e os filhos saem do interior para estudar na capital e trazer o diploma para seus orgulhosos pais. Era um inconformado com as desigualdades, acreditava no bem comum, tinha fortes ideais sociais, mas pensava também no desenvolvimento anos-luz à frente do cidadão comum.

Na minha infância, cansei de ir "obrigada" por ele em ações sociais na igreja e favelas de Belo Horizonte, sem entender bem aquilo tudo. Hoje agradeço a ele por tamanha oportunidade. Às vezes era um Dom Quixote. Ele tinha a famosa conexão com quem quer que chegasse perto para uma prosa. Entretanto, era um sonhador.

Um partido forte de sua juventude o procurou, ele se filiou, arrumou um monte de puxa-sacos e ficou animado. A cidade era maltratada. Apenas 3 mil eleitores, muita área rural, muita pobreza. O partido mesmo não o ajudou. Cidade "insignificante", nada representava em nosso estado. Lá veio meu pai me comunicar sobre sua decisão: "Decidi ser candidato a prefeito!". Senti que a sua paixão estava ultrapassando a sua razão. Sabia que ele correria um alto risco. Congelei, até engasguei o que comia. Ele teve que se levantar e dar tapas nas minhas costas e me oferecer um copo d'água.

Eu trabalhava há muitos anos com a política e temia pela desilusão de meu pai, ainda mais numa campanha sem estrutura nenhuma. Ajudei com algum recurso e três pesquisas quantitativas. Papai se licenciou de seu trabalho e vivia enfurnado em andanças insanas, comícios na boleia de caminhões, reuniões em salas improvisadas na cidadezinha, casas de "amigos". Todo empolgado, dizia que a fazenda vivia mais cheia do que nunca e que todos lhe afirmavam que ele seria o melhor prefeito que a cidade poderia ter. Visitas? Um horror. Casa cheia de puxa-sacos, pedintes, políticos da região. Meu pai era um homem bom, sem maldade. Não tinha perfil para aquilo.

Eu presenciei inúmeras visitas pedindo saco de cimento, cercas, milheiro de tijolos, dentaduras, tratamento médico, um asfalto, uma pontezinha, telhas, um pasto emprestado. Aquela coisa bem antiga. Era um mundo bem diverso do que eu vivia em grandes capitais, mas, sim, existia nos rincões do Brasil. Tentei dissuadir meu pai daquele sonho que mais me parecia um pesadelo. Um candidato ingênuo, sem história robusta na política local, para sempre um forasteiro ali.

O pai candidato estava cego. Dizia que todos insistiam para ele ser prefeito. Que só ele para salvar a cidade. O salvador da pátria. Quanto mais ele falava e acreditava no que dizia, mais eu tentava racionalizar, trazer um pouco de meu conhecimento e histórias para ele, mas santo de casa não faz milagres. Não havia mais equilíbrio entre intensidade emocional e racional. Eu não acreditava que aquele pai tão brilhante estava mergulhando naquele abismo.

Campanha no interiorzão, e ainda mais com muita zona rural, é punk. Andanças e mais andanças. A botina ficava gasta. Papai perdia quilos, o rosto sempre queimado de sol, a voz quase sumia de tanto falar em seus palanques. Mas ele estava gostando. Isso era importante. Uma cachaça. Mas muita cachaça lhe fazia mal.

Ele tinha um caderno onde anotava todas as suas visitas, eventos da campanha, número de participantes, de onde vinham, o que pediam para a cidade, todos que prometiam lhe dar o voto, o nome, a região, quantos votos seriam, quem ainda estava na dúvida, quem falava que iria votar nos adversários. Fazia-me lembrar o controle das campanhas de Chateaubriand para senador, relatado por Fernando Morais, só que, enquanto um era mecenas e superesperto, o outro era um simples inocente do interior, funcionário público e fazendeiro de terrinha pequena, com recursos miúdos para viver. Seu currículo era desproporcional ao seu bolso.

Fiz a primeira pesquisa quantitativa para ele. No início, ele estava ligeiramente na frente, todavia o alertei que a margem estava curta. Ele não quis me dar ouvidos. Alegou que minha equipe poderia ter tido dificuldade de acessar os distritos mais distantes. Eu sabia que ele estava tapando o sol com a peneira.

Fiz a segunda: estavam empatados. Mais um alerta. Ele ficou preocupado, mas disse que o dinheiro do partido iria chegar e ele iria incrementar a campanha, suas andanças, eventos, churrascos com música, pequenos comícios, material gráfico, carro de som, e que seu plano de governo não se comparava ao do seu adversário, que era semianalfabeto. Mas o sujeito era local.

Fiz a terceira pesquisa, e o adversário o havia passado, embora ainda fosse um empate técnico. Alertei seriamente ao meu pai candidato: "Você tem mais chances de perder do que de ganhar, veja a curva da pesquisa, veja que nesses distritos o adversário está na frente". Aí pronto! Meu pai não acreditou em mim e disse que eu não precisava fazer mais nenhuma pesquisa (e olha que era de graça!). O tempo fechou entre nós. Em terra de cego quem tem um olho é rei.

Disse que minha pesquisa devia estar errada e que, pelo caderninho dele e pelas promessas dos eleitores, ele venceria com vantagem. Além disso, bravo como quem perde a estribeira, começou a falar alto que ele era o mais preparado, o que tinha o melhor plano de governo, o melhor conhecimento da cidade, o que teria condições de trazer mais recursos para ela. Me calei. Quando a intensidade emocional de um candidato fala mais alto, a razão se esvai.

Sim, a pesquisa dizia que ele era o mais preparado, mais tudo. E era mesmo. Mas, no quesito "o mais popular", "o mais simpático" (a tal da popularidade), ele perdia para o concorrente novato. Seu adversário era um "ex-segurança porteiro" da única agência de banco que existia na cidade mosca. Era um homem do povo, havia identificação.

E meu pai, o "de fora". As pessoas achavam que ele era rico, que tinha uma fazenda bonita, que era doutor. Tinha uma linda fazenda, era doutor, mas não era rico, longe disso. O que importa e fala mais alto nessas horas é a percepção do eleitorado.

Forasteiro. E eu sempre falava isso para ele: "Pai, eles te amam porque você os ajuda e dá tudo que eles pedem. Eles te exploram, só querem isso de você. Mas você sempre será o doutor que veio da cidade grande, é estudado e não é identificado com a luta e a pobreza deles". Ele não me escutava. Estava com a percepção alterada da realidade eleitoral.

Resultado: meu pai perdeu a eleição por 102 votos. Foi uma derrota de difícil assimilação para meu pai candidato. Um revés inesperado para ele, não para mim. Papai ficava procurando respostas. Queria saber quem o traíra. Sofreu. Tive tanta pena.

Detalhe: o candidato simples, popular, da terra, que o venceu, foi condenado por improbidade administrativa e teve seus direitos políticos suspensos logo após o seu mandato. Passou seu mandato em meio a denúncias de corrupção, provas de enriquecimento ilícito, e nada fez por aquela pobre cidade. No fundo, meu pai tinha razão, mas o povo é quem escolhe para quem dará as chaves de sua casa.

Mesmo perdendo a eleição, papai superou o episódio. Tinha resiliência e muito vigor, sessenta e poucos anos e seguiu sua carreira na capital: era um homem de alto quilate em seu meio.

Passados alguns bons anos, se aposentou do trabalho no Governo de Minas e me comunicou novamente que seria candidato. Entretanto, existia um grande problema daquela vez: dissuadir meu irmão, que já havia colocado seu nome antes do dele na disputa eleitoral por outro partido. O caos se instalou na família. Eu gelei novamente. Que situação desconfortável. Nenhum deles estava fazendo o cálculo do dano emocional daquela batalha de "sangue do meu sangue".

Somos de uma família católica. Na Bíblia está escrito em Mateus, versículo 21, capítulo 10: "O irmão entregará à morte o seu irmão, e o pai, o seu filho; filhos se rebelarão contra os seus pais e os matarão". Seria um presságio? Um deles teria que desistir, e estavam em plena guerra na pré-campanha. Sim, vivi para ver isso. Com muito custo, meu irmão retirou a candidatura e rompeu com meu pai. O nome do meu irmão? Mateus. Que sina!

Lá fui eu fazer uma pesquisa para meu pai. Os resultados não eram bons. E outra pesquisa foi pior ainda: papai já estava com 75 anos e era considerado velho demais para iniciar sua carreira política. Era ainda mais querido e popular; alguns já estavam com pena dele por ter perdido a outra eleição para o candidato da decepção e por agora amargar uma briga familiar. Havia também o sentimento de arrependimento de não terem lhe dado o voto anteriormente. Mas seria suficiente?

Mudara de partido e esse era pior do que o outro. Não lhe deu um centavo. A fazenda foi quase toda naquela campanha. Era duro lhe dar os resultados, mas ele manteve a esperança até o fim. Se recusava a acreditar em minhas pesquisas, claro! Mais uma vez, entrou no modo negação total. Acho que já estava ficando senil. Por fim, eu desisti e apenas o apoiei emocionalmente. Para piorar um pouco a situação, o "marketing" era ele e sua esposa que traçavam. Não entendiam nada de táticas eleitorais, não faziam nenhum cálculo de ganhos e perdas, custos e benefícios. O planejamento era aquele caderninho dele e da ex-futura primeira-dama de uma cidade quase que "odoriqueana".[54]

Um homem tão inteligente que, com a esposa, seguia seus *feelings* rasos e conselhos de bajuladores locais que só sabiam arrancar dinheiro dele. Planejamento? Aí entrava certa soberba: "Conhecemos a todos aqui e sabemos o que eles querem, o adversário não chega aos pés do seu pai e não tem condições de ganhar dele". Erro fatal. Não subestime seu adversário e tenha um planejamento racional, seja a cidade do porte que for. Como já dito: "Político, durante o processo eleitoral, não é autoridade de coisa nenhuma. É um ser em permanente genuflexão, implorando por

---

54 GOMES, Dias. *Odorico Paraguaçu:* peça de teatro de Odorico, o Bem Amado ou Uma obra do governo. Encenação do Teatro de Amadores de Pernambuco, 1969.

voto em atenção". E sua majestade é o eleitor! Não era o Dr. Accácio nem a senhora Fátima, também forasteira do Rio de Janeiro.

Papai amargou um triste e cruel escrutínio eleitoral. Foi quase à falência financeira e emocional. Cobradores chegavam e levavam nosso gado em caminhões como pagamento. Fez dívidas altas. Viveu realmente um *downgrade* e um choque emocional maior do que aquele que vivera na outra eleição. Nunca mais voltou a ser o animado "tô *Accaci*".

Se na última ficou em segundo lugar, nessa ficou em um vexaminoso terceiro.

O golpe foi forte para meu velho e querido pai candidato. Seis meses depois, ele teve um infarto fulminante. Doeu. Dói até hoje.

Como filha, amarguei o ditado de que santo de casa não faz miagres, uma vez mais. Como profissional, coloquei essa triste história na minha bagagem. Sempre achei que meu pai não deveria ter entrado para a política porque ele era puro demais. A pureza não combina com a política. Guardo comigo até hoje seus diários de campanha. Os tais caderninhos de eleitores "(in)fiéis".

R.I.P., papai.

O NIILISMO DO MARQUETEIRO: UM EXERCÍCIO DE RESILIÊNCIA

Eu sou niilista.
Constato, aceito e assumo o imenso processo de destruição das aparências (e da sedução das aparências) em benefício do sentido (a representação, a história, a crítica etc.) que é o fato capital do século XIX. A verdadeira revolução do século XIX, da modernidade, é a destruição radical das aparências, o desencantamento do mundo e seu abandono à violência da interpretação e da história.
Jean Baudrillard

Parte do amadurecimento de quem trabalha com campanhas eleitorais é aprender a aceitar uma dose saudável de niilismo — ou "cinismo funcional". Isso não significa desprezo pela política, pela democracia ou pelos candidatos, mas a compreensão de que nem sempre a melhor mensagem, o projeto mais bem-intencionado ou o discurso mais inspirador serão bem recebidos.

Campanhas eleitorais são, em essência, um convite à resiliência. O candidato e sua equipe frequentemente investem meses e às vezes anos na construção de uma candidatura, ajustando cada detalhe: a plataforma política, as alianças, a narrativa. No entanto, no momento em que essa mensagem é apresentada ao público, o resultado pode ser frustrante.

É comum que pessoas próximas ao candidato ou ao movimento político fiquem profundamente chateadas quando percebem que a mensagem que consideram transformadora não encontra eco no eleitorado. Mas, como marqueteiro, é preciso aprender a aceitar que nem sempre o eleitor está sintonizado na mesma frequência: o público pode ter outras prioridades, preocupações ou interesses. Fatores irracionais também fazem parte do jogo, já que, às vezes, a rejeição a um candidato pode ser motivada por algo aparentemente trivial, como a aparência, a cor do partido, o número ou até uma percepção de que o candidato, mesmo sendo bom, não terá chances de vencer. A democracia é sobre escolhas individuais, e o eleitor é soberano. Mesmo que você, como profissional, veja o valor de uma ideia ou proposta, isso não significa que ela será adotada por todos. Isso não torna a democracia ruim, nem o eleitor errado. Faz parte do processo político.

Quando um candidato ou membro da equipe de campanha leva essa rejeição para o lado pessoal, o resultado é perigoso. A raiva pode ser direcionada para o eleitor ("como eles não percebem que esse é o melhor projeto?"), para a equipe ("vocês não estão comunicando direito!") ou até para a própria democracia. Aceitar que nem sempre o público estará disposto a ouvir ou entender é uma lição difícil, mas necessária. Parte do trabalho de quem participa de campanhas é lidar com a rejeição, com a apatia e com o fato de que as pessoas têm liberdade para priorizar o que quiserem, mesmo que isso signifique não votar no "melhor" candidato.

Para o candidato, a campanha é um exercício constante de vulnerabilidade. Ele se coloca em uma posição de pedinte: está implorando pelo voto de outra pessoa, algo que só pode ser dado de graça, em segredo, sem nenhuma garantia. Além disso, o esforço inicial de uma campanha raramente traz resultados imediatos. Antes mesmo de o eleitorado estar prestando atenção, o candidato já precisou buscar apoio político e financeiro, garantir um partido e uma estrutura básica de campanha, planejar discursos e plataformas que ressoem com o público. Todo esse trabalho acontece enquanto a maior parte do eleitorado ainda não está interessada no processo. Esse descompasso cria uma sensação de solidão que só a resiliência pode superar.

Campanhas eleitorais são trabalhos difíceis, e isso impacta não só os candidatos, mas também os profissionais envolvidos. Marqueteiros e membros da equipe, com o tempo, desenvolvem uma certa resistência emocional — um distanciamento tático que os ajuda a seguir em frente. Essa "desumanização" não é sobre desprezar o processo, mas entender que campanhas são, em última análise, batalhas de longo prazo. Os resultados não aparecem imediatamente. Críticas e rejeições fazem parte do jogo. O marqueteiro que se assusta com essas dinâmicas e vive ruminando problemas provavelmente não está pronto para o trabalho. Como profissional, é preciso aceitar que a campanha é um terreno de incertezas e irracionalidades. Se levar cada revés para o coração, a frustração será inevitável.

No final das contas, o que separa os candidatos e profissionais bem-sucedidos dos outros é a capacidade de perseverar. Resiliência não é só uma palavra de ordem — é o motor que sustenta uma campanha eleitoral. O candidato que entende isso sabe que os esforços feitos na preparação inicial, mesmo quando parecem não dar frutos imediatos, são essenciais para sustentar a campanha até o fim. E o marqueteiro que abraça um pouco de niilismo aprende a navegar pelo caos, pela rejeição e pelas incertezas sem perder o foco no objetivo maior.

Campanhas eleitorais não são para os fracos. Elas exigem resiliência, paciência e, inevitavelmente, uma dose de niilismo. Essa dose de niilismo não humaniza o político perante o eleitor, mas sim fortalece o político internamente para enfrentar a realidade da democracia. Nem sempre a mensagem será bem recebida, nem sempre o público estará pronto para ouvir. Mas isso faz parte do jogo. Para o candidato e para sua equipe, a lição mais importante é simples: continue. Não leve para o lado pessoal. Entenda que o processo político é um reflexo das prioridades e escolhas de cada indivíduo. E, acima de tudo, nunca subestime o poder de uma campanha bem planejada e resiliente, mesmo quando os resultados demoram a aparecer.

Esse niilismo funcional reflete as tensões internas dos candidatos exploradas desde o início deste livro. Aceitar que nem toda estratégia será compreendida pelo eleitor exige resiliência — uma qualidade essencial para quem enfrenta os desafios psicológicos de uma campanha.

THE LOVE YOU TAKE IS EQUAL TO THE LOVE YOU MAKE[55]

Ao final dessa jornada pela mente dos candidatos, queremos ressaltar um ponto importante: o fator humano. Eleições não são só disputas de ideias e estratégias. Elas são também momentos de vulnerabilidades, ambições e resiliência. A verdadeira vitória está em entender o eleitorado. Os candidatos oferecem ao público autenticidade, empatia e compromisso. Isso gera apoio e confiança. É preciso ajustar as estratégias com base em dados. Além disso, é importante manter a resiliência nas tempestades políticas que sempre ocorrem. Ao entender essa mente, candidatos e estrategistas podem ganhar eleições. Assim, eles criam laços verdadeiros com os eleitores. Entender o candidato é perceber que, por trás das palavras, há uma pessoa que hesita, se frustra e, às vezes, se transforma.

No final, a essência da disputa eleitoral não está nos discursos ou nas estratégias. É a capacidade de entender e navegar pelos labirintos emocionais de um candidato. Cada campanha é um mosaico de angústias e decisões. Ela revela tanto a grandeza quanto as fraquezas de quem almeja o poder. Mostrando os bastidores invisíveis, queremos que você veja que cada vitória ou derrota envolve um grande jogo emocional. Essas emoções têm nuances humanas que moldam a história política. Este livro vai além de estratégias eleitorais. Ele revela o coração da política: pessoas reais.

---

55 Verso final da música "The End", dos Beatles, composta por Paul McCartney (embora creditada a Lennon/McCartney). É a música que encerra *Abbey Road*, o último álbum gravado pela banda. LENNON, John; McCARTNEY, Paul. The End. *In:* THE BEATLES. *Abbey Road*. Londres: Apple Records, 1969. Faixa 10.

Para o eleitor, essa compreensão torna o processo democrático mais próximo. Para o candidato, o autoconhecimento pode ser a chave para lidar com as pressões ou usá-las como impulso. Para nós, marqueteiros e pesquisadores, perceber esses padrões reafirma que a política vai além de estratégias frias. Ela é também moldada pelo calor das contradições humanas. Tais contradições, por sua vez, impulsionam a democracia. Entender o que é uma cabeça de candidato é essencial. Isso nos dá uma chave para ver a política e também o ser humano. A política revela uma verdade: um candidato que faz o bem é lembrado e deixa um bom legado. Quando um político mostra empatia, respeito e amor pelo público, ele ganha apoio sincero e confiança. Que este livro sirva como um guia para navegar as marés da política com sabedoria, estratégia e, acima de tudo, humanidade.

I would like to say thank you on behalf of the group and ourselves and I hope we've passed the audition.[56]

---

56 "Gostaria de agradecer em nome do grupo e de nós mesmos e espero que tenhamos passado no teste." Essa frase foi dita por John Lennon ao final do último show público dos Beatles, conhecido como o "Rooftop Concert". O show aconteceu em 30 de janeiro de 1969, no terraço da Apple Corps em Londres.

IRACEMA REZENDE, POR ALBERTO LAGE

Conheci Iracema por indicação de uma amiga, Adriana Seixas, que, com sua invejável decisão de se aposentar da política, acabou me apresentando a uma das profissionais mais brilhantes com quem já trabalhei. Se Adriana foi fundamental para que eu me enxergasse como um marqueteiro político, Iracema foi quem me empurrou a ser um profissional mais analítico — talvez até mais cético.

Iracema tem algo raro no mundo das campanhas: a capacidade de equilibrar precisão técnica e sensibilidade humana. Sua experiência em opinião pública vem desde a redemocratização, e a profundidade que ela traz para cada análise faz com que qualquer um ao seu redor eleve seu nível de pensamento. No meu caso, além de me fazer questionar e refinar hipóteses, ela também me incutiu um senso de responsabilidade que talvez eu não tivesse sem ela.

Sempre elegante e organizada, faz o caos de uma campanha parecer um tabuleiro, em que cada peça tem lugar e propósito. Sua formação como psicóloga adiciona uma camada extra de entendimento sobre o comportamento político — algo que complementa e estrutura metodologicamente muito do que antes eu chamava apenas de "instinto".

Dividir este livro com ela tem sido um aprendizado e um privilégio. Se o que faço no marketing político é traduzir emoções em estratégia, Iracema faz o caminho inverso: traduz estratégias em um entendimento profundo da mente do eleitor — e, por que não, da mente do próprio candidato.

ALBERTO LAGE, POR IRACEMA REZENDE

Conheci Alberto no início de 2020. Já tinha ouvido falar muito dele. Claro, eu tinha grande curiosidade em conhecer aquele rapaz. Li alguma coisa rápida sobre ele, e lá fui eu para uma reunião marcada de última hora.

Por trás daqueles óculos, que me observavam com certo ceticismo e uma ligeira timidez, havia um gênio. Sabíamos um do outro, mas estivemos em lados opostos em campanhas anteriores.

Uma amiga em comum nos aproximou. Sou muito grata a ela: Adriana Seixas, uma concorrente que se tornou amiga. Alberto foi um presente! Obrigada, amiga.

Em poucos minutos de conversa, vi que ele entendia do riscado, via longe, não enrolava, pensava rápido. Ah, e não se gabava como muitos marqueteiros com quem já trabalhei. Alberto sabia de seu talento e não precisava cantar de galo naquele terreiro.

Ao contrário. Tinha uma voz calma, anasalada, que me agradava. Me fez poucas perguntas para ver se eu entenderia aonde ele queria chegar. Claro que ele estava me testando! Ao final de uma conversa, que não foi longa, perguntou: "Pronta para começar a trabalhar quando?". "Agora!", não hesitei, "Sim, nós podemos trabalhar juntos!".

Aquele rapaz de vinte e poucos anos me fez lembrar de imediato o marqueteiro de Obama em 2008 — Ben Self. Eu senti que ali tinha um profissional diferenciado diante de mim.

Nossos santos bateram! Nossos terreiros foram se ajustando, se aproximando, começamos a falar a mesma linguagem; no início, mais a dele: rápido no gatilho e competentemente cirúrgico. Em pouco tempo, já tínhamos nossa sincronia e linguagem própria.

Alberto foi um refresco na minha vida profissional. Eu vinha de um longo histórico datado dos anos 1990 (ele estava nascendo!); trabalhei muito com os mestres do marketing político, os saudosos Duda Mendonça e Chico Santa Rita, que viram essa prática evoluir e mudar suas plataformas de comunicação. Tantos outros marqueteiros vieram e ainda permanecem comigo.

Oxigênio novo! Sabe aquele momento da sua vida em que tudo já está mastigado, que você acha que faz "de costas" e faz mesmo? Veio esse rapaz para permitir a união da *old school* com a *new school*, e este casamento nos faz bem. É sempre bom trabalhar com pessoas mais jovens, mais antenadas, ligadas no 220. Estou gostando e aprendo com ele. Nossa troca tem sido boa!

O cara gosta de assistir grupos de discussão até hoje! Traz seu Moleskine e sai anotando o suprassumo. Ah, e não fica mandando bilhetinhos! Me deixa trabalhar em paz, seja em dias mais freudianos, seja em dias mais lacanianos! Tem uma clareza de compreensão que poucos têm. Nossa linguagem é só nossa — tudo rápido, concluo, envio, ele traduz e pronto. *Intelligenti pauca*. Testa ideias, refaz (pouca coisa), porque faz muito bem, entende a linguagem do eleitor, aceita críticas. Não tem medo de ousar, entra para ganhar.

E é com este Alberto que hoje tenho o prazer de dividir este livro, que inclui sua competência e algumas pérolas que venho colhendo ao longo de anos, que chegam à idade dele!

Agradecimentos

Vuru, meu eterno leitor, incentivador e luz em minha vida. Mamãe, que do alto de seus 88 anos e com falhas de memória, fez uma revisão impecável de detalhes que fugiram aos meus olhos. Juan, Ana Clara Barcellos e Arthur Miguel Gil, pelo apoio inconteste em anos navegando por esse país afora. Hugo e Ana Fayga, por sempre me entenderem e incentivarem em meus voos tantas vezes tão distantes de vocês. Verônica e Lélio Fabiano dos Santos, pelo apoio a *In memoriam*. Margarete Schmidt, por vibrar junto comigo e me ler nas horas mais inesperadas sempre com tanta precisão e minúcias. Márcio Pitliuk e Osmar Jerônimo, por dedicarem seu precioso tempo na leitura e opinião de partes delicadas deste livro. José Maria Braga, marqueteiro de tantas histórias e ensinamentos. Felipe Nunes, por ter encontrado um tempo em sua agenda repleta e nos brindar com seu precioso prefácio. Cristina Pacheco e Vera Linke, profissionais e amigas de tantas jornadas. Rosa Chaya, Vera Estrella, Victor Morais e Meire Rodrigues, pelos desafiadores, mas competentes, campos de recrutamento que trilhamos juntos. Adriana Seixas, que me trouxe Alberto Lage em tão nobre embalagem e conteúdo. Alberto Lage, por seu carinho, bom humor e companheirismo nessa jornada desafiante e tão prazerosa.

Iracema de Rezende Santos

Aos candidatos que foram maus exemplos, porque os bons já foram premiados nas urnas. Mamãe, pela paciência e compreensão na revisão deste livro quando ele era apenas um rascunho — e pela sempre agradável parceria para troca de ideias. Dinilton e Otto, por sempre fazerem perguntas que eu não sei responder. Arthur, por sempre me lembrar de tudo que posso ser — e às vezes gostar mais de mim do que eu mesmo, sem que eu mereça. Adriana Seixas, pela amizade inexplicável de frutos ilimitados e incontáveis. Marcelo Megale, pela contagiante vocação literária. Marcel Beghini, pela companhia em um enorme conjunto de idiossincrasias que torna a vida tolerável. Iracema Rezende, pelo conceito embrionário que gestou todo o livro e pelo sempre honroso convite de trabalhar a seu lado.

Alberto Lage Paula Carvalho Rezende

Referências

AMABILE, Teresa M. *Creativity in context*: update to the social psychology of creativity. Boulder: Westview Press, 1996.

AMASON, Allen C. Distinguishing the effects of functional and dysfunctional conflict on strategic decision-making: resolving a paradox for top management teams. *Academy of Management Journal*, v. 39, n. 1, p. 123-148, 1996.

ANDERSEN, Hans Christian. *A roupa nova do imperador.* São Paulo: Martins Fontes, 2001.

ARGYRIS, Chris. *Overcoming organizational defenses*: facilitating organizational learning. Boston: Allyn and Bacon, 1990.

ASSOCIAÇÃO BRASILEIRA DE EMPRESAS DE PESQUISA (ABEP). *Guia de boas práticas de incentivo aos respondentes de pesquisa de mercado e opinião.* São Paulo: ABEP, 2024. Disponível em: https://abep.org/wp-content/uploads/2024/01/08_Guia_boas_praticas_incentivos_respondentes.pdf. Acesso em: 14 abr. 2025.

AVEY, James B.; WERNSING, Tara S.; LUTHANS, Fred. Can positive employees help positive organizational change? Impact of psychological capital and emotions on relevant attitudes and behaviors. *Journal of Applied Behavioral Science*, v. 44, n. 1, p. 48-70, 2008.

BANDA, Kevin K.; WINDETT, Jason H. Negative advertising and the dynamics of candidate support. *Political Behavior*, v. 38, n. 3, p. 747-766, 2016.

BARON, Jonathan; JOST, John T. False equivalence: are liberals and conservatives in the United States equally biased? *Perspectives on Psychological Science*, v. 14, n. 2, p. 292-303, 2019.

BARROSO, Ary. Aquarela do Brasil. *In*: GILBERTO, João. *Brasil.* Rio de Janeiro: WEA, 1981. Faixa 1.

BARRY, Thomas E.; HOWARD, Daniel J. A review and critique of the hierarchy of effects in advertising. International Journal of Advertising, Londres, v. 9, n. 2, p. 121–135, jan. 1990.

BASS, Bernard M. *Leadership and performance beyond expectations.* New York: Free Press, 1985.

BAUDRILLARD, Jean. *Simulacros e simulação.* Tradução de Maria João da Costa Pereira. Campinas: Papirus, 1991.

BEAN, Clive. The electoral influence of party leader images in Australia and New Zealand. *Comparative Political Studies*, v. 26, n. 1, p. 111-132, 1993.

BEAN, Clive.; MUGHAN, Anthony. Leadership effects in parliamentary elections in Australia and Britain. *The American Political Science Review*, v. 83, n. 4, p. 1165-1179, 1989.

BELLOTTO, Tony; ANTUNES, Arnaldo. Família. *In*: TITÃS. *Cabeça dinossauro.* Rio de Janeiro: WEA, 1986. Faixa 10.

BENNETT, W. Lance; IYENGAR, Shanto. A new era of minimal effects? The changing foundations of political communication. *Journal of Communication*, v. 58, n. 4, p. 707-731, 2008.

BENOIT, William L. *Seeing spots*: a functional analysis of presidential television advertisements, 1952-1996. New York: Praeger, 1999.

BEST, Heinrich. Does personality matter in politics? Personality factors as determinants of recruitment and policy preferences. *Comparative Sociology*, v. 10, p. 928-948, 2011.

BITTNER, Amanda. *Platform or personality? The role of party leaders in elections.* Oxford: Oxford University Press, 2011.

BITZER, Lloyd F. The rhetorical situation. *Philosophy & Rhetoric*, v. 1, n. 1, p. 1-14, 1968.

BLAIS, Julie; PRUYSERS, Scott; CHEN, Philip G. Why do they run? The psychological underpinnings of political ambition. *Canadian Journal of Political Science/Revue Canadienne de Science Politique*, v. 52, n. 4, p. 761-779, 2019.

BOIN, Arjen; 'T HART, Paul; STERN, Eric; SUNDELIUS, Bengt. *The politics of crisis management*: public leadership under pressure. Cambridge: Cambridge University Press, 2017.

BOURDIEU, Pierre. *A distinção*: crítica social do julgamento. Porto Alegre: Zouk, 2011.

BOX-STEFFENSMEIER, Janet M.; KIMBALL, David. The timing of voting decisions in presidential campaigns. *Journal of Politics*, v. 61, n. 4, p. 961-973, 1999.

BRADER, Ted. *Campaigning for hearts and minds*: how emotional appeals in political ads work. Chicago: University of Chicago Press, 2006.

BRASIL. Lei n. 9.605, de 12 de fevereiro de 1998. Dispõe sobre as sanções penais e administrativas derivadas de condutas e atividades lesivas ao meio ambiente, e dá outras providências. *Diário Oficial da União*, Brasília, DF, 13 fev. 1998.

BURNS, James M. *Leadership.* New York: Harper & Row, 1978.

CAMPOS, Darlan Silveira. *Planejamento e estratégia de campanha eleitoral.* Vitória: Taco, 2024.

CAPRARA, Gianvittorio V.; FRANCESCATO, Donata; MEBANE, Minou; SORACE, Roberta; VECCHIONE, Michele. Personality foundations of ideological divide. *Political Psychology*, v. 31, p. 739-762, 2010.

CARLOS, Erasmo. Mesmo que seja eu. *In*: CARLOS, Erasmo. *Amar pra viver ou morrer de amor.* Rio de Janeiro: CBS, 1982. Faixa 2.

CARLOS, Roberto. Eu quero apenas. *In*: CARLOS, Roberto. *Roberto Carlos.* São Paulo: Sony Music, 1974. Faixa 7.

CASTELLS, Manuel. *Ruptura*: a crise da democracia liberal. Tradução de Joana Angélica d'Avila Melo. 1. ed. Rio de Janeiro: Zahar, 2018.

CASTELLS, Manuel. *O poder da identidade*: a era da informação. Tradução de Klauss Brandini Gerhardt. 10. ed. rev. ampl. Rio de Janeiro: Paz e Terra, 2021 (1997). v. 2.

CATO INSTITUTE. *2024 Trade and Globalization National Survey.* Washington: Cato Institute, 2024. Disponível em: https://www.cato.org/sites/cato.org/files/2024-08/Globalization%20Survey_2024.pdf. Acesso em: 15 abr. 2025.

CERVI, Emerson U.; COSTA, Luiz D.; CODATO, Adriano; PERISSINOTTO, Renato. Dinheiro, profissão e partido: a vitória na eleição para deputado federal no Brasil em 2010. *Sociedade e Estado*, v. 30, n. 1, p. 189-205, 2015.

CHADWICK, Andrew. *The hybrid media system*: politics and power. Oxford: Oxford University Press, 2017.

CHADWICK, Andrew; STROMER-GALLEY, Jennifer. Digital media, power, and democracy in parties and election campaigns: party decline or party renewal? *The International Journal of Press/Politics*, v. 37, n. 1, p. 25-44, 2016.

CHONG, Dennis; DRUCKMAN, James N. Framing theory. *Annual Review of Political Science*, v. 10, p. 103-126, 2007.

CRESWELL, John W. *Research design*: qualitative, quantitative, and mixed methods approaches. 4. ed. Thousand Oaks: Sage, 2013.

CWALINA, Wojciech; FALKOWSKI, Andrzej; NEWMAN, Bruce I. *Political marketing*: theoretical and strategic foundations. Routledge, 2011.

DATAFOLHA. Pesquisa Eleitoral 2022. São Paulo, 2022.

DAVENPORT, Thomas H.; BECK, John C. *The attention economy*: understanding the new currency of business. Boston: Harvard Business School Press, 2001.

DE DREU, Carsten K. W.; WEINGART, Laurie R. Task versus relationship conflict, team performance, and team member satisfaction: a meta-analysis. *Journal of Applied Psychology*, v. 88, n. 4, p. 741-749, 2003.

DE JONG, J.; CLINTON, M.; RIGOTTI, T.; BERNHARD-OETTEL, C. Nonlinear associations between breached obligations and employee well-being. *Journal of Managerial Psychology*, v. 30, p. 374-389, 2015.

DIRKS, Kurt T.; FERRIN, Donald L. The role of trust in organizational settings. *Organization Science*, v. 12, n. 4, p. 450-467, 2001.

DOWNS, Anthony. An economic theory of political action in a democracy. *Journal of Political Economy*, v. 65, n. 2, p. 135-150, 1957.

DOWNS, Anthony. *Uma teoria econômica da democracia*. São Paulo: Edusp, 2013.

EDELMAN, Murray. *The symbolic uses of politics*. Urbana: University of Illinois Press, 1985.

EDELMAN, M. *Constructing the political spectacle*. Chicago: University of Chicago Press, 1988.

ENLI, Gunn.; ROSENBERG, Linda T. Trust in the age of social media: populist politicians seem more authentic. *Social Media + Society*, v. 4, n. 1, p. 1-11, 2018.

ENTENDA o caso das contas de Maluf na ilha de Jersey. *Folha Online*, 28 ago. 2001. Disponível em: https://www1.folha.uol.com.br/folha/brasil/ult96u24101.shtml. Acesso em: 14 abr. 2025.

ENTMAN, Robert. M. Framing: toward clarification of a fractured paradigm. *Journal of Communication*, v. 43, n. 4, p. 51-58, 1993.

FERRARI, Marco. *A incrível história de António Salazar, o ditador que morreu duas vezes*. Tradução de Vasco Gato. São Paulo: Todavia, 2023.

GROOVERIA. Samba Do Arnesto/Com Que Roupa – Grooveria – DVD Avenida Brasil. YouTube, 29 out. 2018. Disponível em: https://www.youtube.com/watch?v=HkKyKFkA8FY. Acesso em: 12 ago. 2025.

FINKELSTEIN, Sydney; HAMBRICK, Donald C.; CANNELLA, Bert. *Strategic leadership*: theory and research on executives, top management teams, and boards. Oxford: Oxford University Press, 2008.

FIORINA, Morris P. *Retrospective voting in American national elections*. New Haven: Yale University Press, 1981.

FITZCARRALDO. Direção: Werner Herzog. Produção: Werner Herzog Filmproduktion; Projeta Films; Werner Herzog Film. Alemanha; Peru, 1982. 1 filme (157 min), son., color.

FREDRICKSON, Barbara L. The role of positive emotions in positive psychology: the broaden-and-build theory of positive emotions. *American Psychologist*, v. 56, n. 3, p. 218-226, 2001.

FREUD, S. Introdução ao narcisismo. *In*: FREUD, Sigmund. *Obras completas, v. 12: Introdução ao narcisismo, ensaios de metapsicologia e outros textos (1914–1916)*. Tradução de Paulo César de Souza. São Paulo: Companhia das Letras, 2010.

FREUD, S. *O mal-estar na civilização (1930-1936).* Tradução de Paulo César de Souza. São Paulo: Companhia das Letras, 2010. (Obras Completas, v. 18.).

FREUD, Sigmund. *O ego e o id e outros trabalhos* (1923–1925). Vol. 19. 1. ed. Rio de Janeiro: Imago, 1996.

FRIDKIN, Kim L.; KENNEY, Patrick J. Variability in citizens' reactions to different types of negative campaigns. *American Journal of Political Science*, v. 55, n. 2, p. 307-325, 2011.

FUNK, Carolyn. L. The impact of scandal on candidate evaluations: an experimental test of the role of candidate traits. *Political Behavior*, v. 18, n. 1, p. 1-24, 1996.

GEER, John G. *In defense of negativity*: attack ads in presidential campaigns. Chicago: University of Chicago Press, 2006.

GIL, Gilberto. Esotérico. *In*: GIL, Gilberto. *Expresso 2222*. Rio de Janeiro: Philips, 1972.

GIL, Gilberto. Super-Homem, a canção. *In*: GIL, Gilberto. *Realce*. Rio de Janeiro: WEA, 1979. Faixa 3.

GILBERTO, João. Aquarela do Brasil. *In*: *Brasil*. Rio de Janeiro: Warner Music, 1981.

GOLEMAN, Daniel. Leadership that gets results. *Harvard Business Review*, v. 78, n. 2, p. 78-90, 2000.

GOLEMAN, Daniel; BOYATZIS, Richard; MCKEE, Annie. *Primal leadership*: unleashing the power of emotional intelligence. Boston: Harvard Business Review Press, 2013.

GOMES, Dias. *Odorico Paraguaçu*: peça de teatro de Odorico, o Bem Amado ou Uma obra do governo. Encenação do Teatro de Amadores de Pernambuco, 1969.

GROSS, James J. Emotion regulation: affective, cognitive, and social consequences. *Psychological Inquiry*, v. 13, n. 3, p. 175-203, 2002.

HACKMAN, J. Richard; WAGEMAN, Ruth. A theory of team coaching. *Academy of Management Review*, v. 30, n. 2, p. 269-287, 2005.

HARRISON, George. Any Road. *In*: HARRISON, George. *Brainwashed*. Londres: Dark Horse, 2002.

HARTLEY, Jean. Political leadership and its development. *In*: WEINBERG, A. (ed.). *The psychology of politicians*. Cambridge: Cambridge University Press, 2012. p. 97-119.

HEIFETZ, Ronald A.; LINSKY, Martin. *Leadership on the line*: staying alive through the dangers of leading. Boston: Harvard Business Review Press, 2017.

HERRNSON, Paul S. *Congressional elections*: campaigning at home and in Washington. Washington: CQ Press, 2016.

HUDDY, Leonie. From group identity to political cohesion and commitment. *In*: SEARS, D. O.; HUDDY, L.; JERVIS, R. (ed.). *Oxford handbook of political psychology*. Oxford: Oxford University Press, 2003.

HUGO, Victor. *Histoire d'un crime*. Paris: Calmann Lévy, 1877. 2 v.

IYENGAR, Shanto; KINDER, Donald R. *News that matters*: television and American opinion. Chicago: University of Chicago Press, 1987.

IYENGAR, Shanto; WESTWOOD, Sean J. Fear and loathing across party lines: new evidence on group polarization. *American Journal of Political Science*, v. 59, p. 690-707, 2015.

JANIS, Irving L. *Groupthink*: psychological studies of policy decisions and fiascoes. Boston: Houghton Mifflin, 1982.

JEHN, Karen A. A multimethod examination of the benefits and detriments of intragroup conflict. *Administrative Science Quarterly*, v. 40, n. 2, p. 256-282, 1995.

KAHNEMAN, Daniel. *Rápido e devagar*: duas formas de pensar. Tradução de Cássio de Arantes Leite. 1. ed. Rio de Janeiro: Objetiva, 2012.

KELTNER, Dache; GRUENFELD, Deborah H.; ANDERSON, Cameron. Power, approach, and inhibition. *Psychological Review*, v. 110, n. 2, p. 265-284, 2003.

KETS DE VRIES, Manfred F. R. *The leader on the couch*: a clinical approach to changing people & organizations. New York: Jossey-Bass, 2006.

KINDER, Donald R.; PETERS, Mark D.; ABELSON, Robert P.; FISKE, Susan T. Presidential prototypes. *Political Behavior*, v. 2, n. 4, p. 315-337, 1980.

KLAPPER, Joseph T. *The effects of mass communication*. New York: Free Press, 1960.

KOC-MICHALSKA, Karolina; LILLEKER, Darren. Digital politics: mobilization, engagement and participation. *Political Communication*, v. 34, p. 1-15, 2016.

KOTLER, Philip; KELLER, Kevin Lane. *Administração de marketing*. 15. ed. São Paulo: Pearson, 2019.

KRAMER, Roderick M. Trust and distrust in organizations: emerging perspectives, enduring questions. *Annual Review of Psychology*, v. 50, p. 569-598, 1999.

KREISS, Daniel. *Taking our country back*: the crafting of networked politics from Howard Dean to Barack Obama. Oxford University Press, 2012.

KREISS, Daniel. *Prototype politics*: technology-intensive campaigning and the data of democracy. New York: Oxford Academic, 2016. (Oxford Studies in Digital Politics).

LACLAU, Ernesto. *A razão populista*. Tradução de Carlos Eugênio Marcondes de Moura. São Paulo: Três Estrelas, 2013.

LAKOFF, George. *The political mind*: a cognitive scientist's guide to your brain and its politics. New York: Penguin Books, 2009.

LANGER, Ana I. The politicization of private persona: exceptional leaders or the new rule? *The International Journal of Press/Politics*, v. 15, n. 1, p. 60-76, 2010.

LAVAREDA, Antonio. *Emoções ocultas e estratégias eleitorais*. Rio de Janeiro: Objetiva, 2009.

LAZARUS, Richard S.; FOLKMAN, Susan. *Stress, appraisal, and coping*. New York: Springer Publishing Company, 1984.

LEES-MARSHMENT, Jennifer. *Political marketing*: principles and applications. London: Routledge, 2014.

LENNON, John; McCARTNEY, Paul. The End. *In*: THE BEATLES. *Abbey Road*. Londres: Apple Records, 1969. Faixa 10.

LIJPHART, Arend. *Modelos de democracia*: desempenho e padrões de governo em trinta e seis países. 5. ed. Tradução de Vera Caputo. Rio de Janeiro: Civilização Brasileira, 2021.

LILLEKER, Darren G. *Political communication and cognition.* Basingstoke: Palgrave Macmillan, 2014.

LODGE, Milton; TABER, Charles S. *The rationalizing voter.* New York: Cambridge University Press, 2013.

LUPIA, Arthur. Shortcuts versus encyclopedias: information and voting behavior in California insurance reform elections. *American Political Science Review*, v. 88, n. 1, p. 63-76, 1994.

LUPIA, Arthur; MCCUBBINS, Mathew D. *The democratic dilemma*: can citizens learn what they need to know? Cambridge: Cambridge University Press, 1998.

MAINWARING, Scott; SHUGART, Matthew S. *Presidentialism and democracy in Latin America.* Cambridge: Cambridge University Press, 1997.

MANHANELLI, Carlos Augusto. *Estratégias eleitorais*: marketing político. 7. ed. São Paulo: Summus, 1988. (Coleção Novas Buscas em Comunicação, v. 25).

MARCHETTI, Fermo Dante; FERAUDY, Maurice de. Fascinação. Versão: LOUZADA, Armando. *In*: REGINA, Elis. *Fascinação*: o melhor de Elis Regina. Rio de Janeiro: Philips, 1988. Faixa 15.

MARCUS, George E. *The sentimental citizen*: emotion in democratic politics. Pennsylvania: Penn State University Press, 2002.

MASON, Lilliana. *Uncivil agreement*: how politics became our identity. Chicago: University of Chicago Press, 2018.

MASTEN, Ann S. Ordinary magic: resilience processes in development. *American Psychologist*, v. 56, n. 3, p. 227-238, 2001.

MAYER, Roger C.; DAVIS, James H.; SCHOORMAN, F. David. An integrative model of organizational trust. *Academy of Management Review*, v. 20, n. 3, p. 709-734, 1995.

MCALLISTER, Daniel J. Affect-and cognition-based trust as foundations for interpersonal cooperation in organizations. *Academy of Management Journal*, v. 38, n. 1, p. 24-59, 1995.

McCOMBS, Maxwell; SHAW, Donald. The agenda-setting function of mass media. *Public Opinion Quarterly*, v. 36, n. 2, p. 176-187, 1972.

MENDONÇA, Duda. *Casos e coisas*. São Paulo: Globo, 2001. p. 207.

MESQUITA, Bruce B.; SMITH, Alastair; SIVERSON, Randolph M.; MORROW, James D. *The logic of political survival*. Cambridge: MIT Press, 2003.

MEYER, Thomas; HINCHMAN, Lew. *Media democracy*: how the media colonize politics. Cambridge: Polity Press, 2002.

MICHAEL JACKSON CHOSEN VOICES. Dieu et mon droit. [*S. l.*], [*s. d.*]. Disponível em: https://michaeljacksonchosenvoices.com/dieu-et-mon-droit/. Acesso em: 17 abr. 2025.

MILLER, Arthur; WATTENBERG, Martin; MALANCHUCK, Oksana. Schematic assessment of presidential candidates. *American Political Science Review*, v. 80, p. 521-540, 1986.

MORAIS, Fernando de. *Chatô, o rei do Brasil*. São Paulo: Companhia das Letras, 1994.

MUTZ, Diana C. Effects of horse-race coverage on campaign coffers: strategic contributing in presidential primaries. *Journal of Politics*, v. 57, n. 4, p. 1015-1042, 1995.

NATALE, Marcello. A era da atenção acabou, estamos vivendo a era da intimidade. Disponível em: https://upiara.net/a-era-da-atencao--acabou-estamos-vivendo-a-era-da-intimidade/. Acesso em: 26 fev. 2025.

NEWMAN, Bruce I. *The marketing of the president*: political marketing as campaign strategy. Thousand Oaks: Sage Publications, 1993.

NEWMAN, Bruce I.; SHETH, J. N. A model of primary voter behavior. *Journal of Consumer Research*, v. 12, n. 2, p. 178-187, 1985.

NICKERSON, Raymond S. Confirmation bias: a ubiquitous phenomenon in many guises. *Review of General Psychology*, v. 2, n. 2, p. 175-220, 1998.

NICOLAU, Jairo. O sistema eleitoral de lista aberta no Brasil. *Dados*, Rio de Janeiro, v. 49, n. 4, p. 689-720, 2006.

NISBETT, Richard E.; WILSON, Timothy D. Telling more than we can know: verbal reports on mental processes. *Psychological Review*, v. 84, n. 3, p. 231-259, 1977.

NOELLE-NEUMANN, Elisabeth. *A Espiral do Silêncio*: opinião pública, nosso tecido social. Florianópolis: Estudos Nacionais, 2017.

NORTH, Douglass C. *Institutions, institutional change and economic performance.* Cambridge: Cambridge University Press, 1990.

NYHAN, Brendan; REIFLER, Jason. When corrections fail: the persistence of political misperceptions. *Political Behavior*, v. 32, n. 2, p. 303-330, 2010.

OHR, Dieter; OSCARSSON, Henrik. Leader traits, leader image, and vote choice. *In*: AARTS, Kees; BLAIS, André; SCHMITT, Hermann (org.). *Political leaders and democratic elections*: comparative politics. Oxford: Oxford Academic, 2013.

OLIVEIRA, Adriano; ROMÃO, Maurício C.; GADELHA, Carlos. *Eleições e pesquisas eleitorais*: desvendando a caixa-preta. Curitiba: Juruá, 2012.

OWEN, David. *In sickness and in power.* London: Methuen Publishing, 2009.

PADILLA, Art; HOGAN, Robert; KAISER, Robert B. The toxic triangle: destructive leaders, susceptible followers, and conducive environments. *Leadership Quarterly*, v. 18, n. 3, p. 176-194, 2007.

PANEBIANCO, Angelo. *Modelos de partido*: organização e poder nos partidos políticos. São Paulo: Martins Fontes, 2005.

PELS, Dick. Aesthetic representation and political style: re-balancing identity and difference in media democracy. *In*: CORNER, J.; PELS, D. (ed.). *Media and the restyling of politics.* Sage, 2003.

PETERSON, Richard. A. In search of authenticity. *Journal of Management Studies*, v. 42, n. 5, p. 1083-1098, 2005.

PETROCIK, John R. Issue ownership in presidential elections, with a 1980 case study. *American Journal of Political Science*, v. 40, n. 3, p. 825-850, 1996.

POPKIN, Samuel L. *The reasoning voter*: communication and persuasion in presidential campaigns. Chicago: University of Chicago Press, 1991.

PORTER, Michael E. What is strategy? *Harvard Business Review*, v. 74, n. 6, p. 61-78, 1996.

POULTER, Daniel et al. Mental health of UK Members of Parliament in the House of Commons: a cross-sectional survey. *BMJ Open*, v. 9, e027892, 2019.

REDLAWSK, David P. Hot cognition or cool consideration? Testing the effects of motivated reasoning on political decision making. *The Journal of Politics*, v. 64, n. 4, p. 1021-1044, 2002.

RIKER, William H. *The art of political manipulation*. New Haven: Yale University Press, 1986.

ROBERTS, Jane. *Losing political office*. Basingstoke: Palgrave Macmillan, 2017.

ROBERTS, Jane; WEINBERG, Ashley. After the party is over. *Proceedings of the British Psychological Society*, v. 24, 2016.

ROSANVALLON, Pierre. *Counter-democracy*: politics in an age of distrust. Cambridge: Cambridge University Press, 2008.

SAINT-EXUPÉRY, Antoine de. *O pequeno príncipe*. Tradução de Dom Marcos Barbosa. São Paulo: HarperKids, 2024.

SAMARA, Beatriz Santos; BARROS, José Carlos de. *Pesquisa de marketing*: conceitos e metodologias. São Paulo: Pearson Education do Brasil, 2006, cap. "Técnicas de pesquisa quantitativa: survey: presencial, telefônico, por internet, URA, Tracking".

SAMUELS, David. Money, elections, and democracy in Brazil. *Latin American Politics and Society*, v. 43, n. 2, p. 27-48, 2001.

SAMUELS, David. *Ambition, federalism, and legislative politics in Brazil*. New York: Cambridge University Press, 2003.

SANTA RITA, Chico. *Batalhas eleitorais*: 25 anos de marketing político. São Paulo: Geração Editorial, 2001.

SANTA RITA, Chico. *Novas batalhas eleitorais*. Rio de Janeiro: Ediouro, 2008.

SANTA RITA, Chico. *Batalha final.* Campinas: Pontes Editores, 2014.

SARTRE, Jean-Paul. *O existencialismo é um humanismo.* Tradução de Sérgio Milliet. Rio de Janeiro: Nova Fronteira, 1948.

SCAMMELL, Margaret. Political brands and consumer citizens: the rebranding of Tony Blair. *The Annals of the American Academy of Political and Social Science*, v. 611, n. 1, p. 176-192, 2007.

SCHAUFELI, Wilmar B.; BAKKER, Arnold B. Job demands, job resources, and their relationship with burnout and engagement: a multi-sample study. *Journal of Organizational Behavior*, v. 25, n. 3, p. 293-315, 2004.

SCHEIN, Edgar. H. *Organizational culture and leadership.* 4. ed. San Francisco: Jossey-Bass, 2010.

SCHLESINGER, Joseph A. *Ambition and politics*: political careers in the United States. Chicago: Rand McNally and Co., 1966. p. xv, 226. *American Political Science Review*, v. 61, n. 3, p. 767-768, 1967.

SCOTT, Susanne G.; BRUCE, Reginald A. Determinants of innovative behavior: a path model of individual innovation in the workplace. *Journal of Applied Psychology*, v. 79, n. 3, p. 480-499, 1994.

SELIGMAN, Martin E. P. *Aprenda a ser otimista*: como mudar sua mente e sua vida. Tradução de Débora Landsberg. 1. ed. Rio de Janeiro: Objetiva, 2019.

SIDES, John; VAVRECK, Linn. *The gamble*: choice and chance in the 2012 presidential election. Princeton: Princeton University Press, 2014.

STANYER, James; WRING, Dominic. Public images, private lives: the mediation of politicians around the globe. *Parliamentary Affairs*, v. 57, n. 1, p. 1-235, 2004.

STAW, Barry M.; SANDELANDS, Lloyd E.; DUTTON, Jane E. Threat rigidity effects in organizational behavior: a multilevel analysis. *Administrative Science Quarterly*, v. 26, p. 501-524, 1981.

STEVENSON, Robert Louis. *O médico e o monstro.* Tradução de Monteiro Lobato. Rio de Janeiro: Francisco Alves, 1927.

STREET, John. Celebrity politicians: popular culture and political representation. *The British Journal of Politics and International Relations*, v. 6, n. 4, p. 435-452, 2004.

SUMNER, Gordon Matthew Thomas. Englishman in New York. *In*: STING. *...Nothing like the sun*. Londres: A&M Records, 1987. Faixa 3.

SWANSON, David L.; MANCINI, Paolo (org.). *Politics, media, and moern democracy*: an international study of innovations in electoral campaigning and their consequences. Westport, CT: Praeger, 1996.

TABER, Charles; LODGE, Milton. Motivated skepticism in the evaluation of political beliefs. *American Journal of Political Science*, v. 50, n. 3, p. 755-769, jul. 2006.

TAJFEL, Henri; TURNER, John C. The social identity theory of intergroup behavior. *In*: WORCHEL, S.; AUSTIN, W. G. (ed.). *Psychology of intergroup relations*. Chicago: Nelson-Hall, 1986.

TAUPIN, Bernard John. Honky cat. *In*: *Elton John*. *Honky Château*. Londres: DJM Records, 1970.

TEPPER, Bennett J. Consequences of abusive supervision. *Academy of Management Journal*, v. 43, n. 2, p. 178-190, 2000.

TETLOCK, Philip E. Accountability: the neglected social context of judgment and choice. *Research in Organizational Behavior*, v. 7, p. 297-332, 1985.

THEAKSTON, Kevin; GOUGE, Ed; HONEYMAN, Victoria. *Life after losing or leaving*: a report for the Association of Former Members of Parliament. Leeds: University of Leeds, 2007. p. 6.

TOLLER, Paula; LEONI. Conspiração internacional. *In*: KID ABELHA. *Educação sentimental*. Rio de Janeiro: WEA, 1985. Faixa 3.

TOMZ, Michael; VAN HOUWELING, Robert P. The electoral implications of candidate ambiguity. *American Political Science Review*, v. 103, n. 1, p. 83-98, 2009.

TRIBUNAL SUPERIOR ELEITORAL (TSE). *Fundo Partidário*: demonstrativo de distribuição mensal. Brasília: TSE, 2024a. Disponível em: https://www.tse.jus.br/partidos/contas-partidarias/fundo-partidario-1?tab=ancora-3. Acesso em: 16 abr. 2025.

TRIBUNAL SUPERIOR ELEITORAL (TSE). *Saiba quanto cada partido vai receber do total do Fundo Especial de Campanha*. Brasília, 17 jun. 2024b. Disponível em: https://www.tse.jus.br/comunicacao/noticias/2024/Junho/saiba-quanto-cada-partido-vai-receber-do-total-do-fundo-especial-de-campanha. Acesso em: 16 abr. 2025.

VELOSO, Caetano. Fora da ordem. *In*: VELOSO, Caetano. *Circuladô*. Rio de Janeiro: Philips, 1991. Faixa 1.

VERBA, Sidney; SCHLOZMAN, Kay Lehman; BRADY, Henry E. *Voice and equality*: civic voluntarism in American politics. Cambridge: Harvard University Press, 1995.

WEINBERG, Ashley. *The psychology of politicians.* Cambridge: Cambridge University Press, 2012.

WEINBERG, Ashley. A longitudinal study of the impact of changes in the job and the expenses scandal on UK national politicians' experiences of work, stress and the homework interface. *Parliamentary Affairs*, v. 68, p. 248-271, 2015.

WEINBERG, Ashley; COOPER, Cary. Workload, stress and family life in British members of Parliament and the psychological impact of reforms to their working hours. *Stress Medicine*, v. 15, p. 79-87, 1999.

WEINBERG, Ashley.; COOPER, C. L. Stress among national politicians elected to Parliament for the first time. *Stress and Health*, v. 19, n. 2, p. 111-117, 2003.

WEINBERG, James. From Big Ben to basic values: what makes MPs tick. *In*: *Proceedings of the Australian Political Studies Association Annual Conference*, Melbourne, Australia, September 2017.

WESTEN, Drew. *The political brain*: the tole of emotion in deciding the fate of the nation. New York: Public Affairs, 2007.

WIKIPÉDIA. Dieu et mon droit. [*S. l.*], [*s. d.*]. Disponível em: https://pt.wikipedia.org/wiki/Dieu_et_mon_droit. Acesso em: 17 abr. 2025.

ZALLER, John. *The nature and origins of mass opinion*. Cambridge: Cambridge University Press, 1992.

FONTE Crimson Text, Adelle, Raleway, CoFo Kabeltouw
PAPEL Pólen Natural 80g/m²
IMPRESSÃO Paym